GRIECHISCHE MÄRCHEN

Die Andere Bibliothek

GRIECHISCHE MÄRCHEN

Gesammelt und
übersetzt von
Johann Georg von Hahn

VORREDE

Der Verfasser lebt seit 27 Jahren in der Levante und stand namentlich während seines siebenjährigen Aufenthaltes in Euböa als Richter und Gutsbesitzer in dem innigsten Verkehre mit dem griechischen Bauer. Er aß und trank, jagte und reiste mit ihm und schlief oft wochenlang in seinen Hütten und Hürden; er verbrachte gar manchen Abend in griechischen, albanesischen, bulgarischen Chans, mit andern Reisenden am gemeinsamen Feuer gelagert, gar manchen Tag auf kleinen, mit Menschen vollgepfropften Küstenfahrern, und dennoch kam er trotz aller dieser verschiedenartigen Berührungen niemals in die Lage, auch nur ein einziges Märchen zu hören. Die Unterhaltung folgte in der Regel demselben Faden; die Ereignisse des Tages, Reiseerlebnisse, Schwänke und unsaubere Erzählungen, beide Letztere in Hülle und Fülle, sobald der Anstoß gegeben war, aber niemals ein Märchen. Einheimische und fremde Reisende, denen der Verfasser diese Erfahrung mitteilte, stimmten derselben ohne Ausnahme bei, doch wollten einige bei längerem Zusammensein derselben Gesellschaft – namentlich bei widrigem Wetter – auf See, nach Erschöpfung alles andern Unterhaltungsstoffes auch Märchen gehört haben, aber niemals ohne Ausbrüche der Ungeduld oder des Spottes vonseiten eines oder des andern Zuhörers.

Der Verfasser war nicht so glücklich, ja, er schlug selbst mit allen Versuchen fehl, Jung oder Alt zum Erzählen von Märchen zu bewegen; es war ihm niemals möglich, die, man möchte sagen, angeborene Scheu zu überwinden, damit zum Besten gehalten zu werden. Gleichwohl wusste er, dass im Winter die Mädchen und Frauen zueinanderkommen und die Abende mit Spinnen und Märchenerzählen verbringen, ja, dass hie und da selbst Männer sich bei dieser Unterhaltung beteiligten.

Diese Erfahrungen bewogen ihn daher auch, als er den Gedanken der vorliegenden Sammlung fasste, zur Überwindung jener Schwierigkeiten sogleich den silbernen Hebel anzusetzen, und der Erfolg zeigte, dass in der Levante so wie überall für Geld alles zu haben sei – sogar Märchen. Sie kosteten den Verfasser jedoch noch mehr, denn als es in Ioannina bekannt wurde, dass er Märchen sammeln lasse, bat ihn einer der angesehensten türkischen Großen, der alte Paschom Bey, ein Verwandter des bekannten Ali Pascha, von diesem Unternehmen abzustehn, weil es ihm als mit der konsularen Würde unverträglich, in der öffentlichen Meinung Eintrag tun müsse, und er bekam ähnliche Winke auch von griechischen Freunden.

Da nun die Erfahrungen des Verfassers mit denen übereinstimmen, welche andere Märchensammler gemacht haben, die sich alle gleichmäßig über die Schwierigkeiten beklagen, welche ihnen von der tiefwurzelnden Scheu, sich durch das Erzählen von Märchen lächerlich zu machen, bereitet wurden, so glaubt er sich zu der Schlussfolgerung berechtigt, dass das Märchen nirgends zu den zirkulierenden Geisteskapitalien eines Volkes gehöre, sondern dass es sich mit den Sparpfennigen vergleichen lasse, welche der Bauer noch heutzutage an möglichst versteckten Orten in die Erde vergräbt.

Allerdings gibt es im Oriente Leute, welche das Erzählen von Märchen und Schwänken gewerbsmäßig treiben, und man hört ihren Erzählungen gerne zu; aber den Zuhörern fällt es gewiss ebenso selten ein, das gehörte Märchen wieder zu erzählen, als die Tänzerinnen nachzuahmen, denen sie zugesehn, oder uns, eine Predigt zu wiederholen, die wir angehört haben.

Setzen wir aber auch den Fall, dass es einem Epiroten oder Albanesen, der in der Fremde sein Gewerbe treibt, einfiele, bei einem Besuche, den er seiner in der Heimat sesshaften Familie macht, ein Märchen zu erzählen, das er dort gehört hat, so ist doch von da bis zu dessen Einbürgerung in dem Kreise der Hausmärchen noch ein weiter Schritt, und es bedarf hierzu einer ganz ausnahmsweise günstigen Vereinigung von Umständen, weil einesteils zu dem Ende das stete Anhören desselben Märchens von Kindheit an erforderlich ist und andernteils der neue Eindringling den ungemein zähen, am Hergebrachten hängenden und alles Fremde feindlich zurückstoßenden häuslichen Geist zu überwinden hätte. Von der Zähigkeit dieses Geistes liefert aber unsere Schilderung der albanesischen Sitten ein schlagendes Beispiel, indem sie sich der näheren Prüfung als Spiegelbilder von Ur-Rom und Ur-Attika erweisen.

Der Verfasser trug sich seit Langem mit dem Wunsche, die griechischen Volksmärchen zu sammeln; er suchte jedoch vergeblich nach einem Pfade, der ihm dies verborgene Reich erschlösse, bis er im Jahre 1848 während seines Aufenthaltes in Ioannina auf den Gedanken kam, die Schüler des dortigen Gymnasiums zu diesem Zwecke zu benutzen. Er ließ daher von dem Vorstande desselben ein Dutzend der fähigsten Schüler aussuchen, und wies sie an, sich während ihrer Ferienzeit die Märchen ihrer Heimatorte von ihren Müttern, Großmüttern und Schwestern in die Feder diktieren zu lassen, sich dabei strengstens vor jeder Abänderung oder vermeintlichen Verbesserung zu hüten und so viel als möglich der Mundart treu zu bleiben, in der sie erzählt würden. Dieses mehrmals wiederholte Verfahren setzte ihn in den Besitz einer Masse von Heften, die er aber, um in seinen albanesischen Sammlungen nicht unterbrochen zu werden, nach der ersten Lesung auf die Seite legen musste. So ruhten sie mehrere Jahre unberührt, aber unvergessen in seinen Mappen, ohne dass er die nötige Muße finden konnte, sich mit ihnen zu beschäftigen; dann erfolgten mehrere Anläufe, die Sammlung zu bearbeiten und auszudehnen; aber kaum glaubte er damit im Zuge zu sein, so traten neue Stockungen ein, bis es ihm endlich im verflossenen Winter gelang, die Übersetzung der in Syros ansehnlich vermehrten Sammlung zu vollenden.

Der Verfasser legt den Ton auf das Wort Übersetzung, weil es den Anteil am richtigsten bezeichnet, welchen er an dieser Sammlung hat. Er *übersetzte* die ihm vorliegenden griechischen Texte und zog hierbei nach verschiedenen Versuchen das Verfahren vor, dass er sich dieselben in der Ursprache vorlesen ließ und sie deutsch niederschrieb, weil es ihm auf diese Weise am leichtesten wurde, die Übersetzung der Sprache des Textes anzuschmiegen, was sich jedoch bei der ungemeinen Ähnlichkeit der griechischen Märchensprache mit der deutschen gleichsam von selber machte.

Er kann daher sagen, dass treue Übersetzung bei seiner Arbeit die Regel bilde. Freilich aber waren nicht alle seine Texte von gleichem Werte, und mehrere ergaben sich so roh und verworren, dass Umstellungen, Ausfüllung von Sprüngen oder Kürzungen übermäßiger Breiten unumgänglich wurden, wenn die Übersetzung genießbar sein sollte. Doch vermied er auch dann jeden Zusatz und dehnte diese Enthaltsamkeit sogar auf schmückende Beiwörter aus. Solche Bearbeitungen bilden jedoch die Ausnahme, denn die meisten Texte sind gut, nicht wenige sogar meisterhaft.

Die aus Euböa stammenden Märchen verdankt der Verfasser der gütigen Vermittlung des Herrn Dr. Hense aus Bern, welcher mehrere Jahre in Agia Anna verbrachte und dieselben dort sammeln ließ. Ihr Inhalt zeigt, dass auch die dortigen Sammler bei ihrer Arbeit mit der notwendigen und streng eingeschärften Treue verfahren sind.

In Syros gelang es dem Verfasser nach vielen fehlgeschlagenen Versuchen endlich, ein schreibkundiges Mädchen zu finden, welches für ihn sammelte. Doch verdankt er auch so manchen Beitrag der Hand edler Helleninnen, welchen er hiermit seinen Dank für die der Sammlung gewährte Teilnahme darzubringen sich gedrungen fühlt.

Der größere Teil der vorliegenden Märchen stammt daher aus Frauenmund oder von Frauenhand.

Johann Georg von Hahn, 1864

VON DEM WEIBERSCHEUEN PRINZEN

Guten Abend, Eure Herrlichkeiten!

Es war einmal ein König, der hatte einen einzigen Sohn, und als derselbe herangewachsen war, wollte er ihn verheiraten. Aber der Sohn wollte nichts vom Heiraten wissen, und je mehr ihn der König bat, ihm und dem Reiche einen Erben zu schenken, desto größer wurde sein Widerwille vor dem Ehestande. Da beschloss der König endlich, ihn auf Reisen zu schicken, damit er etwa in der Fremde irgendein Mädchen finde, das ihm gefiele, und sich in sie verliebe. Er ließ ihm daher ein schönes Schiff bauen, und auf diesem besuchte der Prinz viele Länder und Reiche, und wo er hinkam, erwies man ihm als Königssohn große Ehren, und führte ihm nach der Bitte seines Vaters alle schönen Königstöchter auf. Der Prinz aber fand an keiner Gefallen, und sobald man ihm irgendwo vom Heiraten sprach, da machte er sich heimlich aus dem Staube.

Als er eines Tages mit seinem Schiffe auf dem Meere war, erhob sich ein großer Sturm und warf das Schiff mit solcher Heftigkeit auf eine Klippe, dass es in Stücke ging und die ganze Mannschaft samt dem Prinzen in das Meer geschleudert wurde. Der Zufall wollte aber, dass ein alter Fischer in jener Gegend grade seine Netze ausstellte und bei dieser Arbeit von Weitem einen Körper auf dem Meere schwimmen sah. Da ruderte er mit seinem Boote hin, um den Menschen zu retten, und als er ihn herausgezogen hatte, brachte er ihn in seine Hütte, machte Feuer an, um ihn wieder zu erwärmen, und nachdem er sich lange vergebens bemüht hatte, fing der Prinz an, wieder Lebenszeichen von sich zu geben. Da flößte er ihm ein bisschen warmen Wein ein, und nun fing der Prinz an, seine Diener bei Namen zu rufen und ihnen Befehle zu erteilen, aber der alte Fischer suchte ihn nach und nach mit dem Unglück bekannt zu machen, und als dem Prinzen die Erinnerung an den Sturm und den Schiffbruch allmählich zurückkehrte, da fing er an, seine Genossen zu beweinen. Der Alte ließ ihn eine Weile gewähren, endlich aber suchte er ihn zu trösten und sprach: »Weinen und Klagen hilft zu nichts, aber wenn du willst, kannst du bei mir bleiben und mir fischen helfen, und dann wollen wir miteinander leben wie Vater und Sohn. Wenn dir das aber nicht gefällt, so will ich dich mit meinem Boote in die nächste Stadt bringen, vielleicht findest du dort einen von deinen Genossen.«

Darauf dankte ihm der Prinz für seine Gastfreundschaft und bat ihn, ihm seine Kleider zu geben und dafür die seinigen anzunehmen, denn er wolle unerkannt in die Stadt gehen, und was auch immer sein Schicksal sein möge, so werde er ihn niemals vergessen. Als der Prinz nun mit den Fischerkleidern in die Stadt kam, war sein Erstes, sich von dem Gelde, was ihm der Fischer mitgegeben, eine Ochsenblase zu kaufen und sie um den Kopf zu binden, um sein wunderschönes seidenes Kopfhaar darunter zu verstecken und sich das Ansehen eines Grindkopfes zu geben. Nachdem er lange vergebens nach seinen Genossen geforscht hatte, ging er zu dem Stallmeister des Königs und verdingte sich bei ihm zur niederen Stallarbeit nur für die Kost. Die Stallknechte aber waren böse Menschen und behandelten ihn sehr schlecht, doch er ertrug alles, was sie ihm antaten, mit großer Geduld, ohne jemals eine Klage laut werden zu lassen.

Seine Hauptarbeit bestand darin, aus dem Garten des Königs Wasser zu holen und es in den Stall zu tragen, und wenn er glaubte, dass er dort allein war, dann zog er eine Flöte hervor, die er sich gekauft hatte, und spielte darauf so schön, dass selbst die Nachtigallen seinem Spiele lauschten.

Eines Tages aber hörte die Königstochter seine süßen Weisen aus der Ferne und stieg zum Brunnen, um zu sehen, wer dort so schön spiele.

Als sie näher kam, wunderte sie sich, dass das ein Grindkopf sei; dem Prinzen aber war über dem Spiele so warm geworden, dass er seine Blase abnahm, um sich abzukühlen, und da sah die Prinzessin, wie ihm die schönen seidenen Goldlocken über die Schultern herabfielen, und sie verliebte sich sofort in ihn. Damit er ihr aber nicht entwischen könne, lief sie rasch auf ihn zu. Als sie nun der Prinz vor sich sah, wäre er vor Schrecken beinahe gestorben; er kniete vor ihr nieder und bat sie mit süßer Stimme, ihn nicht aufzuhalten, damit er von den Stallknechten nicht misshandelt würde. Die Prinzessin aber erkannte sogleich aus seinen Reden, dass er kein gemeiner Mensch sei, und sprach zu ihm: »Fürchte dich nicht, ich habe hier zu befehlen, denn ich bin des Königs Tochter.« Als das der Prinz hörte, fürchtete er für sein Leben und rief weinend: »O Prinzessin! Verzeihe mir nur diesmal, ich will gewiss nicht mehr hierherkommen.« Darauf beruhigte ihn diese und sprach: »Sage mir, woher du bist, und ich werde dich von den bösen Menschen befreien, unter denen du jetzt lebst.« Da sprach der Prinz: »Ich bin eines Fischers Sohn.« »Das ist nicht wahr«, versetzte die Prinzessin; aber er bestand darauf, dass er nicht lüge, und auf seine wiederholten Bitten gab ihm endlich die Prinzessin die Erlaubnis wegzugehen, doch musste er vorher versprechen, jeden Tag hierher zum Brunnen zu kommen.

Der Prinz kehrte ganz glücklich in den Stall zurück, als er aber dort hinkam, erhielt er neununddreißig Hiebe dafür, dass er so lange ausgeblieben war. Am andern Tage wollte er daher heimlich zum Brunnen schleichen und Wasser holen, aber die Prinzessin war schon dort und lauerte ihm auf, und als sie hörte, wie es ihm gestern ergangen war, ließ sie den Stallmeister rufen und sprach zu ihm: »Du hast in dem Stalle einen Grindkopf, den schicke mir hierher, denn ich will ihn in meine Dienste nehmen.« Der Stallmeister verlor den Burschen sehr ungern, weil er so tüchtig und pünktlich in seiner Arbeit war; doch was konnte er tun? Er musste hingehen und ihn herbeiholen. Unterwegs aber sagte er zu ihm: »Habe ich dir nicht gesagt, dass du dich vor der Königstochter nicht sehen lassen sollst? Nun muss ich dich auf den Richtplatz führen und spießen lassen.« Da verschwor sich der Prinz, dass er die Prinzessin gar nicht kenne, und klagte und weinte, und bat den Stallmeister, ihn leben zu lassen; dieser aber erwiderte: »Das hilft dir alles nichts, du musst gespießt werden.«

Nachdem ihn der Stallmeister der Prinzessin vorgestellt hatte, machte ihn diese zu ihrem Tafeldecker und Aufwärter. Wie er aber gewaschen war und neue Kleider angezogen hatte, da war sein Aussehen so schmuck, dass ihn die Prinzessin zum Kammerdiener machte, und er ihre Zimmer rein zu halten hatte. In einem derselben stand ein Klavier, und als er eines Tages glaubte, dass es niemand hören werde, da fing er an und spielte darauf leise, leise, und summte ein Liedchen dazu. Die Prinzessin aber belauschte ihn, und als sie ihn so schön spielen und singen hörte, da wurde sie nur noch mehr in ihrem Glauben bestärkt, dass hinter ihrem Diener ein großes Geheimnis stecke. Dieser fuhr fort, zu spielen und zu singen, und stellte so seine ganze Geschichte dar, und darüber wurde er endlich so betrübt, dass er in Weinen und Schluchzen ausbrach.

Darauf bat die Prinzessin ihren Vater um die Erlaubnis, von ihrem Kammerdiener Unterricht in der Musik nehmen zu dürfen. Der König aber wollte es gar nicht glauben, dass das ein so großer Musiker sei, bis ihn die Prinzessin in dem Musiksaale versteckte, und nachdem er ihn dort spielen gehört, hatte er daran ein solches Gefallen, dass er seiner Tochter ihre Bitte gewährte. Von da an nahm also die Prinzessin Klavierunterricht bei ihrem Kammerdiener, und der lehrte es ihr so gut, wie es der beste Klaviermeister nicht vermocht hätte. Von Zeit zu Zeit suchte sie ihm sein Geheimnis abzufragen; sobald dies aber der Jüngling merkte, fing er an zu weinen, und war dabei so schön, dass die Prinzessin Mitleid mit ihm hatte und ihn nur immer lieber gewann.

Aber auch der König hatte ihn lieb und nahm ihn daher oft auf seinen Spaziergängen mit. Als er einst mit ihm am Strande lustwandelte, erschienen die Botschafter von drei Königen, welche alle drei bei ihm um die Hand seiner Tochter für ihre Herren anhielten. Da wusste er nicht, wem er den Vorzug geben sollte, und sagte daher zu den Botschaftern, sie sollten ein wenig warten, denn er wolle seine Tochter beschicken und ihr die Wahl anheimstellen. Darauf schrieb er einen Brief an seine Tochter und schickte ihn mit dem Jüngling zur Prinzessin. Als diese den Brief gelesen hatte, nahm sie Feder und Papier und schrieb an ihren Vater: »Wenn du mich verheiraten willst, so weiß ich keinen besseren als den Mann, der mir deinen Brief gebracht hat und dir diesen übergeben wird. Wenn dir der aber nicht genehm ist, so bleibe ich ledig und lebe mit dir zusammen.« Nachdem der König diesen Brief gelesen hatte, dauerte ihn seine Tochter, und er sagte daher zu den drei Botschaftern: »Meine Tochter kann nicht heiraten, denn sie ist krank und dankt daher den drei Herren für die erwiesene Ehre.«

Als der König in sein Schloss zurückkehrte und seine Tochter ihm entgegenkam, machte er ihr Vorwürfe und sprach: »Was soll das heißen, was du mir da geschrieben hast? Schämst du dich nicht, einen gemeinen Menschen zum Manne zu wollen und Könige zu verschmähen?« Da kniete die Tochter vor ihm nieder und sprach: »Warum hast du mich mit solcher Zärtlichkeit erzogen und willst mich nun aus deinen Armen lassen? Ich will viel lieber bei dir bleiben als fern von dir ein noch so glänzendes Leben führen.« Über diese Rede wurde der König zwar sehr gerührt, aber es dauerte lange, bis ihn die Prinzessin durch Tränen und Schmeicheleien dahin brachte, in ihre Vermählung mit dem verkappten Prinzen zu willigen. Als nun die Prinzessin demselben anzeigte, dass sie ihn heiraten wolle, und ihr Vater seine Einwilligung gegeben, da ließ er sich von ihr versprechen, dass sie alles, was er ihr erzählen würde, geheim halten wolle, und teilte ihr dann seine ganze Geschichte mit, und bat sie, noch eine kleine Weile zu warten, bis sich sein Schicksal von selber erfüllen werde. Darauf bat die Prinzessin den König, ihre Hochzeit drei Monate lang zu verschieben.

Eines Tages befand sich der König mit seinem künftigen Schwiegersohne in einem seiner Lusthäuser am Strande, als ein großes Schiff sichtbar wurde, das zum Zeichen seiner Trauer die Flagge auf dem halben Mast führte und sein Tau- und Rahenwerk in Unordnung hatte. Nachdem es Anker geworfen, kam der Kapitän in Trauerkleidern heraus und fragte, ob hier Landes kein Schiff gescheitert sei, in dem sich der Königssohn des und des Königreiches befunden habe. Als man ihn nun vor den König brachte und er dort denjenigen erblickte, welchen er suchte, kniete er vor ihm nieder und begrüßte ihn als seinen König; und wie das der König sah, wunderte er sich sehr und rief: »Sage mir, Schwiegersohn, warum hast du mir dein Geheimnis nicht mitgeteilt?« Da entstand ein großer Jubel in der ganzen Stadt und in dem ganzen Lande, und wurde die Hochzeit mit der größten Pracht und Herrlichkeit gefeiert.

Darauf kehrte das Schiff mit der fröhlichen Nachricht von dem Leben des Prinzen und dessen Heirat nach Hause zurück, und als das sein Vater hörte, ließ er eine große Flotte ausrüsten, um ihn zu besuchen, und nahm die kostbarsten Geschenke mit für seine Schwiegertochter. Wie er nun seinen Sohn nach so langer Trennung wieder erblickte, da wurde er ohnmächtig, und es dauerte lange, bis er wieder zu sich gebracht wurde. An seiner Schwiegertochter aber hatte er großes Wohlgefallen und nannte sie Königin in zwei Reichen.

Nachdem er eine Weile bei den Neuvermählten verbracht hatte, kehrte er wiederum in sein Reich zurück; aber nach zwei Jahren wurde er krank und schrieb daher einen Brief an seinen Sohn, dass er schleunigst zu ihm kommen solle, damit er ihn vor seinem Tode noch einmal sehen und ihm sein Zepter übergeben könne. Sobald der Prinz diesen Brief gelesen hatte, traf er sogleich die nötigen Anstalten zur Reise; aber seine Frau hatte ihn so lieb, dass sie erklärte, sie könne sich nicht von ihm trennen, sondern wolle mit ihm reisen, obgleich sie in der Hoffnung und die Zeit ihrer Niederkunft nahe war, und alle Bemühungen ihres Vaters und ihres Mannes, um sie von diesem Gedanken abzubringen, waren vergeblich. Sie ging also mit ihrem Manne zur See, und am zehnten Tage nach ihrer Abfahrt bekam sie Kindeswehen und gebar ein Töchterchen; aber kaum war die Geburt vorüber, so befiel sie ein hitziges Fieber, und davon blieb sie wie tot. Der Prinz war außer sich vor Schmerz, dass er seine geliebte Frau verloren habe, und sah und hörte nichts von dem, was um ihn vorging. Sein Gefolge aber ließ einen goldenen Sarg bereiten, legte die Königin hinein und warf ihn ins Meer, weil man in jenen Zeiten glaubte, dass ein Schiff nicht fahren könne, welches einen Toten an Bord habe. Aber sie hatten auch viel Geld und eine Schrift hineingelegt, in welcher geschrieben stand, wer sie wäre, und dass der, welcher den Sarg fände, die Königin begraben und dafür das Geld behalten solle, was in dem Sarge sei.

Nachdem der Sarg eine Zeit lang auf dem Meere geschwommen, trieb ihn der Wind an den Strand, und dort fand ihn ein berühmter Arzt, der jeden Morgen an der See zu lustwandeln pflegte. Er ließ ihn nach Hause bringen und fand darin die Leiche einer Frau; wie er sie aber näher untersuchte, schien es ihm, als ob sie nicht tot, sondern nur ohnmächtig sei. Er versuchte daher alle ihm bekannten Mittel und brachte die Prinzessin endlich wieder zum Leben, und als diese die Augen wieder öffnete, rief sie nach ihrem Manne. Aber der Arzt befahl ihr, sich ruhig zu verhalten und nicht zu reden, und stellte sie allmählich wieder her. Als sie vollkommen genesen war, gab er ihr den Zettel zu lesen, der im Sarge lag. Da war sie anfangs freilich sehr betrübt und jammerte nach ihrem Töchterchen und nach ihrem Manne, aber der Arzt ließ nicht ab, ihr zuzureden und Trost zuzusprechen, bis sie sich endlich in ihr Schicksal ergab und auf einer nahe gelegenen Anhöhe ein Kloster erbaute. Nachdem das fertig war, zog sie hinein, nahm noch andere Frauen auf, und verbrachte ihr Leben damit, dass sie für ihren Mann und für ihre Tochter betete.

Das Schiff, auf welchem der Prinz fuhr, legte an verschiedenen Häfen seines Reiches an, und so kam er auch zu einem Statthalter seines Vaters, der ihm als ein treuer Mann bekannt war. Bei diesem ließ er daher sein Kind zurück und befahl ihm, es wie sein eigenes zu pflegen und es, wenn es heranwüchse, in der Musik und den Wissenschaften unterrichten zu lassen, ihm aber von Zeit zu Zeit über sein Befinden Bericht zu erstatten. Doch das Unglück wollte es, dass der Statthalter von seiner Frau nur eine Tochter hatte, die sehr hässlich war, und dass diese daher auf die Königstochter, deren Schönheit mit jedem Tage zunahm, immer eifersüchtiger wurde. Als daher das Mädchen zehn Jahre alt war, da befahl die Frau des Statthalters einem ihrer Diener, es mit in den Wald zu nehmen und dort umzubringen. Diesen aber dauerte das schöne, unschuldige Kind, und er ging daher mit ihm eine lange Zeit im Walde herum, ohne zu wissen, was er tun solle, und so kam er endlich mit dem Mädchen an den Strand. Durch das viele Wandern war das Kind so erschöpft, dass es zu ihm sagte: »Töte mich, wenn du willst, aber ich gehe nicht mehr weiter, denn ich kann nicht mehr.« Da sprach der Diener: »So setze dich und warte, bis ich mich entschlossen habe, was ich tun will.« Wie er aber so dastand und nachsann, sah er Seeräuber auf sich zukommen; da ließ er das Mädchen im Stiche und lief weg.

Die Seeräuber nahmen das Mädchen und verkauften es an eine Kupplerin. Diese behandelte es anfangs sehr gut und gab ihm schöne Kleider und gutes Essen, bis es sich wieder erholt hatte. Dann stellte sie eine Kiste neben das Mädchen und sagte ihm, dass es dahinein das Geld werfen solle, was es verdienen würde. Darauf benachrichtigte sie alle reichen jungen Leute der Stadt von der schönen Sklavin, welche sie gekauft habe. Als aber diese hinkamen, da gab ihnen das Mädchen so gute Worte und wusste sie so zu rühren, dass sie weggingen, ohne es zu berühren. Die Kupplerin war darüber sehr böse und fing an, das Mädchen zu misshandeln und rief: »Ich habe dich gekauft, um Geld mit dir zu verdienen.« Da kniete das Mädchen vor sie hin und bat: »Schlage mich nicht, sondern gib mir eine Laute, ich will damit vor den Häusern singen und spielen, und was ich gewinne, das will ich dir alles heimbringen.« Es ließ nicht eher mit Bitten ab, bis die Kupplerin ihm eine Laute kaufte; mit der zog das Mädchen nun in der Stadt herum und spielte darauf und sang dazu, und das gefiel den Leuten so wohl, dass sie es reich beschenkten und es jeden Abend viel Geld nach Hause brachte. Doch die Kupplerin war damit niemals zufrieden, sondern sagte stets: »Morgen musst du mir noch mehr bringen.«

Der Prinz kam glücklich zu seinem Vater, und der empfing ihn mit großer Freude; als er aber das Unglück hörte, das seinen Sohn betroffen, und dass seine Schwiegertochter gestorben sei, die er so liebte, wurde er darüber so betrübt, dass er nicht lange mehr lebte, und nach seinem Tode bestieg der Sohn den Thron. Obgleich er aber nun König war und ihm alle Freuden der Welt zu Gebote standen, so blieb er doch stets düster und traurig, alle Festlichkeiten waren ihm ein Gräuel, und er war am liebsten allein. Da erhielt er eines Tages einen Brief von seinem Statthalter, worin ihm dieser schrieb, dass seine Tochter krank geworden und gestorben sei, und dass er ihr ein glänzendes Leichenbegängnis abgehalten habe. Als er den Brief gelesen hatte, wurde er ganz tiefsinnig, er sprach kein Wort mehr und wollte auch niemand mehr sehen; und alle Versuche seiner Diener, ihn aus diesem Zustande zu reißen, waren vergebens. Darüber kamen alle Regierungsangelegenheiten ins Stocken und das Reich geriet in große Verwirrung. Endlich fasste sich der Kanzler ein Herz und ging zu dem König und sprach: »Herr, du musst dich endlich fassen und wieder König sein, denn so, wie es ist, kann es nicht weitergehen, sonst gerät das ganze Reich in Gefahr; das Volk verlangt seinen König zu sehen, und du musst dich ihm zeigen.«

Als das der König hörte, tat er sich Gewalt an und befahl, dass man ein Schiff ausrüsten solle, weil er alle Teile seines Reiches bereisen wolle. Nachdem das Schiff bereit war, stieg er hinein, und fuhr damit von einem Orte zum andern, blieb aber dabei ebenso traurig und düster als vorher. So zog er nun geraume Zeit umher und kam endlich in eine Hafenstadt, und als seine Diener den Marktplatz besuchten, sahen sie dort ein hübsches zwölfjähriges Mädchen, das auf der Laute spielte und dazu sang, und sein Gesang gefiel ihnen so sehr, dass sie auf den Gedanken kamen, das Mädchen vor der Türe des Königs singen zu lassen, um ihn dadurch vielleicht zu zerstreuen, weil er die Musik so liebte.

Als der König das schöne Spiel und den schönen Gesang des Mädchens hörte, wurde er aufmerksam, und nach einer Weile öffnete er die Türe, um zu sehen, wer so schön spiele.

Da erblickte er ein schönes Mädchen, das mit seiner verstorbenen Tochter von gleichem Alter war. Er rief es ins Zimmer und ließ es dort weitersingen, und da sang es seine ganze Geschichte, soweit es sich deren erinnerte, in einem Liede. In dem König aber stieg über dem Liede eine Ahnung auf; er ließ sich dasselbe also noch einmal ohne Musik hersagen, und fragte dann das Mädchen, ob das nicht seine eigene Geschichte sei, und als es Ja sagte, ließ er sogleich die Kupplerin kommen und fragte sie nach dem Mädchen, und die erzählte ihm, dass sie es von Seeräubern gekauft habe. Da bot ihr der König den Kaufpreis, den sie dafür gegeben hatte. Die Alte aber erwiderte, dass sie das Mädchen nicht für sein ganzes Königreich hergebe. Der König bot ihr darauf das Doppelte und Vierfache, und erklärte ihr endlich, dass sie das Mädchen nicht mehr erhalten könne. Da stürzte sich die Alte auf dasselbe und wollte es erwürgen, der König aber ließ sie ins Gefängnis werfen. Darauf umarmte er das Mädchen und sagte ihm, dass es seine Tochter sei.

Von da fuhr er nun mit seiner Tochter nach einer andern Stadt, und sah dort auf einer Anhöhe ein neues Kloster stehen, das er noch nicht kannte, und als er sich danach erkundigte, erfuhr er, dass es eine schöne fremde Frau aus eigenen Mitteln erbaut habe. Da ging er hin, und während er an der Tür klopfte, sah er über derselben in einer Nische den goldenen Sarg stehen und erkannte sogleich, dass dies der Sarg seiner Frau sei. Als ihn darauf die Pförtnerin nach seinem Begehren fragte, bat er um Erlaubnis, das Kloster zu betrachten. Da zog sich die Äbtissin mit ihren Frauen in ein Versteck zurück und befahl, ihn einzulassen, und während er im Kloster herumging und sich dasselbe ansah, erkannte ihn die Äbtissin trotz seines düsteren Aussehens und fiel darüber in Ohnmacht, und ihre Frauen hatten viele Mühe, sie wieder zu sich zu bringen. Als der König das Kloster besehen hatte, ließ er die Äbtissin um Erlaubnis bitten, ihr aufwarten zu dürfen, und sowie er sie erblickte, erkannte er sie sogleich, nahm sie in seine Arme und herzte und küsste sie.

Darauf fuhren sie zusammen nach dem Sitze jenes Statthalters, und als der König ihm sagte, dass er ihn zur Grabstätte seiner Tochter führen solle, stürzte er ihm zu Füßen und gestand ihm alles, indem er alle Schuld auf seine böse Frau wälzte. Da bat auch die Königin um Gnade für ihn, und ihr zuliebe beschränkte sich der König darauf, ihn außer Landes zu verbannen.

Von da fuhren sie nach dem Reiche des Vaters der Königin, und als dieser hörte, dass seine Tochter komme, freute er sich sehr, denn von allem, was vorgefallen war, hatte er nichts erfahren. Nun ließ der Königssohn auch den Fischer kommen, der ihm das Leben gerettet hatte, und wollte sich vor ihm wie der Sohn vor dem Vater verbeugen, aber der Fischer fiel ihm zu Füßen und weinte vor Freuden, ihn wiederzusehen, und der Königssohn behielt ihn bei sich in hohen Ehren, solange er lebte. Aber der alte König wollte den Königssohn nicht mehr von sich lassen; er blieb also mit Frau und Kind bei ihm, und als der Alte starb, folgte er ihm in der Herrschaft nach und machte aus den beiden Reichen eins.

VOM WOLF, DER FÜCHSIN UND DEM HONIGTOPFE

Es war einmal ein Wolf, der hieß Herr Nicola, und eine Füchsin, die hieß Frau Marja. Die kauften zusammen einen Acker, und machten sich auf, um ihn zu bestellen; zur Nahrung nahmen sie einen Bottich voll Honig und einen Korb Weißbrote mit, versteckten ihren Mundvorrat in einem Busch und fingen an zu graben. Als sie ein gutes Stück gegraben hatten, begann es die Füchsin zu hungern, sie schämte sich aber, das dem Herrn Nicola zu sagen, und sann daher auf eine List, stellte sich, als ob man sie zu einer Taufe riefe, und schrie: »Jawohl, jawohl, ich komme schon!«

Da fragte Herr Nicola: »Wer ruft dich denn?«, und sie erwiderte: »Man ruft mich, um ein Kind aus der Taufe zu heben. Ich will also hingehen, aber bald wiederkommen.«

»So geh«, sagte der Herr Nicola, »aber mache, dass du bald wieder zurück bist.«

Da ging die Frau Marja fort, schlich sich an den Ort, wo der Honigbottich und die Weißbrote versteckt waren, und fraß, bis sie nicht mehr konnte.

Drauf ging sie zum Herrn Nicola zurück, und der sprach zu ihr: »Willkommen, Frau Gevatterin, was hast du dem Kind für einen Namen gegeben?« »Anfanginchen«, erwiderte sie.

Sie machten sich nun wieder an die Arbeit, und nach einer Weile begann es Frau Marja wieder nach dem Honig zu lüsten, und sie rief: »Jawohl, jawohl, ich komme schon!«

Da fragte Herr Nicola: »Aber wer ruft dich denn schon wieder?«

»Ach, ich soll noch mal zu Gevatter stehen.«

»So geh, aber mache, dass du bald zurückkommst.«

Da schlich die Frau Marja zum Honig, fraß, bis sie nicht mehr konnte, und kam dann wieder auf den Acker.

Herr Nicola fragte sie: »Was für einen Namen hast du diesmal dem Kinde gegeben?« Und sie antwortete: »Mittinchen!«

Als sie nun abermals eine Weile gearbeitet hatten, stellte sich Frau Marja wiederum, als ob sie rufen hörte, und schrie: »Jawohl, jawohl, ich komme schon!«

»Wer ruft dich denn schon wieder?«, fragte Herr Nicola.

»Ach, ich soll noch einmal zu Gevatter stehen.«

»Das ist doch merkwürdig, man ruft dich ja in einem fort!«

»Das kommt daher, dass man mich lieb hat, Herr Nicola!«

»Nun, so geh, mach aber, dass du bald wiederkommst.«

Da schlich sich Frau Marja noch einmal zum Honig, fraß ihn und die Weißbrote rein auf, stülpte den Bottich um, und kam dann wieder zu Herrn Nicola.

Der fragte sie: »Was hast du denn dem Kind für einen Namen gegeben?« »Stülpinchen«, antwortete Frau Marja.

Nun gruben sie noch eine Weile; da sagte endlich Herr Nicola: »Wollen wir jetzt essen oder später?«

»Essen wir jetzt!«, sagte Frau Marja.

Herr Nicola ging also zum Busche, wo der Honig und die Weißbrote versteckt waren, und fand den Bottich umgestülpt. Da wurde er sehr zornig, lief zur Frau Marja und schrie: »Du hast die Weißbrote und den Honig aufgefressen, und dafür will ich dich nun selbst fressen.« »Ich hab' sie gewiss nicht gefressen, Herr Nicola! Du hast wohl nicht recht zugesehen; geh doch noch mal hin und such besser nach.«

»Nun, ich will's tun«, sagte er; »wenn ich aber nichts finde, so weißt du, was dir blüht.«

Während nun Herr Nicola noch mal suchte, machte sich Frau Marja weg und versteckte sich in einem Loch. Und als der Wolf zurückkam, sah er sie, wie sie gerade hineinschlüpfte. Da nahm er einen Häkelstab, um sie damit herauszuholen. Wenn dieser sich nun in eine Wurzel hakte, so schrie die Füchsin: »Au, au, mein Beinchen! Au, au, mein Beinchen!« Wenn er aber ihren Fuß packte, dann höhnte sie: »Zieh nur an der Wurzel, du Esel! Zieh nur an der Wurzel, du Esel!« Und so ging's lange Zeit fort, bis der Wolf endlich müde wurde und wegging, und so kam die Frau Marja vom Herrn Nicola los.

VOM SONNENKINDE

Es war einmal eine Frau, die bekam keine Kinder und war darüber sehr betrübt. Da sprach sie eines Tages zu dem Sonnenball: »Lieber Sonnenball, schenke mir ein Mädchen, und wenn es zwölf Jahre alt ist, magst du es zurücknehmen.« Darauf schenkte ihr der Sonnenball ein Mädchen, das nannte die Frau Letiko und pflegte es mit großer Liebe, bis es zwölf Jahre alt war. Als nun eines Tages Letiko beim Kräutersuchen war, da kam der Sonnenball zu ihr und sprach: »Letiko, wenn du nach Hause kommst, so sage deiner Mutter, sie solle an das denken, was sie mir gelobt habe.« Da ging die Letiko nach Hause und sprach zu ihrer Mutter: »Während ich Kräuter suchte, ist ein großer Herr zu mir gekommen und hat mir aufgetragen, dir zu sagen, dass du dich an das erinnern solltest, was du ihm gelobt hast.«

Als die Frau das hörte, erschrak sie sehr und verschloss sogleich die Türe und die Fenster des Hauses, verstopfte auch alle Risse und Löcher, und hielt die Letiko versteckt, damit der Sonnenball nicht kommen und sie holen könne. Aber sie vergaß, das Schlüsselloch zu verstopfen, und durch dieses schickte der Sonnenball einen Strahl in das Haus, der packte das Mädchen und brachte es zu ihm.

Eines Tages schickte er Letiko in die Strohhütte, um Stroh zu holen; das Mädchen aber setzte sich auf den Strohhaufen und klagte: »Wie dieses Stroh unter meinen Füßen seufzt, so seufzt mein Herzchen nach meinem Mütterchen«; und darüber blieb sie so lange weg, dass sie der Sonnenball fragte: »Ei, Letiko, wo warst du denn so lange?« – »Meine Pantoffeln sind mir zu groß und ich konnte damit nicht gehen.« Da machte ihr der Sonnenball die Pantoffeln kürzer.

Ein andermal schickte er sie, um Wasser zu holen, und als sie zu der Quelle kam, setzte sie sich hin und klagte: »So wie dies Wasser fließt, ebenso fließt mein Herzchen aus Sehnsucht nach meinem Mütterchen.« Sie blieb aber wieder so lange aus, dass sie der Sonnenball fragte: »Ei, Letiko, warum bist du denn so lange ausgeblieben?« – »Mein Überkleid ist so lang und hinderte mich am Gehen.« Da schnitt ihr der Sonnenball das Überkleid ab.

Darauf schickte sie der Sonnenball wieder einmal aus, ihm ein Paar Sandalen zu holen, und als das Mädchen diese in der Hand trug, da fing es an zu klagen: »Wie dies Leder knirscht, so knirscht mein Herzchen nach meinem Mütterchen.« Als sie darauf nach Hause kam, fragte sie der Sonnenball: »Ei, Letiko, warum kommst du denn so spät?« – »Meine Rotmütze ist mir zu weit und fiel mir über die Augen, und darum konnte ich nicht schnell gehen.« Da machte er ihr auch die Mütze enger.

Aber am Ende merkte der Sonnenball doch, dass Letiko traurig sei; er schickte sie also wieder, Stroh zu holen, und schlich ihr nach und hörte, wie sie um ihre Mutter klagte. Da ging er nach Hause, rief zwei Füchse und fragte sie: »Wollt ihr die Letiko nach Hause bringen?« – »Ei, warum nicht?« – »Was wollt ihr aber essen und trinken, wenn ihr unterwegs hungrig und durstig werdet?« – »Da werden wir von ihrem Fleische essen und von ihrem Blute trinken.« Als der Sonnenball das hörte, sagte er: »Ihr taugt nicht zu diesem Geschäfte«, schickte sie wieder weg und rief zwei Hasen: »Wollt ihr die Letiko zu ihrer Mutter bringen?« – »Ei, warum nicht?« – »Was wollt ihr aber essen und trinken, wenn ihr unterwegs hungrig und durstig werdet?« – »Wir werden Gräschen fressen und Quellchen trinken.« – »Da nehmt sie und bringt sie hin.«

Da machten sich die Hasen mit der Letiko auf. Weil es aber weit bis zu ihrem Hause war, bekamen sie unterwegs Hunger, sie sagten also zu dem Mädchen: »Steige auf jenen Baum, lieb Letiko, und bleibe so lange oben, bis wir uns satt gefressen haben.« Da stieg Letiko auf den Baum und die Hasen gingen grasen. Es dauerte aber nicht lange, so kam eine Lamia unter den Baum und rief: »Letiko, Letiko, komm herunter und sieh die schönen Schuhe, die ich anhabe.« – »Oh! Meine Schuhe sind viel schöner als deine.« – »Komm herunter, ich habe Eile, denn mein Haus ist noch nicht gekehrt.« – »So gehe hin und kehre es, und komme wieder, wenn du fertig bist.« Da ging die Lamia weg und kehrte ihr Haus, und als sie damit fertig war, kam sie wieder und rief: »Letiko, Letiko, komme herunter und sieh, was ich für eine schöne Schürze habe.« – »Oh, meine Schürze ist viel schöner als deine.« – »Wenn du nicht herunterkommst, so haue ich den Baum um und fresse dich.« – »Tue das und friss mich dann.« Da hieb die Lamia aus allen Kräften in den Baum und konnte ihn doch nicht umhauen, und als sie das einsah, rief sie: »Letiko, Letiko, komme herunter, denn ich muss meine Kinder säugen.« – »So gehe hin, säuge sie, und komme wieder, wenn du damit fertig bist.« Da ging die Lamia wieder weg, die Letiko aber rief: »Häschen! Häschen!« Da sagte der eine Hase zu dem andern: »Höre, die Letiko ruft«, und nun liefen sie zu ihr, so schnell sie konnten. Letiko stieg vom Baume, und nun ging's weiter. Die Lamia aber lief ihnen nach, um sie einzuholen, und kam an einem Acker vorbei, auf welchem Leute arbeiteten. Da fragte die Lamia: »Habt ihr niemanden hier vorüberkommen sehen?« Die aber antworteten: »Wir legen Bohnen.« – »Ei was! Ich frage nicht danach, sondern ob niemand hier vorübergekommen ist?« Die Leute aber antworteten: »Bist du etwa taub? Bohnen, Bohnen, Bohnen legen wir.«

Als die Letiko in die Nähe ihres Hauses kam, da gewahrte sie der Hund und rief: »Hamm! Hamm! Siehe, da kommt die Letiko«, und die Mutter sagte: »Hust! Du Unglückstier! Willst du mich vor Kummer bersten machen?« Darauf gewahrte sie der Kater auf dem Dache und rief: »Miau! Miau! Siehe, da kommt die Letiko«, und die Mutter sagte: »Zutu! Du Unglückstier! Willst du mich vor Kummer bersten machen?« Da gewahrte sie der Haushahn und rief: »Kakaiku! Kakaiku! Siehe, da kommt die Letiko«, und die Mutter sagte: »Siu! Du Unglückstier! Willst du mich vor Kummer bersten machen?« Je näher die drei aber dem Hause kamen, desto näher kam ihnen auch die Lamia, und als der Hase zur Haustüre hineinschlüpfen wollte, da packte sie ihn an seinem Schwänzchen und riss es aus. Als nun der Hase hereinkam, stand die Mutter auf und sprach zu ihm: »Sei willkommen, liebes Häschen! Dafür, dass du mir die Letiko gebracht hast, will ich dir auch dein Schwänzchen versilbern«; und das tat sie auch und lebte von da an mit ihrem Töchterchen glücklich und zufrieden.

DER MANN MIT DER ERBSE

Es war einmal ein junger Mann, der hieß Penteklimas, und der ging in die Welt, um sein Glück zu suchen. Als er eine Weile gegangen war, fand er auf dem Wege eine Erbse liegen und hob sie auf. Indem er sie aufhob, fiel ihm ein, dass er ausgezogen sei, um sein Glück zu suchen, und da er nun die Erbse gefunden, so müsse dies sein Glück sein. Als er darüber nachdachte, wie das sein könnte, sagte er bei sich: »Wenn ich die Erbse stecke, so werde ich übers Jahr hundert Erbsen haben, und wenn ich diese das andere Jahr säe, werde ich das Zehnfache ernten, und im vierten Jahre werde ich viele Tausend Erbsen haben; ich bin also gut daran und will die Erbse wohl aufheben.« Er band sie also in sein Taschentuch, hatte aber seine Gedanken immer nur auf die Erbse gerichtet, und sooft er irgendein Geschäft vornahm, ließ er es in der Hälfte, holte sein Taschentuch hervor und sah nach, ob er seine Erbse noch habe. Darauf nahm er eine Feder und rechnete aus, wie viele Erbsen er in dem einen und wie viele er in dem andern Jahre ernten werde und so fort, und wenn er mit dem Rechnen fertig war, sprach er: »Ich bin gut daran.«

Nachdem er es so eine Weile getrieben hatte, machte er sich auf und ging an die Küste und verlangte zweihundert Schiffe zu mieten, und als ihn die Leute fragten, was er denn mit so vielen Schiffen vorhabe, sagte er, dass er darauf seine Habe verschiffen wolle. Da staunten die Leute und glaubten anfangs, er wolle sie zum Besten haben. Als er aber fort und fort nach Schiffen fragte, verlangten sie von ihm genau zu wissen, wie viele Schiffe er nötig habe. Da holte der Mann seine Erbse hervor, machte nochmals seine Rechnung und schloss danach seine Verträge mit den Schiffern.

Drauf liefen die Schiffer zum König und erzählten ihm, dass ein Mann in den Hafen gekommen wäre, der so reich sei, dass er zweihundert Schiffe verlange, um darauf seine Habe zu verschiffen. Als das der König hörte, wunderte er sich sehr und ließ den Menschen zu sich kommen, um selbst mit ihm zu sprechen. Der Penteklimas war aber von Gestalt recht ansehnlich und hatte sich so schöne Kleider machen lassen, dass ihm von seinem Gelde nur zweihundert Piaster übrig blieben; aber er machte sich keine Sorgen, denn er hatte ja die Erbse, mit der er sein Glück machen wollte. Er erschien also guten Mutes vor dem König, und der fragte ihn, wo er sein Vermögen habe. Der Penteklimas aber antwortete: »Ich habe es an einem sicheren Orte und brauche zweihundert Schiffe, um es hierher zu schaffen.« Da dachte der König: »Das wäre ein Mann für meine Tochter!«, und fragte ihn also, ob er nicht seine Tochter heiraten wollte. Als der Penteklimas das hörte, wurde er ganz nachdenklich und sagte bei sich: »Ich bin meiner Sache freilich noch nicht sicher, doch wenn ich Nein sage, so gibt mir der König die Schiffe nicht.« Als ihn aber der König um eine Antwort drängte, sprach er endlich: »Ich will erst hingehen und mein Vermögen holen, und dann soll die Hochzeit sein.« Dass nun der Penteklimas bei einem solchen Vorschlag so bedenklich tat, das machte den König nur noch hitziger, und er sprach also: »Wenn du erst die Reise machen willst, so verlobe dich wenigstens mit ihr und nimm sie, wenn du zurückkommst.« Das war der Penteklimas zufrieden. Über dem Reden war es Abend geworden, und der König wollte ihn nicht von sich lassen, sondern befahl, dass er in seinem Schlosse schlafen solle. Um nun zu sehen, ob er auch wirklich gut gewohnt sei, befahl der König heimlich, dass man ihm zerrissene Betttücher und eine zerlumpte Decke aufbereiten und dass ein Diener ihn die Nacht über beobachten solle, ob er schlafe oder nicht; denn wenn er schläft, dachte der König, so ist er ein armer Schlucker, wenn er aber nicht schläft, so ist er gut erzogen und in einem neuen Bettzeug zu schlafen gewohnt, und kann also in den Lumpen nicht schlafen.

Am andern Morgen erzählte der Diener dem König, dass der Penteklimas die ganze Nacht über sehr unruhig gewesen sei und kein Auge zugetan habe. Das kam aber daher, weil der Penteklimas fürchtete, in diesen Lumpen seine Erbse zu verlieren und sie nicht mehr zu finden, so konnte er nicht schlafen und griff immer wieder dahin, wo er sie verborgen hatte, um sich zu überzeugen, dass sie noch da sei. Darauf befahl der König, ihm in der nächsten Nacht ein so weiches und schönes Lager als möglich zu bereiten. In diesem aber schlief der Penteklimas ganz vortrefflich, weil er da keine Furcht hatte, dass er darin seine Erbse verlieren könne. Als das der König hörte, war er überzeugt, dass dies der rechte Mann für seine Tochter sei, und drang nun darauf, dass die Verlobung gehalten werden solle. Am Verlobungsabend legte man die Prinzessin zu ihm; er hatte jedoch wenig Aufmerksamkeit für sie, denn sein Sinn war auf die Erbse gerichtet, und auf die Ernten, die er von ihr erwartete, und kaum war er eingeschlafen, so träumte ihm, dass er sie verloren habe; da wachte er im Sprunge auf und griff so hastig nach seiner Erbse, dass diese zu Boden fiel; nun fing er an zu schreien und zu schluchzen: »O Unheil! O Unheil! Wo ist mein Glück! Wo ist mein Glück!«, bis er sie wiedergefunden hatte, und die Prinzessin wunderte sich nicht wenig über das sonderbare Treiben ihres Verlobten.

So trieb er es eine Weile und vertiefte sich mehr und mehr in seine Rechnungen, bis er endlich auf das Drängen des Königs zur See zu gehen beschloss und sich mit zweihundert Schiffen auf den Weg machte. Als er aber während der Fahrt wieder einmal über seinen Rechnungen saß, da fiel es ihm plötzlich wie Schuppen von den Augen, wie unsinnig sein Treiben sei, denn noch habe er ja nicht einmal für ein Feld gesorgt, um die eine Erbse zu säen, und nun gehe er mit zweihundert Schiffen, um die Ernte zu holen, die sie erst nach vielen Jahren liefern könne. »Ich bin ein Wahnsinniger«, sagte er bei sich, »aber was soll ich nun anfangen, wo ich den König und so viele Leute betrogen habe? Es bleibt mir nichts anderes übrig, als mich in das Meer zu stürzen.« Er sann nun auf einen Vorwand, wie er von den Schiffen loskommen könne, und sprach zu den Schiffern, als sie der nächsten besten Küste nahe kamen: »Hier sollt ihr mich an das Land setzen und so lange warten, bis ich euch rufe, denn um meine Schätze aufzusuchen, muss ich allein sein.« Als er aber auf das Land kam, da ging er in einen Wald und versteckte sich darin, und wollte nicht eher wieder hervorkommen, als bis die Schiffer des Wartens müde abgefahren wären.

Die Schiffer warteten lange Zeit auf ihn vergeblich, und als er gar nicht kommen wollte, beschlossen sie, ihn aufzusuchen. Sie durchsuchten also den ganzen Wald und entdeckten darin eine ganz mit Goldstücken angefüllte Höhle, welche ein Mohr mit dem Schwert in der Hand bewachte. Nicht weit davon aber entdeckten sie den Penteklimas in einem Dickicht versteckt. Sie riefen ihm also zu: »Komm her! Komm her! Wir haben deinen Schatz gefunden.« Als das der Penteklimas hörte, wollte er anfangs seinen Ohren nicht trauen, doch fasste er sich ein Herz und kam hervor und befahl den Schiffern, den Mohren totzuschlagen, und als sie das getan hatten, füllten sie die zweihundert Schiffe mit den Schätzen, die sie in der Höhle fanden, und kehrten damit nach Hause zurück. Der König aber empfing den Penteklimas in größter Pracht mit Fackeln und Laternen, und dieser hielt darauf seine Hochzeit mit der Königstochter und ward ein großer Mann. Wie dem unser Herrgott beigestanden hat! Denn wenn der Schatz nicht gefunden worden wäre, so hätten ihn die Schiffer unfehlbar totgeschlagen. Siehst du, wie ihn trotz seiner Narrheit mit der Erbse der liebe Gott nicht zugrunde gehen ließ?

DIE SEHERGABE

Es war einmal eine alte Frau, die war so böse gegen ihre junge Schwiegertochter, dass diese sich nicht satt zu essen traute. Sooft sie also Brot knetete, versteckte sie hinter dem großen Fruchtkorb ein Stückchen Teig, um es zu backen und zu essen, wenn ihre Schwiegermutter einmal ausginge. Da die Alte aber niemals ausging, so sammelte sich nach und nach ein ganzer Sack voll Brotteig an. Eines Nachts erschien der Frau ein Engel des Herrn im Traume und sprach zu ihr: »Der Brotteig, den du hinter dem Fruchtkorb versteckt hast, ist in Weihrauch verwandelt. Stehe also morgen früh auf, und wenn deine Schwiegermutter weggegangen ist, so fülle allen Weihrauch in einen Sack und trage ihn auf jenen Berg und verbrenne ihn dort.«

Am andern Morgen tat die Frau, was ihr der Engel geheißen, trug den Weihrauch auf den Berg und steckte ihn dort an. Als nun der Rauch davon zum Himmel stieg, da sprach der Herr Jesus zu einem Engel: »Gehe hin und sieh einmal nach, wer dieses gute Werk tut«, und als der Engel vom Himmel kam, fand er die Frau, wie sie das Feuer schürte und Weihrauch hineinwarf. Da fragte er sie: »Wie sollen wir dir das Gute vergelten, das du uns erweisest?«, und sie antwortete: »Ich bitte dich nur, mir die Gabe zu verleihen, dass, wenn jemand stirbt, ich sehen kann, was der Engel mit seiner Seele anfängt.« »Gut«, sprach der Engel, »dir soll diese Gabe zuteilwerden, doch hüte dich wohl, sie irgendjemand zu offenbaren, denn sonst stirbst du in demselben Augenblicke.«

Darauf ging die Frau nach Hause und tat ihre Arbeit, wie sie es gewohnt war. Nach einigen Tagen starb ein junger Mann in ihrer Nachbarschaft. Sie ging also hin und erblickte den Charon, wie er sich bemühte, dem Toten die Seele mit Gewalt zu nehmen, und wie sich diese aus allen Kräften dagegen sträubte. Darüber betrübte sie sich so sehr, dass sie sich über den Sterbenden beugte und zu weinen und zu schluchzen begann. Da kam auch ihre Schwiegermutter und sah, wie sie so über dem Sterbenden weinte, ging nach Hause und sagte zu ihrem Sohne, was sie gesehen habe, und dass seine Frau den Sterbenden zum Geliebten gehabt haben müsse. Als nun die Frau nach Hause kam, fragte sie der Mann, warum sie so sehr über dem Haupte jenes Sterbenden geweint habe. Der sei doch nicht ihr Verwandter, er müsse also ihr Geliebter gewesen sein. Da erwiderte die Frau, dass sie nur deswegen über ihn geweint habe, weil sie gewusst hätte, dass er sterben müsse. Er aber wollte das nicht glauben und quälte sie so lange, bis sie sagte: »Höre, lieber Mann, wenn du es durchaus wissen willst, warum ich geweint habe, so schicke hin und lasse vorher mein Grab graben.« Da ließ der Mann das Grab graben, und als es fertig war, kam er zurück und sagte es seiner Frau. Nun begann die Frau und erzählte ihm alles von Anfang an, wie sie den Teig versteckt, und wie dieser zu Weihrauch geworden, wie sie ihn auf dem Berge verbrannt, und wie sie zum Lohne dafür von dem Engel die Gabe empfangen habe, zu sehen, was aus den Menschen wird, wenn sie sterben, und wie sie nun sterben müsse, weil sie dies verraten habe. Kaum hatte sie das gesagt, so starb sie auch, und der Mann ging hin und begrub sie in dem Grabe, das schon fertig war.

DIE GOLDSCHMIEDIN UND DER TREUE FISCHERSOHN

Es war einmal ein König und eine Königin, die bekamen keine Kinder. Hinter ihrem Schlosse aber hatte ein Fischer sein Haus, dem schenkte seine Frau jedes Jahr ein Kind. Der König aber wollte von der Königin nichts wissen, weil sie ihm keine Kinder schenkte; sie sann daher auf eine List, und als die Fischerin wieder gesegneten Leibes wurde, da band sie sich ein Polster auf, um sich das Aussehen zu geben, als ob sie schwanger wäre. Als dann die Fischerin ein Knäblein gebar, da schickte sie heimlich hin und ließ es holen, und gab es für ihr eigenes Kind aus.

Nach Verlauf von zwei Jahren gebar sie aber selbst ein Söhnchen, doch verstieß sie deswegen das Fischerkind nicht, sondern zog es zugleich mit dem ihrigen auf, und die beiden Kinder liebten einander so sehr, dass keines ohne das andere sein mochte und daher zusammen lernten und spielten und Tag und Nacht beieinanderblieben.

Als sie so in unzertrennlicher Liebe herangewachsen waren, verlangten sie vom König die Erlaubnis, in die Welt zu gehen, um fremde Länder und Sitten kennenzulernen, und als sie die Erlaubnis dazu erhalten hatten, machten sie sich auf den Weg.

Nachdem sie nun eine Zeit lang gewandert waren, kamen sie in eine große Stadt und blieben daselbst einige Zeit, weil es ihnen dort wohlgefiel.

Eines Tages gaben ihnen die jungen Herren jener Stadt

ein Gastmahl, und dabei kam die Rede auf die Schönheit der Frauen. Als darüber schon viel hin und her geredet war, sprach einer der Fürstensöhne: »So schön als die Frau des Goldschmiedes, die mit der goldenen Krone auf dem Kopfe am Fenster sitzt und mit dem goldenen Apfel spielt, gibt es keine, noch wird es jemals eine geben.« Da widersprach ihm keiner der Anwesenden, sondern es stimmten ihm alle bei, welche die Goldschmiedin gesehen hatten, und den reisenden Prinzen überkam eine solche Liebe zu ihr, dass er von da an weder essen noch trinken konnte und mit niemand reden wollte, sondern sich schweigend und finster in seinem Leide verzehrte. Als der Fischersohn sah, wie er vor lauter Gram abzuzehren begann, drang er in ihn, ihm die Ursache seines Kummers zu sagen; der Prinz aber wollte ihm lange nicht Rede stehen, und versuchte ihn durch harte Worte zurückzuweisen. Doch der andere ließ sich nicht abschrecken und setzte dem Prinzen so lange zu, bis er ihm sein Leid anvertraute und klagte, dass er aus Liebe zu der schönen Unbekannten sterben müsse.

Als der Fischersohn sah, dass er von diesen Gedanken nicht abzubringen war, ging er hin, mietete ein Haus in der Nähe des Goldschmiedes und ließ von geschickten Arbeitern eine Höhle graben, die zu dem Hause des Goldschmieds führte. Dieses Haus hatte aber sieben Stockwerke, und in dem höchsten wohnte die Goldschmiedin; die Türen der sieben Stockwerke waren mit sieben Schlössern verschlossen, und die sieben Schlüssel führte der Goldschmied bei sich, der außen vor dem Hause seine Werkstatt hatte und darin sein Handwerk trieb. Als nun die Höhle fertig war, stieg der Fischersohn zur Goldschmiedin und fand sie, wie sie mit der goldenen Krone auf dem Kopfe am Fenster saß, und mit dem goldenen Apfel spielend auf die See sah. Als sie den Fischersohn erblickte, wunderte sie sich, wie er habe zu ihr kommen können, und fragte ihn, wer er sei und was er wolle. Er aber sagte: »Ich bin der Sohn des und des Königs und bin in diese Stadt gekommen; da hat man mir so viel von deiner Schönheit, deiner Krone und dem Apfel erzählt, den du in der Hand hast, dass ich mich in dich verliebt und nicht eher geruht habe, als bis ich eine Höhle zu deinem Hause gegraben hatte und auf diese Weise zu dir gedrungen bin.« Darauf bat er sie, dass sie ihm ihren Goldapfel leihen möge, weil er sich einen ähnlichen machen lassen wolle, um ihn in sein Königreich mitzunehmen. Sie versetzte, dass sie sich vor ihrem Manne fürchte, denn wenn der es erführe, würde er sie nicht leben lassen. Er aber erwiderte, dass er den Apfel nur auf kurze Zeit bedürfe, und ihn durch die Höhle längst wieder zurückgebracht habe, bevor der Goldschmied die sieben Schlösser öffnen könnte, und bat sie so lange, bis sie ihm den Apfel gab.

Darauf ging der Fischersohn zum Goldschmied in die Werkstatt und sagte zu ihm: »Sei so gut und mache mir nach diesem Muster einen ebensolchen Apfel.« Der Goldschmied betrachtete den Apfel von allen Seiten, und je länger er ihn ansah, desto mehr überzeugte er sich, dass dies sein eigener Apfel sei. Er sagte daher zu dem Fischersohne: »Dies ist mein eigener Apfel, den ich selbst geschmiedet habe.« »Ei was«, rief dieser, »bist du etwa der einzige Goldschmied in der Welt?« Da stand der Goldschmied auf und nahm seine sieben Schlüssel, um selber nachzusehen, ob seine Frau ihren Apfel noch habe oder nicht. Bevor er aber die sieben Schlösser der sieben Türen aufgeschlossen hatte, war der Fischersohn durch die Höhle zur Goldschmiedin geschlüpft und hatte ihr den Apfel wiedergebracht. Endlich kam auch der Goldschmied zu ihr und sah, wie seine Frau mit dem

HERBST 2024

Die Andere Bibliothek

Entdecken Sie ganz Andere Seiten

Herausgegeben von Nele Holdack und Rainer Wieland

Dieses Buch zeigt uns die Autorinnen und Autoren der Weltliteratur, wie wir sie bislang nicht kannten: mitten im Geschehen, im Nahkampf und im Getümmel, als Schurken und Helden. Wir sind mit dabei, als Cervantes in der Schlacht von Lepanto kämpfte und als Tolstoi von einem Bären gebissen wurde. Mit Beiträgen von Marc Reichwein, Gisela Trahms, Rainer Moritz, Matthias Heine, Tilman Krause, Wieland Freund, Elmar Krekeler, Marianna Lieder, Wolf Lepenies, Erhard Schütz u. v. a.

Illustration aus »111 Actionszenen der Weltliteratur«, © Paul Fretter

Apfel spielte, und als sie ihn fragte, was er zu so ungewohnter Zeit bei ihr wolle, da antwortete er: »Was soll ich dir sagen, mein Kind! Es kam ein Mensch zu mir in die Werkstatt und zeigte mir als Muster einen Apfel, der dem deinigen so ähnlich war, dass ich nachsehen wollte, ob du ihn noch hättest.« Da sagte die Frau: »Bist du toll geworden? Kann denn niemand anders einen ebensolchen Apfel haben?« Da ging der Goldschmied wieder in seine Werkstatt, aber ehe er die sieben Türen geöffnet und verschlossen hatte, war der Fischersohn schon wieder dort und hatte den Apfel in der Hand. Der Goldschmied nahm nun die Bestellung an, und der andere sagte ihm zum Abschied, dass er ihm den Apfel so rasch als möglich schmieden solle, weil er in wenig Tagen von hier fortwolle.

Als der Apfel fertig war, ging der Fischersohn wiederum zur Goldschmiedin und bat sie, ihm ihre Krone zu geben, weil er eine ähnliche machen lassen wolle, um sie in sein Königreich mitzunehmen. Sie machte anfangs dieselben Schwierigkeiten wie beim Apfel, ließ sich aber endlich doch bereden und gab sie ihm. Darauf ging der Fischersohn mit der Krone zum Goldschmied in die Werkstatt und bat ihn, ihm nach diesem Muster eine ebensolche Krone zu machen. Der Goldschmied betrachtete die Krone von allen Seiten, fand, dass das die Krone sei, die er selbst für seine Frau geschmiedet habe, und sagte zu dem Fischersohn, dass dies seine eigene Krone sei, und als ihn dieser auslachte, nahm er wiederum seine sieben Schlüssel und ging in das Haus, um nachzusehen, ob seine Frau ihre Krone noch habe. Bevor er aber die sieben Türen geöffnet hatte, brachte der Fischersohn der Frau die Krone zurück und versteckte sich. Als nun der Goldschmied zu ihr kam und die Krone auf ihrem Kopfe sah, da wunderte er sich sehr und sagte zu seiner Frau: »Ich weiß nicht, was ich dazu sagen soll; soeben hat mir der Mann, der den Apfel bei mir bestellte, eine Krone gebracht, die deiner so ähnlich ist, dass ich glaubte, sie wäre es.« Die Frau aber erwiderte: »Was machst du dir nur für Grillen, hältst du mich nicht unter sieben Schlössern? Wie könnte nur jemand hierherkommen und meine Krone stehlen?« Da ging der Goldschmied in seine Werkstatt zurück, aber als er dort hinkam, fand er auch schon den Fischersohn dort mit der Krone in der Hand. Nachdem sie über die Bestellung einig geworden waren, sagte der Fischersohn: »Die Krone muss bis morgen fertig sein, weil ich abreisen will.«

Darauf brachte er der Goldschmiedin ihre Krone zurück und sprach ihr ein Langes und Breites von der großen Liebe vor, die er für sie gefasst habe, und dass er sie dem Goldschmiede entführen und in sein Königreich mitnehmen und dort zur Königin machen wolle. Sie erklärte, dass sie damit einverstanden sei, dass sie aber nicht wisse, auf welche Weise sie aus der Gewalt ihres Mannes kommen könne. Der Fischersohn erwiderte: »Lass dich das nicht kümmern, das ist meine Sorge, ich werde dich heiraten und wir werden deinen Mann zum Brautführer haben.«

Tags darauf ging der Fischersohn zum Goldschmied, nahm von ihm die Krone in Empfang und sprach: »Morgen Abend werde ich Hochzeit halten, und du musst mir den Gefallen tun, meinen Brautführer zu machen, weil ich hier sonst niemand kenne.« Und der Goldschmied antwortete: »Schon gut.« Am Abend aber ging er zu seiner Frau und erzählte ihr, dass ihn sein fremder Kunde für seine Hochzeit zu Gevatter gebeten, dass er aber wenig Lust habe, hinzugehen. Darauf sprach die Frau: »Ei was, ein solcher Mann erweist dir die Ehre, dich zu Gevatter zu bitten, und du willst es nicht annehmen?«, und redete so lange in ihn hinein, bis er sich entschloss und hinging.

Am andern Morgen nahm der Fischersohn den Prinzen und führte ihn durch die Höhle zu der Goldschmiedin und sagte zu ihr: »Siehe, das ist dein wahrer Liebhaber, der ohne dich nicht mehr leben kann, und nun macht es miteinander ab, wie ihr wollt.« Dem Prinzen wurde es nicht schwer, sie von seiner Liebe zu überzeugen, und es wurde nun abgemacht, dass sie am Abend durch die Höhle an den Strand gebracht und dort mit dem Prinzen eingesegnet werden solle.

Als es dunkel geworden war, holten sie die Goldschmiedin ab und brachten sie auf ihr Schiff. Darauf schickten sie nach dem Goldschmied, dass er zur Hochzeit kommen solle, und als der Ärmste kam und die Braut erblickte, sagte er bei sich: »Ach, das ist ja meine Frau«, und sprach daher: »Ich habe etwas vergessen, werde aber gleich wieder da sein«, und der Fischersohn antwortete: »So geh, aber lass uns nicht lange warten.« Bevor jedoch der Goldschmied die sieben Treppen seines Hauses erstiegen und die Schlösser seiner sieben Türen geöffnet hatte, war seine Frau durch die Höhle in ihre Stube geschlüpft, und als der Goldschmied eintrat, da saß sie mit der goldenen Krone auf dem Kopfe im Sessel und spielte mit dem goldenen Apfel. Sie fragte ihn: »Ist die Hochzeit schon vorüber, weil du schon wieder da bist, oder ist etwas vorgefallen?« Darauf erzählte ihr der Goldschmied, wie es ihm ergangen, und wie er nur hergekommen sei, um zu sehen, ob sie nicht die Braut wäre. Sie aber rief: »Schämst du dich nicht, dass sich die Welt über dich lustig macht wie über einen Narren? Mach, dass du fortkommst.« Da konnte der Goldschmied wohl nicht anders und musste zur Hochzeit zurückgehen. Bevor er aber seine sieben Schlösser geschlossen hatte, war seine Frau durch die Höhle geschlüpft und auf das Schiff zurückgekehrt. Als der Goldschmied dort hinkam, fand er sie auf dem Brautplatze sitzen und auf ihn warten. Sowie er sie aber ansah, dachte er: »Das ist meine leibhaftige Frau«, und sagte also, dass er wieder etwas vergessen habe, und lief fort. Es ging ihm jedoch nicht besser als das erste Mal, denn als er in die Stube seiner Frau trat, saß sie mit der goldenen Krone auf dem Kopfe im Sessel und spielte mit dem goldenen Apfel, und als er auf das Schiff zurückkehrte, saß sie dort im Brautschmucke und wartete auf ihn. Der Goldschmied aber gab sich auch diesmal nicht zufrieden, und kehrte zum dritten Male nach Hause zurück; doch ging es ihm wie zuvor. Da bedachte er sich und sprach: »Ich bin doch ein wahrer Narr, gibt es nicht Menschen, die einander ähnlich sehen?«

Er ging also hin, nahm ohne weitere Schwierigkeiten die Brautkronen und hielt sie während der Trauung über seine Frau und den Prinzen.

Nachdem die Trauung vorüber war, lichteten sie die Anker und fuhren ab; der Goldschmied aber ging nach Hause – und fand das Nest leer, er durchsuchte alle Winkel, aber die Frau war fort. Da sprach er zu seinen Augen: »Hört einmal, ihr Augen, wofür habe ich euch denn, wenn ihr nicht sehen wollt und der Verstand nicht sehen kann?«, und riss sich beide aus dem Kopfe. Die Augen aber verwandelten sich in Vögel und flogen auf das Schiff, in dem seine Frau fuhr. Dort setzten sie sich auf den Mast, und der eine sprach zum andern: »Diese junge Frau wird bald Witwe werden.« »Warum das?«, fragte der andere. »Wenn ihr Mann in seinem Reiche landet, so wird man zur Feier seiner Ankunft mit Kanonen schießen, und da wird ihn eine Kugel treffen und das wird sein Tod sein. Doch wenn er einen Bruder hat, der ihn von ganzem Herzen liebt, so wird ihm nichts geschehen. Wer aber diese meine Worte hört und sie ausschwatzt, der soll von den Knien abwärts zu Stein werden. – Wenn sie darauf in die Stadt einziehen wollen, so wird man Pferde herausführen, damit sie darauf hineinreiten; der Prinz wird auf eines steigen, das ihn abwerfen wird, und davon wird er sterben, und sie Witwe werden. Doch wenn er einen Bruder hat, der ihn von Herzen liebt, so wird ihm nichts geschehen, und wer diese meine Worte hört und sie ausschwatzt, der soll von den Lenden bis zu den Knien zu Stein werden. – Wenn sie dann in das Schloss wollen, so wird daraus eine Hündin kommen und den Prinzen beißen, und davon wird er sterben und sie zur Witwe werden. Doch wenn er einen Bruder hat, der ihn von Herzen liebt, so wird ihm nichts geschehen; wer aber diese meine Worte hört und sie ausschwatzt, der soll von den Lenden bis zum Kopfe zu Stein werden. – Wenn sie endlich sich zu Bette legen wollen, so wird aus der Kammer ein Ungeheuer kommen und sie verschlingen, und sie wird zur Witwe werden. Doch wenn er einen Bruder hat, der ihn von Herzen liebt, so wird ihm nichts geschehen. Wer aber diese meine Worte hört und sie ausschwatzt, dem wird der Kopf zu Stein werden.«

Alles, was die Vögel sprachen, hatte der Fischersohn mitangehört; er verriet aber niemandem etwas davon. Als sie in ihrem Reiche landeten, da schickte er einen Boten mit dem Auftrage in die Stadt, dass sie nicht mit Kanonen schießen sollten, und als sie an das Land kamen und dort die Pferde fanden, auf denen sie in die Stadt reiten sollten, da schickte er dieselben zurück. »Ei«, sagte die junge Frau bei sich, »was ist doch der Fischer für ein Neidhammel!« Wie sie an das Tor des Schlosses kamen, sprang die Hündin auf sie zu und bewillkommte sie; doch der Fischersohn zog sein Schwert und zerhieb sie mit einem Streiche in zwei Stücke, und darüber zürnte ihm die junge Frau noch mehr.

Nachdem sie aber im Schlosse angekommen waren, da befahl der Fischersohn, dass man die Kanonen lösen solle.

Als am Abend der Prinz mit seiner jungen Frau schlafen gehen wollte, da folgte ihnen der Fischersohn und hielt Wache. Um Mitternacht kam ein Ungetüm von der Decke herab, um den Prinzen zu fressen, und als es auf den Boden kam, da erzitterte das Schloss. Der Fischersohn aber zog sein Schwert und zerhieb das Ungeheuer in zwei Stücke. Am andern Morgen kam die alte Königin zu dem Schlafgemach, um die jungen Leute zu besuchen, und als sie das Gemach voller Blut fand, da glaubte sie, dass ihr Sohn ermordet sei, und rief: »Das hat kein anderer als der neidische Fischer getan, und darum verbot er uns auch, bei der Landung mit Kanonen zu feuern, darum schickte er auch die Pferde zurück, und darum zerhieb er auch die Hündin, als sie ihnen aus dem Schlosse entgegenkam.«

Als das der Fischersohn hörte, ward er zornig und rief: »So! Dafür, dass ich ihn so und so oft vom Tode errettet habe, dafür schmäht ihr mich!«, und nun fing er an und erzählte das erste Stück, und wurde von den Knien abwärts zu Stein, dann das zweite, und wurde bis zu den Lenden zu Stein, dann das dritte und vierte und wurde ganz zu Stein. Darauf begann die Königin sich im Zimmer umzusehen, und als sie den zerhauenen Drachen erblickte, da tat es ihr leid, aber nun war es zu spät. Sie nahmen darauf den steinernen Fischersohn und stellten ihn in einem Gemache auf, und dort stand er stumm und taub, und wenn die Leute zu ihm kamen, so sah man wohl, dass er sie erkannte, aber er vermochte weder zu sprechen noch ein Glied zu rühren.

Der jungen Frau aber tat der Fischersohn so leid, dass von der Zeit an, wo er zu Stein wurde, drei Jahre lang kein Lächeln über ihre Lippen kam und dass sie eine große Schüssel mit ihren Tränen füllte, und als die drei Jahre vorüber waren, da goss sie die Schüssel über ihn, und davon wurde er entsteinert.

GOLDGERTE

Es war einmal ein Kaufmann, der handelte nach Indien und hatte drei Töchter. Als er wieder einmal nach Indien gehen wollte, da bat ihn die älteste Tochter, dass er ihr ein indisches Kleid mitbringe, die zweite bat um ein indisches Kopftuch, die jüngste aber um die goldene Gerte, und damit er ihre Aufträge nicht vergesse, so wünschten sie ihm, dass, wenn er nicht alles Bestellte mitbringe, sein Schiff nicht von der Stelle könne.

Als er nun nach Indien kam, da kaufte er alle Waren, die er nötig hatte, und dazu auch das Kleid und das Kopftuch für die zwei ältesten Töchter, aber an die goldene Gerte der jüngsten dachte er nicht, und als er wieder heimfahren wollte, kam sein Schiff trotz des günstigen Windes nicht von der Stelle. Da setzte er sich an den Strand und dachte nach, was wohl schuld daran wäre.

Während er so dasaß, kam ein Bauer vorüber und fragte ihn, warum er so betrübt sei. Anfangs wollte er es ihm nicht sagen. Der Bauer aber ließ nicht nach, bis er es erfahren hatte, und sagte darauf: »Denke einmal nach, ob du nicht etwas versprochen und nicht gehalten hast.« Da dachte der Kaufmann nach, und endlich fiel ihm ein, dass er den Auftrag seiner jüngsten Tochter vergessen habe. Er fragte also den Bauer, wo die goldene Gerte zu finden wäre, und der zeigte ihm einen Weg, auf dem er drei Stunden lang gehen solle, und dann würde er hinkommen.

Da ging der Kaufmann den Weg, den ihm der Bauer gezeigt hatte, und als er drei Stunden gegangen war, erkundigte er sich bei den Leuten auf dem Felde, wo die goldene Gerte sei. Sie zeigten ihm ein großes Schloss und sagten, darin wohne die goldene Gerte, denn so heiße der Königssohn. Als das der Kaufmann hörte, erschrak er nicht wenig, doch fasste er ein Herz, ging vor das Schloss und begehrte vom König die Erlaubnis hereinzukommen. Als er sie erhalten hatte und der König ihn fragte, was sein Begehren sei, antwortete er, dass er mit dem Königssohne zu sprechen wünsche. Da führte ihn der König in das Gemach, in welchem sein Sohn wohnte, und dieser fragte den Kaufmann, was sein Begehren sei. Der Kaufmann erzählte, was ihm seine Tochter aufgetragen und wie es ihm darauf ergangen sei. Als das der Königssohn hörte, führte er den Kaufmann in einen Saal, in welchem viele Mädchen abgebildet waren, und fragte ihn: »Ist deine Tochter so hübsch wie diese?« Der aber antwortete, sie sei noch tausendmal schöner. Da führte er ihn in ein anderes Gemach, wo das Bild einer Jungfrau hing, welche er im Schlafe gesehen und von der er geträumt hatte, dass er sie heiraten werde, und fragte ihn: »Ist deine Tochter so hübsch wie diese?« Der Kaufmann aber rief: »Das ist sie, wie sie leibt und lebt.« Darauf gab ihm der Königssohn einen Brief, ein Becken und einen Ring und sagte ihm, dass er das alles seiner Tochter geben solle. Der Kaufmann nahm die drei Stücke und empfahl sich, und als er wieder auf sein Schiff kam, lief es so schnell, dass es in kurzer Zeit nach Hause kam.

Da kamen ihm seine Töchter entgegen und fragten, ob er ihnen mitbrächte, was er ihnen versprochen habe; er aber packte die Geschenke aus und gab der ältesten das Kleid, der zweiten das Kopftuch und der jüngsten den Brief, das Becken und den Ring. Die lief damit in ihre Kammer, schloss sich ein und öffnete den Brief des Prinzen, und darin stand, wenn sie ihn haben wolle, so solle sie das Becken mit Wasser füllen, den Ring hineinwerfen, und dreimal rufen: »Komm, komm, mein goldenes Gertchen!« Dann würde er als Taube geflogen kommen, sich in dem Wasser baden und in einen Mann verwandeln; darum solle sie ein Loch in die Zimmerdecke machen, damit er durch dasselbe zu ihr könne.

Das Mädchen tat, was in dem Briefe geschrieben stand, und sowie sie das Becken mit Wasser gefüllt und den Ring hineingelegt hatte, kam das Täubchen geflogen, badete sich in dem Wasser und verwandelte sich in einen schönen jungen Mann, und nachdem sie lange Zeit miteinander geschwatzt hatten, badete er sich wieder, ward zur Taube und flog davon. Beim Abschiede gab er ihr eine Nuss und sagte, dass sie dieselbe aufschlagen und das anziehen solle, was sie darin finde.

Darauf schlug das Mädchen die Nuss auf und fand darin einen ganzen Anzug, auf dem der Himmel mit seinen Sternen zu sehen war. Als sie ihn angezogen hatte und aus ihrer Kammer trat, da bewunderte sie alle Welt, und ihre Schwestern begannen neidisch auf sie zu werden.

Nach einigen Tagen ließ sie ihren Geliebten wieder zu sich kommen, und beim Abschied gab er ihr diesmal eine Haselnuss, die sie zerschlagen und was darin sei anziehen solle. In der Haselnuss war aber ein ganzer Anzug, auf dem das Meer mit seinen Wellen zu sehen war. Als sie nun diesen angezogen hatte und aus ihrer Kammer trat, da bewunderte sie alle Welt, und ihre Schwestern beneideten sie noch mehr.

Beim dritten Mal gab er ihr eine Feige und sagte, dass sie die aufschneiden und das, was darin wäre, anziehen solle. In der Feige war ein Anzug, auf dem der Maimonat mit seinen Blumen zu sehen war, und als sie mit diesem aus ihrer Kammer trat, da bewunderte sie alle Welt. Ihre Schwestern aber wurden so neidisch auf sie, dass sie sich miteinander berieten, was sie ihr Böses antun könnten. Darauf beschlossen sie, ihre Schwester zu belauschen, wenn sie sich wieder einsperrte, um zu sehen, wie sie zu den schönen Kleidern käme. Als sie nun merkten, dass sie sich wieder eingesperrt hatte, da schlichen sie an ihre Türe, in der ein kleiner Riss war, und sahen, wie sie Wasser in das Becken goss, den Ring hineinwarf und dem Täubchen rief, und wie sich das in einen schönen Prinzen verwandelte, der mit ihr koste und dann wieder als Taube davonflog.

Nachdem sie das alles mitangesehen hatten, wollten sie ihrer Schwester ihr Glück nicht allein gönnen, sondern auch ihr Teil daran haben. Sie berieten sich also, wie sie das machen sollten, und als sie darüber einig waren, beschlossen sie, dass es zuerst die Älteste versuchen solle. Wie sie nun am andern Morgen zusammen ins Bad gingen, ließ diese einen Sack Perlen auf die Erde fallen, kauerte sich nieder, um sie aufzulesen, und blieb so hinter den anderen zurück. Dann aber lief sie schnell in die Kammer der Jüngsten, nahm das Becken, füllte es mit Wasser, legte den Ring hinein und rief dreimal: »Komm, komm, mein goldenes Gertchen!«, aber in der Eile hatte sie nicht gesehen, dass in dem Becken ein Messer lag, und als nun die Taube geflogen kam, sich in das Becken stürzte und untertauchte, da schnitt sie sich an dem Messer in den Hals, und das Wasser wurde rot von dem Blute, das aus der Wunde floss; die Taube aber schwang sich auf und flog fort. Darüber erschrak die älteste Schwester so sehr, dass sie alles stehen ließ und davonlief.

Als nun die Jüngste aus dem Bade zurückkehrte und ihr Täubchen rufen wollte, da sah sie das Becken mit dem blutigen Wasser und nun erriet sie, was vorgegangen war, und begann zu weinen und zu schluchzen: »Ach! Ach! Welches Unglück!« Nachdem sie sich aber satt geweint, ging sie zu ihrem Vater und sagte: »Lieber Vater, ich kann nicht länger bei dir bleiben, sondern muss in die Fremde, lass mir also einen schönen fränkischen Anzug machen und rüste mir ein Schiff aus, um damit in die Welt zu fahren.« Als alles fertig war, was sie verlangt hatte, stieg sie zu Schiff und ließ es nach Indien fahren.

Auf ihrer Fahrt musste aber das Schiff einmal anlegen, und die Prinzessin stieg ans Land, um sich ein bisschen umzusehen. Als sie eine Weile gegangen war, sah sie, wie eine Taube von einem Stoßvogel verfolgt wurde, und hörte, wie sie den fragte, ob er denn gar kein Herz für die Krankheit des Königssohnes habe, den alle Ärzte aufgegeben hatten. Darauf antwortete der Stoßvogel: »Die Ärzte wissen freilich nicht, wie der zu heilen ist.« Da fragte die Taube: »Mit welchem Mittel ist er zu heilen?« Jener antwortete: »Wenn man uns tötet und aus unserem Fleische mit dem Wasser jener Quelle eine Salbe kocht und damit den Hals des Jünglings bestreicht, so wird er heil.«

Als das die Jungfrau hörte, legte sie sofort ihr Gewehr auf beide Vögel an und schoss sie mit einem Schusse herunter. Darauf schöpfte sie Wasser aus der Quelle, die der Stoßvogel angegeben, und kochte aus dem Fleische der beiden Vögel eine Salbe. Als sie damit in Indien angekommen war, verkleidete sie sich als Arzt, zog vor das Schloss ihres Geliebten und rief, was sie konnte: »Wer braucht einen guten Arzt, wer kauft gute Arzneien?«, bis es der König hörte, sie vor sich kommen ließ und fragte: »Kannst du meinen Sohn heilen?« Sie antwortete: »Erst muss ich ihn sehen«, und nachdem sie ihn gesehen hatte, sagte sie: »Ich heile ihn in acht Tagen, dass er wieder auf die Jagd gehen kann.« Als das der König hörte, freute er sich ungemein. Die anderen Ärzte aber riefen: »Wenn der den Königssohn in acht Tagen heilt, so lass uns allen die Köpfe abschlagen.« Doch der König hörte nicht auf sie und ließ die Jungfrau gewähren. Als sie nun den Hals des Kranken zum ersten Male mit der Salbe bestrich, da wurde ihm schon besser, und nach zwei Tagen begann er schon zu sprechen, und nach acht Tagen ging er mit dem Arzte auf die Jagd.

Als der König sah, dass sein Sohn völlig heil war, fragte er den Arzt, welche Gnade er sich von ihm ausbitte zum Danke für das Gute, das er ihm erwiesen habe. Da antwortete dieser: »Ich verlange weiter nichts von Euer Majestät als ein großes Gastmahl zu meinen Ehren, dem alle Fürsten von ganz Indien beiwohnen sollen«; und der König versetzte: »Was du verlangst, ist für mich eine Kleinigkeit; weil du es aber wünschest, mag es sein.«

Sofort ließ der König ein großes Gastmahl bereiten und lud die Fürsten von ganz Indien dazu ein, und als die Mahlzeit zu Ende war, da erhob sich die Jungfrau und bat den König, dass er Stille gebieten solle, weil sie ein Märchen erzählen wolle. Sobald nun alles still geworden war, begann sie und erzählte der Reihe nach alles, was sich mit ihr und dem Königssohne zugetragen, und als sie zu Ende war, warf sie ihren falschen Bart und ihre Mannskleider weg und rief: »Ich bin das Mädchen, von dem ich euch erzählt habe, ich bin die Frau des Königssohns.« Als das der König hörte, umarmte er sie und rief: »Du bist meine Schwiegertochter.« Darauf stellte er eine große Hochzeit an und gab das Paar zusammen, und sie lebten von da an herrlich und in Freuden.

VON DER FÜCHSIN, DEM WOLFE UND DEM PRIESTER

Es war einmal ein Priester, der kehrte, nachdem er seine Messe gelesen, nach Hause zurück und trug den Quersack auf der Schulter, in dem die Weihbrote staken, die er erhalten hatte. Als er so seines Wegs ging, da fand er einen toten Fuchs liegen, er achtete aber nicht darauf und ging an ihm vorüber; eine Strecke weiter aber lag ein anderer Fuchs da, und weiterhin noch einer, und um es kurz zu machen, er zählte auf seinem Wege zwölf tote Füchse. Da bedachte er, wenn er diese zwölf Füchse auflesen und ihnen ihre Bälge abziehen würde, so könne er damit ein schönes Stück Geld verdienen. Um sich aber die Arbeit zu erleichtern, legte er seinen Quersack ab, der ihm von all den Broten, die darin waren, allein schon auf die Schulter drückte, und dachte ihn bei der Rückkehr wieder aufzunehmen. Als er aber zum Orte kam, wo er den letzten Fuchs gesehn hatte, da fand er nichts mehr dort, und wie es ihm mit diesem gegangen war, so ging es ihm auch mit den andern elf. Da glaubte er, dass sie irgendjemand vor ihm weggenommen habe, und begriff nicht, dass es nur eine einzige Füchsin war, die ihm immer vorausgelaufen und sich tot gestellt hatte, um ihn zum Besten zu haben. Als die Füchsin sah, dass er seinen Quersack hingelegt hatte und den Weg zurückging, machte sie sich über den Sack her, holte alle Brote heraus und tat dafür Steine hinein.

Als nun der Priester unverrichteter Dinge wieder zu der Stelle kam, wo er den Quersack hingelegt hatte, nahm er ihn wieder auf den Rücken, und verdrießlich, wie er war über den vergeblichen Weg, den er gemacht, schien es ihm, als ob der Sack viel schwerer drücke als vorher. Endlich kam er nach Hause, gab ihn seiner Frau und sagte ihr: »Da, Frau, nimm den Sack, tue die Brote heraus und hebe sie auf, denn ich bin müde von dem Wege, den ich gemacht habe.« Diese antwortete: »Es scheint, dass du heute viele Messen gehabt hast, weil der Sack so schwer ist.« Als sie aber die Hand hineinsteckte und daraus einen Stein nach dem andern hervorholte, da rief sie: »Siehe her, lauter Steine, nichts als Steine!« Da zerraufte sich der Priester seinen Bart und rief: »Das hat mir die Stink-Marja angetan.«

Lassen wir nun den Priester seine Brote bejammern und sehen wir, was die Füchsin macht. Als diese mit den Broten zu ihrer Höhle ging, da aß sie den ganzen Weg von ihnen, was sie nur konnte, um sich die Last zu erleichtern. Darauf begegnete ihr der Wolf und sprach: »Guten Morgen, Frau Stink-Marja, was issest du denn Gutes?« Sie antwortete: »Ach, Onkel Musuris, ich hatte lange nichts zu essen finden können, da rieb ich vor lauter Hunger meine Schnauze an die Erde und rief: ›Azilulus, Bazilulus, Azilulus‹, und das machte, dass ein Priester kam und mir alle seine Weihbrote zum Essen hinwarf.« Da fragte der Wolf: »Was meinst du, Frau Marja, sollte ich wohl ebenso glücklich sein wie du, wenn ich es ebenso mache?« Die Füchsin sprach: »Und du fragst noch? Warum denn nicht?«

Da nahm der Onkel Musuris Abschied von der Stink-Marja, und auf dem ganzen Wege rieb er seine Schnauze an den Boden und rief dabei: »Azilulus, Bazilulus, Azilulus«, und das trieb er so lange, bis er mit seiner Schnauze in eine aufgestellte Falle geriet. Als er sah, dass alle seine Mühe, sich aus ihr loszumachen, vergebens war, rief er: »Ach, Stink-Marja, Stink-Marja, wie hast du mich angeführt!« Während er so in der Falle stak, kam ein Bauer vorbei und sah einen Wolf in der Falle; da nahm er sein Messer heraus und zog ihm sein Fell bei lebendigem Leibe ab, nahm dies mit sich und kümmerte sich nicht weiter um den geschundenen Körper.

Als der Bauer weg war, da stand der Wolf auf und suchte so lange nach der Stink-Marja, bis er sie fand, und nun sprach er zu ihr: »Für das, was du mir angetan hast, will ich dich fressen.« »Gut«, sagte die Füchsin, »aber lass mich nur erst nach Hause, um meine Jungen noch einmal zu sehen, und dann kannst du mich fressen.« – »Aber wie soll ich das anfangen, ohne dass du mir davonläufst?« Da sagte die Füchsin: »Du brauchst mich ja nur auf deinen Rücken zu setzen.« Der Wolf tat das, und so ritt die Füchsin auf dem Rücken des Wolfes den ganzen Weg nach ihrer Höhle, und während des Reitens biss sie dem Wolf ein Stück Fleisch nach dem andern aus seinem Rücken. Dieser rief: »Ach, Stink-Marja, was plagen mich die Fliegen!« Sie versetzte: »Ja, es sind Pferdefliegen.« Als sie endlich bei dem Fuchsbau ankamen, der der Stink-Marja gehörte, da schlüpfte diese hinein und kam nicht mehr heraus. Der arme Onkel Musuris versuchte nun selbst in die Höhle zu kriechen, aber sie war so eng, dass er nicht hineinkommen konnte. Da ging er fort, und es dauerte gar nicht lange, so verendete er an seinen Wunden.

VON DEN DREI UM DIE BRAUT STREITENDEN BRÜDERN

Es war einmal ein König, der hatte drei Söhne und wollte den ältesten von ihnen verheiraten. Er schickte daher einen seiner Diener aus, um eine Braut für ihn zu finden, welche schön, gebildet und von edlem Blute sein sollte. Nachdem der Diener eine Weile herumgezogen, kam er auch nach Rumelien und fand dort eine Jungfrau, die ebenso schön als gebildet und von edlem Blute war. Da zog er ihr königliche Kleider an und brachte sie nach Konstantinopel, und als die drei Prinzen dies schöne Mädchen sahen, da begannen sie miteinander auf Leben und Tod darüber zu streiten, wer von ihnen sie heiraten solle. Was sollte nun der alte König tun? Wie sollte er sie auseinanderbringen? Er rief seinen Vertrauten und fragte ihn um Rat, wie er den Hausfrieden wiederherstellen könnte; und dieser riet ihm, er solle sie in die Fremde schicken, und wer von ihnen die beste Sache nach Hause brächte, der solle die Jungfrau bekommen. Der Rat gefiel dem König, er schickte daher den einen nach Rumelien, den zweiten ins Frankenland und den dritten nach Anatolien. Sie reisten zusammen bis nach Adrianopel und machten aus, dass sie zu einer bestimmten Zeit wieder dort zusammenkommen und nach Konstantinopel zurückkehren wollten; darauf trennten sie sich.

Der Älteste kam auf seiner Fahrt durch Rumelien bis nach Ioannina, stieg dort in einem Gasthofe ab und hörte am andern Morgen, wie ein Ausrufer ein Fernrohr ausbot, auf das bereits fünf Beutel geboten waren, für die er es aber noch nicht zuschlagen wollte. Da ließ er den Ausrufer auf sein Zimmer holen und fragte ihn, was das für ein Fernrohr sei, für welches er so viel Geld begehre. Der Ausrufer antwortete, das sei kein gemeines Fernrohr, denn es bringe einem alles, was man zu sehen wünsche, vor die Augen. Der Prinz ließ sich also das Rohr zum Versuche geben, richtete es nach Konstantinopel zu, wünschte sich jene schöne Jungfrau zu sehn, sah hindurch und erblickte sie, wie sie leibte und lebte. Da kaufte er das Fernrohr für dreitausend Piaster, gab dem Ausrufer noch ein gutes Trinkgeld und machte sich auf den Rückweg nach Adrianopel, wo er auf seine beiden Brüder wartete.

Unterdessen war der Mittlere im Frankenlande von einer Stadt zur andern gezogen und kam endlich in eine, wo er einen Ausrufer eine Apfelsine ausbieten hörte, auf die schon sechs Beutel geboten waren, ohne dass er sie dafür losschlagen wollte. Da ließ ihn der Prinz zu sich rufen und fragte ihn, was das für eine Apfelsine sei, für die er so viel Geld verlange, und jener antwortete, das sei keine gemeine, sondern eine mit vieler Kunst gemachte Apfelsine und habe die Eigenschaft, dass sie jeden Menschen, der im Begriff zu sterben sei, wieder zum Leben erwecke, wenn er daran röche. Der Prinz ließ mehrere Versuche damit anstellen und mehrere Todkranke daran riechen, und da alle, die daran rochen, wieder gesund wurden, so kaufte er die Apfelsine für sieben Beutel, gab dem Ausrufer noch ein gutes Trinkgeld, und zog dann nach Adrianopel.

Der Jüngste endlich, welcher nach Anatolien gegangen war, kam auf seiner Reise durch eine Stadt, in welcher ein Ausrufer einen kleinen Teppich feilbot, auf den schon fünftausend Piaster geboten waren, ohne dass er ihn dafür losschlagen wollte.

Der Prinz ließ also den Ausrufer zu sich kommen und fragte ihn, was das für ein Teppich sei, für den er so viel Geld fordere, und der Ausrufer erwiderte, das sei kein gemeiner Teppich, denn er brächte alle, welche auf ihm säßen, dahin, wohin sie wünschten.

Da versuchte der Prinz mit dem Ausrufer die Kraft des Teppichs, und als er sie erprobt gefunden, kaufte er ihn für siebentausend Piaster, gab dem Ausrufer ein gutes Trinkgeld, setzte sich mit seinen Leuten auf den Teppich und wünschte sich nach Adrianopel, und im Nu war er dort bei seinen Brüdern.

Keiner von den dreien wollte aber den andern gestehn, was er mitbringe. Als sie des andern Tags nach Konstantinopel aufbrechen wollten, sagte der Jüngste zu den andern: »Ach, Brüder, für eine Frau haben wir all dies Ungemach erduldet, und doch wissen wir nicht einmal, ob sie noch lebt oder tot ist.« Da sprach der Älteste: »Wenn es weiter nichts ist, so kann ich helfen, denn ich habe ein Fernrohr, das will ich aufstellen und sehn, was sie macht.« Da ließ er sich sein Fernrohr holen, sah damit nach Konstantinopel in das Königsschloss, dort war aber große Verwirrung und Bekümmernis, denn das Mädchen lag in seinen letzten Zügen. Als das der Mittlere hörte, sprach er: »Wenn wir nur rasch zu ihr kommen könnten, so könnte ich ihr helfen, denn ich habe eine Apfelsine, und wenn daran ein Sterbender riecht, so wird er wieder gesund.« Darauf sagte der Jüngste: »Dazu kann ich verhelfen, denn ich habe einen Teppich, der uns sogleich dort hinbringt.« Er ließ also die andern auf seinen Teppich setzen und sie fuhren auf ihm in einem Augenblicke nach Konstantinopel. Als sie dort ankamen, war die Jungfrau noch nicht vollkommen tot, und sowie man ihr die Apfelsine unter die Nase hielt, wurde sie wieder gesund.

Da huben die drei Brüder von Neuem zu streiten an, wer sie zur Frau bekommen solle; denn der Älteste sprach: »Mir gebührt sie, weil ich sie mit meinem Fernrohr zuerst gesehen habe.« Der Zweite sprach: »Nein, mir gebührt sie, denn von dem Geruch meiner Apfelsine wurde sie gesund.« Der Jüngste aber sprach: »Nein, mir gebührt sie, denn ohne meinen Teppich wäre alle Hilfe zu spät gekommen.«

Als der König sie alle drei angehört hatte und nun das Urteil sprechen sollte, da geriet er in große Verlegenheit, weil alle drei recht und keiner unrecht hatte, und um dem Streite ein Ende zu machen, erklärte er, dass keiner von den dreien das Mädchen haben solle, sondern dass er sie selbst zur Frau nehme.

DAS MÄDCHEN IM KRIEG

Es war einmal ein König, der hatte drei Töchter, und wurde eines Tages aufgeboten, um in den Krieg zu ziehen. Da er aber schon alt und schwächlich war, so betrübte ihn das sehr, und er saß tagelang, um darüber nachzusinnen, was er tun solle.

Da kam seine älteste Tochter zu ihm und fragte: »Was hast du, Herr, dass du so traurig bist?«

»Das geht dich nichts an, packe dich deiner Wege!«

»Nein, lieber Vater, ich muss es wissen und gehe nicht eher von der Stelle, als bis du mir es sagst.«

»Was soll ich dir sagen, mein armes Mädchen? Man hat mich zum Kriege aufgeboten, und ich bin zu alt, um mitzuziehn.«

»O weh! Ich glaubte, du zerbrächst dir den Kopf, wie du mich endlich unter die Haube bringen könntest«, rief das Mädchen trotzig, und verließ den Vater.

Drauf kam die Zweite und sprach: »Was ist dir, Väterchen, dass du so traurig bist?«

»Das geht dich nichts an, packe dich deiner Wege!«

»Nein, nein! Du musst es mir sagen, ich will es wissen!«

»Ich sage dir's nicht, denn sonst antwortest du mir wie die andere.«

»Nein, das tue ich gewiss nicht!«

»Nun, so höre, mein Kind! Man bietet mich auf zum Kriege, und ich bin zu alt dazu und kann nicht mitgehn.«

»O Unheil! Ich glaubte, du zerbrächst dir den Kopf, wie du

mich unter die Haube bringen könntest!«, rief das Mädchen und ging seiner Wege.

Drauf kam die Jüngste und fragte: »Was ist dir, Vater, dass du so traurig bist?«

»Das geht dich nichts an, packe dich deiner Wege! Denn sonst antwortest du mir wie die zwei andern.«

»Nein, nein! Das tu ich gewiss nicht; sage es mir, ich beschwöre dich!«

»Also, mein Töchterchen, du willst wissen, warum ich so traurig bin? Man hat mich zum Kriege aufgeboten, und ich bin alt geworden und kann nicht mitziehn.«

»Und das kümmert dich so sehr? Weißt du was? Lass mir schöne Mannskleider machen und gib mir ein gutes Pferd, und ich will statt deiner in den Krieg ziehn.«

»Ach, geh doch, du bist ein Mädchen und willst in den Krieg ziehen?«

»Das lass dich nicht kümmern! Ich will nicht bloß hingehn, sondern auch siegen.«

»Nun denn, in Gottes Namen!«, sagte der König, ließ ihr Mannskleider machen und gab ihr ein gutes Pferd. Das Mädchen zog in den Krieg und überwand die Feinde.

Bei diesem Feldzug war auch ein Prinz aus einem andern Königreiche. Und als sie zusammen nach Hause zogen, kehrten sie in dem Schlosse dieses Prinzen ein, und da kam es ihm vor, als ob sein Gast kein Mann wäre. Er ging also zu seiner Mutter und sprach: »Ich glaube, das ist ein Mädchen, Mutter.« Die wunderte sich sehr über diese Rede und sagte: »Wie kann ein Mädchen in den Krieg ziehn?« Er aber blieb bei seiner Meinung, und um ins Klare zu kommen, riet ihm die Mutter: »Führe sie in den Wald und schlafe mit ihr zusammen auf dem Grase, und wenn du beim Aufstehn siehst, dass der Platz, wo du gelegen, frischer ist, dann ist es ein Mädchen. Ist das aber nicht der Fall, dann ist es ein Mann.«

Da gingen sie zusammen in den Wald und schliefen auf dem Grase. Als aber der Prinz eingeschlafen war, da schlich sich das Mädchen weg und schlief an einer andern Stelle, und kehrte erst kurz vor Tagesanbruch an seinen ersten Platz zurück. Als sie aufgestanden waren, untersuchte der Prinz die Plätze und sah, dass der, wo die Prinzessin gelegen, grüner war als der seinige. Und bei der Rückkehr gestand er seiner Mutter, dass sein Platz am dürrsten gewesen ist. Da erwiderte diese: »Hab ich dir's nicht gesagt, dass es ein Mann sei?« Er aber blieb bei seiner Meinung.

Als nun das Mädchen Abschied nahm, um in sein Reich zurückzukehren, und aus der Stadt herausgeritten war, da rief es: »Ein Mädchen im Kriege! Als Mädchen bin ich in den Krieg gezogen, zur Schande des Esels von König!«

Als das der Prinz hörte, sagte er zu seiner Mutter: »Siehst du, Mutter, dass ich recht hatte und dass es ein Mädchen war! Aber ich will hinziehen in ihr Reich und sie zur Frau nehmen.«

Der Prinz zog also alte Kleider an, kaufte sich eine Anzahl Spindeln, Kunkeln und Halsbänder, ging nach der Stadt der Prinzessin und bot seine Waren dort feil, indem er schrie: »Spindeln, Kunkeln, Halsbänder für den goldnen Zahn!«, denn er wusste, dass die Prinzessin einen Zahn verloren und dafür einen goldnen eingesetzt hatte.

Als das die Mägde der Prinzessin hörten, sprachen sie zu ihr: »Hörst du nicht, Herrin, was dieser Lump ruft?«

»Lasst ihn schreien!«, antwortete diese.

»Wollen wir denn nichts von ihm kaufen?«

»Kauft, was ihr wollt.«

Als sie nun den Krämer heraufgerufen, fragte ihn die Prinzessin, wie viel Taler er für ein Halsband verlange. Der aber antwortete: »Ich verlange kein Geld, sondern ein Maß voll Erbsen.« Als das die Mägde hörten, lachten sie laut. Die Prinzessin aber befahl, ihm die Erbsen zu geben. Und wie er sie nun in seinen Sack schütten wollte, ließ er sie auf die Erde fallen und setzte sich dann hin, um sie Stück für Stück aufzulesen, bis es Nacht wurde. Da sprachen die Mägde: »Warum hast du uns nicht um ein anderes Maß Erbsen gebeten, statt hier zu sitzen und die aufzulesen?«

»Nein, das geht nicht«, sagte dieser, »denn das ist mein erster Handel. Stattdessen aber bitte ich euch, mir ein Kämmerchen zu zeigen, wo ich die Nacht schlafen kann.« Die Mägde gingen zur Prinzessin und erhielten von ihr die Erlaubnis dazu. Da legte sich der Prinz auf die Lauer und entdeckte so den Ort, wo die Schlüssel lagen, mit denen die Prinzessin eingesperrt wurde. Und in der Nacht nahm er die Schlüssel, öffnete das Schlafgemach, warf ein Schlafkraut auf die Prinzessin, das er deshalb bei sich führte, nahm sie auf die Schultern und trug sie in seine Heimat.

Als die Prinzessin aufwachte, fand sie sich an einem fremden Orte und sprach drei Jahre lang gar nicht. Da verlor die Mutter des Prinzen endlich die Geduld und sagte zu ihm: »Du bist wirklich ein Narr, dass du einen so weiten Weg gemacht und so viel ausgestanden hast, um dir eine stumme Frau zu holen! Werde doch endlich klug und lass sie sitzen und nimm eine andere.« Sie stellten also eine große Hochzeit an, und als es zur Trauung des neuen Brautpaars ging und alle Gäste Kerzen erhielten, gaben sie der Stummen auch eine, und wie die Feier zu Ende war, da warf sie die Kerze nicht weg gleich den andern, sondern behielt sie in der Hand, und alle Welt sagte zu ihr: »Du verbrennst deine

Hand, Stumme.« Sie aber tat, als hörte sie es nicht. Da kam der Bräutigam selbst und sagte zu ihr: »Stumme, du verbrennst dir die Hand!« Sie aber tat, als hörte sie's nicht. Drauf sprach der Bräutigam: »Lasst auch die Braut ihr zureden.« Und die Braut sprach: »Stumme, du verbrennst dir die Hand!« Da rief diese plötzlich: »Stumm sollst du selbst werden, und dahin gehen, wo du hergekommen bist! Ich habe zum Prinzen *ein* Wort gesprochen und bin deswegen drei Jahre stumm gewesen, und du, Braut, hast noch die Krone auf und schiltst mich eine Stumme?« Als der Prinz hörte, dass die Stumme wieder sprach, da verstieß er die neue Braut und nahm die alte und lebte mit ihr glücklich und in Freuden.

DIE ERFÜLLTE PROPHEZEIUNG

Es war einmal ein Kaufmann, der hatte großen Reichtum, aber keinen Sohn, und dem war einst prophezeit worden, dass ihm der jüngste Sohn eines armen Mannes sein ganzes Vermögen vergeuden werde. Um dies zu verhindern, ging er zu dem armen Mann und fragte ihn, wie viel er für seinen jüngsten Sohn haben wolle. Dieser antwortete, seine Kinder seien ihm nicht feil. Da sagte ihm der Kaufmann, dass er selbst keinen Sohn habe und daher den seinigen wie sein Kind halten wolle. Als das der Arme hörte, da gab er ihm den Knaben, ohne irgendeine Zahlung dafür anzunehmen.

Der Kaufmann aber nahm das Kind, ging mit ihm bis zu einer Brücke, warf es mitten in den Fluss und hielt sich nun von der Furcht entledigt, dass ihm dasselbe seinen Reichtum vergeuden werde. Am andern Morgen fand aber ein Schäfer das Kind auf dem Sande liegen. Er zog es mit seinem Schäferstab zu sich, und da er selbst keine Kinder hatte, so trug er es nach Hause zu seiner Frau und sprach: »Siehe, Frau, da hat uns der liebe Gott ein Kind geschenkt.« Sie zogen es auf und behielten es bei sich, bis es fünfzehn Jahr alt war. Da kam eines Tags der Kaufmann in das Dorf, kehrte in dem Hause des Schäfers ein, und als er dort den Knaben erblickte, wunderte er sich über dessen Schönheit und fragte den Schäfer, ob es sein Sohn wäre. Der Schäfer erzählte darauf, dass er ihn am Flusse gefunden und aufgezogen habe. Da merkte der Kaufmann, dass dies derselbe Knabe sei, den er von der Brücke ins Wasser geworfen, und beschloss, ihn aus dem Wege zu räumen. Er bat daher den Schäfer, den Knaben in sein Haus zu schicken, um die Rechenbücher zu holen, die er vergessen habe, und gab ihm einen Brief an seine Frau mit, in welchem geschrieben stand: »Den Knaben, welcher dir diesen Brief bringt, musst du auf jede Weise umzubringen suchen.«

Unterwegs aber begegnete der Knabe einem göttlichen Manne, der fragte ihn: »Wo willst du hin, mein Sohn?« Der Knabe aber antwortete: »Ich soll für einen Kaufmann seine Rechenbücher holen, und er hat mir auch einen Brief an seine Frau mitgegeben.« Da ließ sich jener den Brief geben und vertauschte ihn mit einem andern, in dem geschrieben stand: »Den Knaben, welcher dir diesen Brief bringt, sollst du sogleich mit unserer Tochter verheiraten.« Als nun der Knabe zum Haus des Kaufmanns kam und den Brief dessen Frau gab, da erstaunte sie freilich über das, was in dem Briefe stand. Weil er aber mit dem Siegel ihres Mannes gesiegelt war, so gehorchte sie und ließ den Knaben ohne Aufschub mit ihrer einzigen Tochter einsegnen.

Der Kaufmann hielt sich so lange auf dem Lande auf, als er glaubte, dass seine Frau nötig habe, um den Knaben aus dem Wege zu räumen; als er aber nach Hause kam, fand er denselben als Gemahl seiner einzigen Tochter wieder. Da stellte er seine Frau zur Rede, diese aber zeigte ihm den Brief, den sie von ihm erhalten hatte. Als der Kaufmann diesen gelesen, wunderte er sich sehr und wusste nicht, was er davon halten sollte. Endlich aber entschloss er sich, ehe ihm jener sein Vermögen vergeude, ihn lieber aus der Welt zu schaffen.

Er schrieb also einen Brief an den Weinbergswächter, dass er denjenigen erschießen solle, welcher um die und die Stunde in seinen Weinberg käme, und als die angegebene Zeit heranrückte, da sagte er zu seinem Schwiegersohne, er solle in den Weinberg gehen und Trauben holen. Dieser aber lief so rasch er konnte dorthin, so dass er vor der festgesetzten Zeit in den Weinberg kam, schnitt dort die Trauben und machte bei der Rückkehr einen Umweg, um auch noch einige Feigen zu pflücken. Unterdessen ward der Kaufmann ungeduldig, und um zu erfahren, was in dem Weinberge vorgefallen sei, machte er sich auf und ging hin, und in dem Augenblick, wo er dort eintrat, erschoss ihn der Wächter.

Als der junge Mann das erfuhr, da lief er hin und wollte den Wächter packen. Der aber zog den Brief heraus, den ihm der Kaufmann geschrieben hatte, und nachdem er diesen gelesen, sagte er: »Es ist ihm recht geschehen«, und ließ den Wächter in Ruhe. Darauf kehrte er nach Hause zurück und fing ein so flottes Leben an, dass von dem ganzen Vermögen seines Schwiegervaters in kurzer Zeit nichts mehr übrig war.

ASCHENPUTTEL

Es waren einmal drei Schwestern, die spannen mit ihrer alten Mutter Lein, und machten unter sich aus, dass die, welcher der Faden risse und die Spindel zu Boden fiele, von den andern aufgegessen werden sollte. Da fiel der Mutter die Spindel zuerst zu Boden, und sie verziehen es ihr und fuhren fort zu spinnen; darauf fiel sie ihr abermals, und sie verziehen ihr wiederum; als sie sie aber zum dritten Male fallen ließ, sagten die beiden ältesten Schwestern: »Nun aber wollen wir sie aufessen!« Doch die jüngste wehrte ihnen ab und rief: »Tut es nicht! Tut es nicht! Wenn ihr durchaus Fleisch essen wollt, so schlachtet lieber mich und lasst sie am Leben.« Die beiden älteren Schwestern hörten aber nicht auf die Bitten und Tränen der jüngeren, sondern schlachteten und kochten ihre alte Mutter, und als sie sich zu Tische setzten, um sie zu essen, luden sie die jüngste ein, mitzuessen. Sie aber setzte sich auf einen Holzsattel, der unter der Hühnersteige stand und ganz mit Hühnerkot beschmutzt war, und weinte und verwünschte ihre Schwestern. Als die älteren abgegessen hatten, ging sie hin und sammelte alle Knochen und Knöchelchen der Mutter, begrub sie bei der Aschengrube und beräucherte sie täglich mit Weihrauch. Nachdem vierzig Tage vorüber waren, wollte sie sie von dort wegnehmen und sie an einen andern Ort bringen; aber wie sie den Stein aufhob, unter dem sie lagen, wurde sie von dem Glanze geblendet, der ihr entgegenstrahlte, und statt der Knochen fand sie drei kostbare

Kleider; auf dem einen war der Himmel mit seinen Sternen, auf dem zweiten der Frühling mit seinen Blumen, auf dem dritten das Meer mit seinen Wellen gestickt; und dabei lag ein großer Haufen von Geldstücken aller Art.

Das Mädchen ließ diese Sachen da, wo sie lagen, deckte wieder den Stein darauf und setzte sich, wie sie gewohnt war, auf den Holzsattel, der unter der Hühnersteige stand. Als ihre Schwestern heimkamen und sie wieder dort sitzen sahen, machten sie sich über sie lustig und riefen sie bei dem Spottnamen Hühnerdreckelchen, den sie ihr gegeben hatten.

Am nächsten Sonntag gingen die älteren Schwestern in die Kirche. Kaum waren sie aber weg, so wusch sich die jüngste so schnell sie konnte allen Schmutz ab, der an ihr war, zog das Kleid an, auf dem der Himmel mit seinen Sternen zu sehen war, steckte sich die Taschen voll Geldstücke und ging in die Kirche. Da staunte alle Welt über sie, und der Glanz, in welchem sie strahlte, blendete aller Augen. Als die Kirche aus war, folgte ihr ein großer Haufen Volks, um zu sehen, wo sie hinginge; sie aber nahm das Geld mit vollen Händen aus ihren Taschen und streute es auf den Weg, um das Volk aufzuhalten, und kam so wirklich ungesehen nach Hause.

Dort schlüpfte sie rasch in ihre alten Kleider und setzte sich auf ihren gewohnten Sitz, den Holzsattel, der unter der Hühnersteige stand. Als nun ihre Schwestern nach Hause kamen, sagten sie zu ihr: »Komm her, du Ärmste, und lass dir erzählen von der schönen Dame, die heute in unsere Kirche kam; die war so schön wie die Tochter der Sonne und hatte Kleider an, die strahlten und glitzerten, dass einem davon die Augen wehtaten, und unterwegs streute sie Geld aus. Da, sieh her, wie viel wir gesammelt haben; wärst du mitgegangen, so hättest du auch welches sammeln können.« Sie aber antwortete: »Dummes Geschwätz! Was kümmert mich die Fremde und ihre Goldstücke?«

Am andern Sonntag machte sie es geradeso wie das erste Mal, und kam glücklich nach Hause, ohne dass es jemand merkte.

Beim dritten Male verfolgte sie auch der Königssohn und war so nahe hinter ihr her, dass sie beim Laufen einen Pantoffel verlor und nicht Zeit hatte, ihn aufzuheben. Der Königssohn sah ihn und hob ihn auf, und darüber verlor er das Mädchen aus den Augen.

Der Königssohn hatte sich aber so sehr in die Unbekannte verliebt, dass er im ganzen Lande bekannt machen ließ, er wolle dasjenige Mädchen zur Frau nehmen, deren Fuß genau in den gefundenen Pantoffel passe. Er ging selbst in alle Häuser, um die Probe zu machen, doch es wollte ihm nirgends gelingen.

Das hörten auch die Schwestern des Hühnerdreckelchen und sprachen zu ihm: »Dein Fuß ist so klein, geh doch einmal hin und probiere den Pantoffel.« Es wollte aber nichts davon hören und sagte: »Wollt ihr etwa, dass ich den Pantoffel voll Hühnerkot machen soll, indem ich ihn anprobiere?« Endlich entschloss sich der Königssohn, die Häuser der Reihe nach durchzunehmen, und kam so auch in das der drei Schwestern. Da luden dessen Begleiter auch die jüngste ein, den Pantoffel zu probieren; die aber sagte: »Ihr habt mich nur zum Besten.« Sie ließen jedoch nicht ab, ihr zuzureden, und so stand sie endlich von ihrem Holzsattel auf. Sowie sie der Königssohn erblickte, merkte er, dass sie die Rechte sei. Es kostete ihn aber noch viele Mühe, bis er das Mädchen dahin brachte, den Pantoffel zu probieren, und siehe da, er passte ihr vollkommen. Da rief der Prinz: »Ich will dich zur Frau nehmen.« Sie aber antwortete: »Ich bin ein armes Ding, das solltest du nicht zum Besten haben.« Doch er beteuerte ihr, dass es ihm ernst sei, und als das Mädchen sich endlich davon überzeugte, ging sie hin, zog eins von den schönen Kleidern an und strahlte bei der Hochzeit in königlicher Herrlichkeit.

Es dauerte nicht lange, so wurde ihr Leib gesegnet, und als sie in die Wochen kam, benutzten ihre Schwestern, die auf ihr Glück neidisch waren, die Gelegenheit, um sie zu besuchen. Als sie zu ihr kamen, war gerade niemand anders im Gemache. Da steckten sie sie schnell in einen Kasten und warfen ihn in den Fluss.

Der Kasten schwamm aber auf dem Wasser, bis er an das Ufer getrieben wurde. Dort fand ihn eine Alte, mit deren Verstand es nicht ganz richtig war, und trug ihn zu ihrer Feuerstätte, um ihn als Brennholz zu benutzen. Wie sie ihn mit ihrer Axt zerhauen wollte, da sprang er voneinander und die Königin setzte sich auf; darüber erschrak die Alte so sehr, dass sie auf und davon lief und nicht mehr wiederkam. Die Königin blieb also allein in der Wildnis und hörte rings umher die Wölfe heulen und die Eber grunzen und die Löwen brüllen. Da setzte sie sich nieder und weinte und bat den lieben Gott: »Lieber Gott! Gib mir eine Hülle, um den Kopf hineinzustecken, damit ich nicht das Geschrei der wilden Tiere zu hören brauche!« Der liebe Gott gewährte ihr, um was sie ihn gebeten hatte. Darauf rief sie abermals: »Lieber Gott, mache die Höhle noch etwas größer, damit ich mit dem halben Leibe hineinschlüpfen kann!«, und als ihr auch dieses gewährt wurde und sie merkte, dass sie erhielt, um was sie bat, da bat sie zum dritten Male um ein großes Schloss, mit aller zum Leben erforderlichen Einrichtung. Kaum war sie mit ihrer Bitte zu Ende, so saß sie auch schon in einem herrlichen, mit allem wohlversehenen Schlosse, und aller Hausrat, der darin war, konnte reden und antwortete auf ihre Fragen und hörte auf ihre Befehle. Wenn sie hungrig war, so rief sie nur: »Komm herbei, Tisch, mit allem nötigen Gedecke«; »Kommt her, ihr Löffel, Messer, Gabeln, Gläser, Flaschen«; »Kommt her, ihr Speisen!«, und sogleich erschien alles, wonach sie gerufen. Wenn sie aber abgegessen hatte, so rief sie: »Seid ihr noch vollzählig? Fehlt nichts?«, und darauf erwiderte das Tischgeräte: »Nein, es fehlt nichts.«

Eines Tages verirrte sich der Königssohn auf der Jagd und geriet in jene Einöde. Als er nun das Schloss erblickte, ging er hin, um zu sehen, wer darin wohne. Er fand das Tor verschlossen und klopfte also an. Seine Frau hatte ihn schon von Weitem erkannt; sie ließ es sich aber nicht merken, sondern rief: »Wer klopft an der Pforte?« Er antwortete: »Ich bin's, mache auf!« Da rief sie: »Öffne dich, Pforte!«, und sogleich tat sich diese auf und er trat ein, stieg die Treppe hinauf und fand dort seine Frau auf einem Throne sitzend, aber er erkannte sie nicht. Da sprach er zu ihr: »Guten Tag!«, und sie erwiderte: »Sei willkommen!«, und sogleich rief auch das ganze Hausgeräte, was im Schlosse war: »Sei willkommen! Sei willkommen!« Darauf rief sie einen Sessel herbei, und als dieser herangekommen war, lud sie ihren Gast ein, sich daraufzusetzen, und frug ihn nach der Ursache seines Besuches. Als sie hörte, dass er sich auf der Jagd verirrt habe, sagte sie ihm, er solle über Tisch bleiben und dann nach Hause zurückkehren.

Darauf rief sie den Tisch herbei, und dieser kam mit allem nötigen Gedecke. Dann sprach sie: »Kommt, ihr Wasserkannen und Waschbecken und Handtücher, damit wir uns waschen!« Nachdem sie sich gewaschen: »Kommt nun, ihr Speisen von zehnerlei Art!«, und alles, was sie befahl, kam sogleich herbei.

Als sie abgegessen hatten, nahm der Königssohn heimlich einen Löffel weg und steckte ihn in seinen Stiefel. Wie sie aber von der Tafel aufstanden, rief die Hauswirtin zu seinem großen

Schrecken: »Sage mir, Tisch, ob du dein ganzes Tischzeug hast?« Der antwortete: »Ja!« »Sagt mir, ihr Löffel, ob ihr noch alle da seid!« Die aber sagten: »Ja, bis auf einen!«, und dieser rief: »Ich stecke in dem Stiefel des Gastes.« Die Wirtin aber tat, als habe sie es nicht gehört, und fragte abermals: »Hört, ihr Löffel, seid ihr noch alle da?« Da warf der Prinz den Löffel heimlich weg und wurde dabei ganz rot. Sie aber rief: »Warum wirst du denn rot? Ich habe wohl gemerkt, was du getan hast, doch du brauchst dich nicht zu fürchten, denn ich bin deine Frau und so und so ist es mir ergangen.«

Da herzten und küssten sie sich, und jedes erzählte dem andern alles, was sich mit ihm seit ihrer Trennung zugetragen. Darauf befahl die Königin ihrem ganzen Schlosse, sich nach der Hauptstadt ihres Gemahles auf den Weg zu machen, und sogleich fing das an, nach jener Gegend hinzurücken. Als die Leute in der Stadt hörten, dass ein großes Schloss herzuwandere, liefen sie alle heraus, um dies mitanzusehn, und als dasselbe endlich stille stand und der Königssohn mit seiner verlorenen Gemahlin heraustrat, entstand ein ungeheurer Jubel, und sogleich begannen große Festlichkeiten, um ihre Rückkehr zu feiern. Der Königssohn aber ließ die beiden Schwestern seiner Frau kommen und hieb sie mit eigener Hand in Stücke und lebte von nun an glücklich und zufrieden mit seiner Frau.

LÜGENMÄRCHEN

Es war einmal ein Lügner, der hatte eine bildschöne Tochter und machte bekannt, dass er sie demjenigen zur Frau geben wolle, der ihn im Lügen übertreffe. In seiner Wohnung hatte er einen Hahn, eine Katze und einen Hund. Da kam eines Tages ein Lügner zu ihm und sagte, dass er sich mit ihm versuchen wolle. Der Alte erwiderte, er sei das zufrieden, und fragte ihn, indem er auf seinen Hahn zeigte: »Hast du jemals einen so schönen Hahn gesehen?« »Nein«, sagte jener, und darauf jagte ihn der Alte fort und sprach: »Mache, dass du fortkommst, du bist nicht für meine Tochter.«

Am andern Tage kam ein anderer Lügner, und der Alte tat dieselbe Frage. Da sagte dieser: »Als sich meine Mutter verheiratete, hatten wir einen Hahn, und mit dem schickte sie mich in die Stadt, um mit ihm eine Last Wein und Mehl zu holen, aber unterwegs wurden mir der Mehlsack und der Weinschlauch gestohlen; was sollte ich nun anfangen? Doch ich verlor den Mut nicht, sondern fing mir eine Laus und einen Floh, balgte sie aus, und in das Lausfell tat ich das Mehl und in den Flohschlauch den Wein, belud damit den Hahn und brachte es meiner Mutter.

Zu der Hochzeit meiner Mutter luden wir die ganze Welt ein, ich wollte aber auch unseren Herrgott dabeihaben. Ich stieg also auf den Hahn, um auf ihm in den Himmel zu reiten und ihn einzuladen, und nahm auch unsere Katze mit. Als ich ans Meer kam, ging ich hinein, um durchzuschwimmen, und nachdem ich eine Zeit lang geschwommen war, fand ich eine Wassermelone; ich wollte sie aufschneiden, während ich sie aber aufschnitt, verlor ich in der Melone mein Messer. Ich schlüpfte also hinein, um es zu suchen. In der Melone fand ich einen Derwisch, zu dem sagte ich, dass ich mein Messer in der Melone verloren hätte, der half mir suchen, wir konnten es aber nicht finden, und vorgestern, als ich an ihr vorbeikam, versanken mir in der Melone vier Lasten Wolle.

Endlich kam ich zu unserem Herrgotte, er war aber zu stolz, um die Einladung anzunehmen; doch schickte er seinen Sohn. Als ich darauf zur Hochzeit zurückkehren wollte, fand ich unterwegs ein goldenes Buch; ich stieg vom Hahne, um es zu holen, machte es auf und las und las, und im ganzen Buche stand immer dasselbe.« – »Was denn?«, fragte der Lügner neugierig; und jener sprach: »Darin stand, dass du mir deine Tochter zur Frau geben sollst.« Da lachte der Alte und gab ihm seine Tochter zur Frau.

SCHLANGENKIND

Es war einmal eine Frau, der schenkte Gott keine Kinder, und sie war deswegen so betrübt, dass sie eines Tages ausrief: »Lieber Gott, schenke mir ein Kind, und wenn es auch eine Schlange wäre.« Bald darauf merkte sie, dass sie gesegneten Leibes sei, und als ihre Zeit kam, brachte sie eine Schlange zur Welt. Die Frau hatte nun, was sie wünschte, und pflegte die Schlange wie ihr Kind. Sie legte sie anfangs in eine Mulde, aber sie wurde bald so groß, dass sie keinen Platz darin hatte, und wurde immer größer und größer, so dass sie beinahe das große Gärfass ausfüllte, in das der Most samt den Träbern geschüttet wird.

Als die Schlange ausgewachsen war, sagte sie zu ihrer Mutter: »Mutter, ich will eine Frau haben.« Diese aber antwortete: »Wer wird eine Schlange heiraten wollen?« Darüber wurde die Schlange zornig und rief: »Wenn du mir keine Frau verschaffst, so fresse ich dich.«

Übel oder wohl ging also die Frau in die Kirche und sagte zu den dort versammelten Frauen: »Ich suche eine Schwiegertochter für meinen Sohn, denn er wünscht sich zu verheiraten.« Als das die Weiber hörten, lachten sie, aber unter ihnen war auch eine Stiefmutter, und diese sprach: »Ich gebe dir meine Stieftochter.« »Wenn sie aber gefressen wird?«, fragte die Schlangenmutter. »So liegt mir auch nichts dran«, sagte die Stiefmutter, und somit machten sie die Sache fest.

Als die Stieftochter hörte, dass sie eine Schlange heiraten

sollte, wurde sie sehr traurig, ging weinend zu dem Grabe ihrer Mutter und weinte dort so lange, bis sie darüber einschlief. Da sah sie im Traume, dass ihre Mutter aus dem Grabe stieg und zu ihr sagte: »Fürchte dich nicht vor der Schlange, denn es ist ein schöner Jüngling, und du musst nur auf ein Mittel denken, seine Schlangenhaut zu verbrennen, wenn er sie ausgezogen hat, damit er nicht mehr in dieselbe hineinschlüpfen kann.« Darauf erwachte das Mädchen und ging getröstet heim, und als sie mit der Schlange verheiratet wurde, wunderten sich die Leute, wie ruhig sie sich in ihr Schicksal fügte.

Am Morgen nach der Hochzeit fragte die Schwiegermutter sie, ob die Schlange bei Nacht ebenso wäre wie bei Tage, und darauf erwiderte sie: »Ach nein! Mein Mann ist keine Schlange, sondern ein schöner Jüngling, der nur in einer Schlangenhaut steckt, und wenn er diese auszieht, so strahlt er, als ob er ein Kind der Sonne wäre.« Da sagte die Schwiegermutter: »Heute Abend wollen wir den Backofen heizen, und wenn du mit ihm zu Bette gegangen bist und merkst, dass er eingeschlafen ist, so will ich dir den Schürhaken in das Gärfass hinunterreichen, und dann musst du seine Schlangenhaut daran hängen, und ich werde sie heraufziehen und in den Backofen werfen, damit sie verbrennt.« Der jungen Frau gefiel der Anschlag, und als sie mit ihrem Manne zu Bette gegangen und dieser eingeschlafen war, da hängte sie seine Schlangenhaut an den Schürhaken, den ihr die Schwiegermutter in das Fass hinabreichte, und diese zog sie hinauf und warf sie in den brennenden Backofen. Während die Haut darin verbrannte, erwachte der junge Mann von dem brenzligen Geruche und sagte zu seiner Frau: »Es riecht, als ob meine Schlangenhaut verbrannt würde.« »Dummes Zeug!«, erwiderte diese. »Schweig still und schlafe weiter.«

Als er nun am andern Morgen die Haut nicht mehr fand, um hineinzukriechen, da stieg er aus dem Gärfasse, und lebte von da an in seinem Hause wie die anderen Menschen. Bald darauf wurde seine Frau gesegneten Leibes und gebar einen Knaben, und um diese Zeit wurde er zu einem Feldzuge aufgeboten und musste in den Krieg ziehen.

Die Stiefmutter aber hatte seit Langem ihre Stieftochter um ihr Glück beneidet und sich darüber geärgert, dass sie den schönen Mann nicht ihrer eigenen Tochter gegeben habe. Als daher dieser in den Krieg gezogen war, da ging sie eines Nachts heimlich in die Kammer der Kindbetterin, nahm diese aus dem Bette, trug sie in eine Einöde, und legte ihre eigene Tochter an ihrer statt ins Bett. Diese stellte sich, als ob sie krank wäre und ihr Kind nicht säugen könne, und man nahm also eine Amme an, um es zu ernähren.

Als die Stieftochter merkte, dass sie in der Einöde sei, da fing sie an, so sehr zu weinen, dass ihre Tränen in die Erde drangen und einen Menschen benetzten, den man lebendig begraben hatte, und der Kyrikos (Herold) hieß. Als diesen die Tränen berührten, erwachte er davon, stand aus dem Grabe auf und fragte die junge Frau, warum sie weine; sie aber erzählte ihm, wie es ihr ergangen sei. Darauf fragte er sie, ob sie mit ihm in sein Haus kommen wolle. Sie war es zufrieden und stieg mit ihm in seine Grube, und es dauerte nicht lange, so wurde sie abermals schwanger und gebar einen Knaben. Endlich wurde dem Kyrikos in seiner Grube die Zeit lang, und er machte sich mit Weib und Kind auf und kehrte in seine Heimat zurück, wo man ihn zwanzig Jahre lang als tot betrauert hatte, und seine Mutter und Schwester empfingen ihn mit großer Freude.

Als das Schlangenkind aus dem Kriege heimkam, da sah er seine Schwägerin an der Stelle seiner Frau und fragte seine Mutter: »Wo ist denn deine Schwiegertochter?«, und sie antwortete: »Diese ist es, mein Sohn«, denn sie glaubte nicht anders, als dass sich ihre Schnur durch das Kindbett so verändert habe. »Ei was«, rief jener, »ich sollte etwa meine Schwägerin nicht kennen? Meine Frau ist wohl gestorben und ihr wollt es mir nicht sagen?« Da rief seine Schwägerin: »Nein, ich bin es, warum willst du mich nicht wiedererkennen?« Er aber blieb dabei und behandelte sie nicht wie seine Frau.

Ein glücklicher Zufall führte ihn eines Tages in das Dorf des Kyrikos, und dort erblickte er seine Frau und erkannte sie sogleich, und auch sie erkannte ihn wieder. Da umarmten und küssten sie sich, und als er erfuhr, dass sie mit einem andern Manne verheiratet sei, so verklagte er den Kyrikos vor Gericht und forderte von ihm seine Frau zurück. Da fragte sie der Richter: »Welchen von beiden willst du zum Manne?«, und sie antwortete: »Sie sind mir beide gleich lieb, denn sie waren beide gut mit mir.« Darauf entschied der Richter, dass die beiden Männer auf einen Berg steigen, die Frau aber unten bleiben solle, und wenn sie oben angekommen wären, dann sollten sie rufen: »Mich hungert und dürstet«, und die Frau ihnen antworten: »Komme, ich will dir Essen und Trinken geben.« Dann sollten sie um die Wette herunterlaufen, und wer zuerst bei der Frau ankomme, der solle sie behalten. Da machten sie es wie ihnen der Richter gesagt, und beim Wettlauf überholte das Schlangenkind den Kyrikos und schloss sie in seine Arme. Als das der Kyrikos sah, sprach er: »Lebe wohl, liebe Frau, denn ich kehre dahin zurück, wo ich früher war«, und damit trennten sie sich.

Das Schlangenkind aber kehrte mit seiner Frau nach Hause zurück, schlug seine Schwägerin tot und lebte von nun an mit seiner Frau glücklich und zufrieden.

DER DUMME JUNGE, WELCHER GELD GEWINNT

Es war einmal eine alte Frau, die hatte einen Sohn und ein Schweinchen, und als dieses groß geworden war, schlachtete sie es und gab ihrem Sohne das Gekröse und sagte ihm: »Gehe damit ans Meer und wasche es, und wenn du glaubst, dass es rein sei, so frage auch jemand anders, ob es sauber sei.«

Da ging der Sohn ans Meer und wusch das Gekröse aus, und als er glaubte, dass es sauber sei, da sah er sich nach einem Menschen um, den er fragen könnte; es kam aber niemand dort vorbei. Da sah er fern in der See ein Schiff, und das hatte große Arbeit, sich gegen die hohen Wellen zu halten. Der Junge aber rief: »Holla ho! Holla ho! Schiffer, ist das Gekröse sauber?« Der Schiffer hörte endlich seinen Ruf, konnte aber vor dem Winde die Worte nicht verstehen. Er dachte also, dass der Mensch, welcher ihn anriefe, mitfahren wolle, legte mit vieler Mühe bei, kam ans Land und fragte ihn dann, was er wolle. Und dieser sprach: »Da, sieh einmal das Gekröse an und sage mir, ob es nun sauber ist.« Da wurde der Schiffer sehr zornig und gab ihm eine unbarmherzige Tracht Schläge; der Junge aber rief: »Wenn das nicht recht war, was ich zu dir sprach, so sage mir, was ich sagen soll.« Da erwiderte der Schiffer: »Du sollst sagen: Schönes Wetter für euer Steuer und guten Wind für eure Segel, und möget ihr auf eurem Wege nicht einmal einem fliegenden Vogel begegnen.« Darauf fuhr das Schiff ab, und der Junge wiederholte in einem fort die Rede, die ihm der Schiffer aufgegeben, damit er sie nicht vergesse. Da begegnete er einem Jäger, und als dieser hörte, dass ihm der Junge zurief, dass er nicht einmal einem fliegenden Vogel begegnen solle, da wurde er zornig und gab dem Jungen eine tüchtige Tracht Schläge. Da schrie dieser: »Wenn das nicht recht ist, was ich zu dir sprach, was soll ich denn sprechen?« Da antwortete der Jäger: »Fünfmal fünf jeden Tag und hundert die Woche.«

Darauf ging der Jäger seines Weges, und der Junge rief nun in einem fort, was ihm dieser aufgegeben. Nach einer Weile begegnete er einem Leichenzuge und rief diesem zu: »Fünfmal fünf jeden Tag und hundert jede Woche.« Da fielen alle Begleiter über ihn her, und er wurde noch viel ärger geschlagen als das erste Mal, und als er sie fragte, was er denn sagen solle, antworteten sie: »Du musst sagen: Dies eine und kein anderes.«

Da begegnete er einem Hochzeitszuge und erhielt für seinen Zuruf auch von diesem seine Tracht, und als er fragte, was er denn Besseres sagen solle, so sagte man ihm: »Mit dieser mögest du essen, mit dieser trinken und mit dieser schlafen.«

Da kam er an einem vorüber, der hinter einem Strauche saß und nur mit dem Kopfe hervorsah. Sowie der den Wunsch des Jungen hörte, sprang er auf und prügelte ihn, und als der Junge fragte, was er denn Besseres sagen solle, antwortete dieser: »Du musst sagen: Buff, buff.«

Hierauf kam er an eine Kirche, vor der der Priester das Weihrauchfass schwang, und rief: »Buff! Buff!« Da wurde er wieder geprügelt, und als er fragte, was er sagen solle, so hieß es: »Du musst sagen: Ich! Ich!«

Nun kam er zu zweien, die sich prügelten, und rief: »Ich! Ich!« und klatschte dabei in die Hände. Da hörten die beiden auf sich zu prügeln und fielen über ihn her, und als sie sich an ihm satt geschlagen, fragte er: »Aber was soll ich denn sagen?« Da antworteten sie: »Wenn du siehst, dass zwei miteinander streiten, so sollst du zwischen sie treten und suchen, sie auseinanderzubringen.«

Hierauf kam er zu zwei Hunden, die sich rauften, legte sein Gekröse auf den Boden und ging auf sie zu, um sie auseinanderzubringen, und wie er sie auseinandergejagt hatte, da packte der eine Hund das Gekröse und lief damit fort und der Junge hinter ihm her, um es ihm wieder abzujagen. Dieser Hund hatte aber nur ein Auge und lief mit seinem Raube in ein Haus, das einer verheirateten Frau gehörte, und bei der war grade ihr Liebhaber, der auch nur ein Auge hatte. Da stellte sich der Junge vor das Haus und rief, was er konnte: »Jage den Einaug heraus, jage den Einaug heraus.« Da kam die Frau heraus und sagte zu ihm: »Lieber Junge, es ist niemand im Hause, gehe deiner Wege.« Dieser aber rief immer lauter: »Jage den Einaug heraus, jage den Einaug heraus.« Da begann diese sich vor der Nachbarschaft zu fürchten und bot dem Jungen Geld an, wenn er schweigen wolle. Dieser aber rief: »Ich will kein Geld, ich will den Einaug.« Da wurde der Frau so bange, dass sie dem Jungen immer mehr Geld bot und es endlich dahin brachte, dass er sechstausend Piaster nahm und seiner Wege ging.

Darauf kehrte der Junge nach Hause zurück, und als ihn seine Mutter in so zerfetztem und zerzaustem Zustande sah, schüttelte sie mit dem Kopfe; da fragte er sie: »Warum schüttelst du den Kopf? Sieh nicht auf meine Kleider, sondern in meine Tasche. Ich habe viel Prügel bekommen, habe aber auch viel Geld gewonnen.« Da freute sich die Mutter über ihren klugen Sohn, verzehrte mit ihm das Geld, und als sie nichts mehr davon hatten, schluckten sie Mücken.

DER KÖNIGSSOHN UND DER BARTLOSE

Es war einmal ein König, der war schon zwölf Jahre verheiratet, ohne Kinder zu bekommen; nach zwölf Jahren aber wurde der Leib seiner Frau gesegnet, und als er dies erfuhr, sprach er zu ihr: »Weil ich verreisen muss, so sollst du mir, wenn du einen Knaben bekommst, diesen schicken, sobald er sechzehn Jahr alt ist, und sieh dich dann vor, dass du ihm keinen Bartlosen zum Führer gibst; wenn du aber eine Tochter bekommst, so mag sie bei dir bleiben und du kannst sie verheiraten, wie es dir gut scheint.« Darauf reiste er ab.

Die Königin bekam aber einen Knaben, und als er heranwuchs, schickte sie ihn in die Schule, und dort nannten ihn die Kinder Bastard. Da fragte er eines Tages seine Mutter: »Sage mir, Mutter, warum rufen mich die Kinder Bastard? Habe ich denn keinen Vater?«, und diese antwortete ihm: »Jawohl hast du einen, mein Kind, und das ist sogar ein König; wenn du groß bist, so werde ich dich zu ihm schicken.« Als das der Knabe hörte, sagte er: »Schicke mich nur gleich zu ihm, denn hier halte ich es nicht länger aus«, und setzte seiner Mutter so lange zu, bis diese sich entschloss, ihm den Willen zu tun, und auf den Markt ging, um einen Pferdetreiber zu suchen, mit dem er zu seinem Vater reisen könne. Sie fand aber dort nur einen bartlosen Treiber, der in die Stadt wollte, wo sich der König aufhielt, und da sie sich erinnerte, dass ihr der König aufgetragen hatte, den Knaben nicht mit einem Bartlosen zu schicken, so ging sie wieder nach Hause.

Am zweiten Tage ging es ihr geradeso, sie fand wieder nur einen bartlosen Pferdetreiber; und als sie am dritten Tage wieder ausging, um nach einer Gelegenheit zu suchen, da fand sich wieder nur der eine und der Treiber war wieder bartlos. Weil ihr aber der Knabe mit seiner Ungeduld keine Ruhe mehr ließ, so entschloss sie sich, ihn in Gottes Namen mit einem Bartlosen gehn zu lassen. Sie machte nun alles für die Reise Nötige zurecht und schickte ihn zum Vater.

Unterwegs bekam der Prinz Durst und verlangte von dem Pferdetreiber Wasser. Dieser aber vertröstete ihn, dass sie weiter vorn an einen Brunnen kommen würden. Nach einer Weile rief der Prinz wieder: »Ich sterbe vor Durst«, und der Bartlose antwortete: »Wir werden gleich an dem Brunnen sein.« Als sie endlich bei dem Brunnen ankamen, ließ er den Prinzen an einem Seile herunter, damit er Wasser trinken könne, und nachdem dieser sich satt getrunken, rief er dem Bartlosen zu: »Zieh mich herauf.« Der aber erwiderte: »Ich ziehe dich nicht eher herauf, als bis du mir versprichst, dass du mir deine Kleider geben und die meinigen anziehen willst, dass du mich auf dem Pferde reiten lassest und hinter mir als Treiber hergehst, und dass du mich überall für den Königssohn ausgibst, und wenn dir das nicht recht ist, so magst du unten bleiben.« Was wollte der Prinz machen? Er musste endlich nachgeben und versprechen, was jener verlangte. Der war aber mit dem bloßen Versprechen nicht zufrieden, sondern verlangte einen Eidschwur, und da schwor denn der Prinz, dass er ihn erst dann verraten wolle, wenn er gestorben und von den Toten wiederauferstanden wäre. Darauf zog ihn der Bartlose heraus, nahm ihm seine schönen Kleider, setzte sich auf das Pferd und ließ den Prinzen als Treiber hinterhergehn, und so kamen sie zum König. Dieser empfing sie mit großem Pompe und schickte ihnen seine Pauker und Trompeter und viele Hofbeamte entgegen. Als er aber den Bartlosen erblickte, da wollte es ihm nicht recht in den Sinn, dass dies sein Sohn sei, und der junge Pferdetreiber sah ihm viel mehr danach aus, doch da er glaubte, dass es einmal nicht anders sein könne, so empfing er den Bartlosen wie seinen Sohn, und ließ ihm alle diesem zukommenden Ehren erweisen.

Der König hatte einen großen Garten, in dem hatte sich ein alter, blinder Drache angesiedelt, und sooft der König darin spazieren gehn wollte, musste man dem Drachen einen Menschen zu fressen geben. Als nun der Prinz von dem Garten hörte, verlangte er, hineingeführt zu werden.

Der König aber sagte ihm, dass er grade niemanden habe, den er dem Drachen zu fressen geben könne. Da rief der Bartlose: »Wir wollen meinen Pferdeknecht dazu nehmen.« Der König meinte freilich: »Es wäre doch schade um das junge Blut«, als aber der Bartlose darauf bestand, wollte er ihm nicht gleich von Anfang durch den Sinn fahren, und ließ ihm seinen Willen.

Was die beiden miteinander sprachen, hatte aber der Prinz mitangehört, er lief also in den Stall und versteckte sich dort weinend bei einem alten, lahmen Pferde. Das fragte ihn: »Warum weinst du, mein Sohn?« Er aber antwortete: »Weil sie mich dem alten Drachen vorwerfen wollen.« Darauf sprach das Pferd: »Fürchte dich nicht, sondern laufe zum Fleischer und hole dir dort drei Stücke Rinderfett, und wenn sie dich dem Drachen vorwerfen, so gib ihm ein Stück nach dem andern zu fressen, und davon wird er wieder sehend werden, und aus Dankbarkeit wird er dich fragen, was er dir erweisen solle für die Wohltat, die du ihm erwiesen hast, und dann sollst du sagen: ›Lehre mich die Sprache aller Tiere.‹ Darauf wird er dich verschlucken, und in seinem Bauche wirst du die Sprache aller Tiere lernen.«

Der Prinz machte es, wie ihm das alte Pferd gesagt hatte, und als der alte Drache das Rinderfett gefressen, wurde er wieder sehend. Darauf verschluckte er den Prinzen und lehrte ihn in seinem Bauche die Tiersprache; und als er ausgelernt hatte, spie er ihn wieder aus, verließ dann des Königs Garten und kroch in den Wald, weil er wieder sehen konnte.

Der Prinz kehrte nun an den Hof zurück, und der König freute sich, dass er wieder da war, aber der Bartlose war sehr zornig darüber. Da geschah es einst, dass sich der König im Garten rasieren ließ, und dass der Bartlose und der Prinz zugegen waren. Während des Rasierens kamen zwei Vöglein und zwitscherten miteinander, und das eine sprach zum andern: »Guten Tag, guten Tag, ich habe meine Eier gelegt und sie ausgebrütet, und meine Jungen sind ausgekrochen.« Als das der wahre Prinz hörte, da lachte er, der Bartlose aber fragte ihn: »Was hast du zu lachen, etwa darüber, dass sich mein Vater rasieren lässt?« »Nein«, antwortete der Prinz, »sondern weil ich zwei Vögel miteinander zwitschern hörte, deren Federn wie die Haare der Goldgelockten glänzten.« Der Bartlose aber sagte darauf: »Wo hast du die Goldgelockte gesehen? Geh gleich und hole sie her.«

Da ging der Prinz wiederum in den Pferdestall und weinte, und als ihn das alte einäugige Pferd weinen sah, fragte es ihn: »Was fehlt dir, mein Sohn, und warum weinst du?« Der Prinz antwortete: »Ich soll die Goldgelockte holen und weiß doch nicht, wo sie ist und wie ich es anstellen soll.« Darauf sprach das Pferd: »Sage nur, dass du gehen wollest, und wenn sie dir sagen, dass du dir ein Pferd für die Reise aus dem Marstalle wählen sollst, so wähle mich.«

Da erklärte sich der Prinz bereit, die Goldgelockte zu holen, und als ihm der König sagte, dass er sich zu dieser Reise ein Pferd aus seinem Marstalle aussuchen solle, wählte er jenes alte, lahme Pferd, und machte sich mit ihm auf den Weg. Nachdem er eine Weile geritten war, stieß er auf einen großen Haufen Ameisen, welche nicht über einen Bach konnten. Da sprach das Pferd: »Gehe hin und lege einen Zweig über den Bach, damit sie hinüberkönnen, und wenn sie dich fragen, was sie dir für einen Dienst erweisen sollten für die Wohltat, die du ihnen getan, dann verlange einen Ameisenflügel von ihnen und dass, wenn du ihn verbrennen würdest, sie alle kommen sollten.« Der Prinz tat, was ihm das Pferd gesagt hatte; er legte einen Zweig über den Bach, so dass alle hinüberkonnten, und erhielt dafür einen Ameisenflügel von ihnen.

Als er wieder eine Strecke weitergeritten war, kam er zu einem Bienenstock, dessen Waben ein Bär verzehrte. Da sprach das Pferd: »Töte den Bären und verlange auch von den Bienen einen Flügel«; und der Prinz ging hin, tötete den Bären, und als ihn die Bienen fragten, wie sie ihm für diese Wohltat vergelten könnten, so ließ er sich von ihnen einen Flügel geben und dabei versprechen, dass sie zu ihm kommen wollten, wenn er ihn verbrennen würde.

Als er wieder eine Strecke geritten war, kam er zu einem Rabenneste, bei dem saß eine Schlange und fraß die Jungen aus dem Neste, ohne dass es die Eltern wehren konnten. Auf den Rat des Pferdes tötete er die Schlange und ließ sich vom Rabenvater eine Feder geben und dabei versprechen, dass er zu ihm kommen wolle, sobald er die Feder anbrennen würde.

Endlich kam er bei der Goldgelockten an und sagte, dass er gekommen sei, um sie zu werben, und diese antwortete: »Ich will dich nehmen, wenn du imstande bist, vier untereinandergemengte Pferdelasten Weizen, Gerste, Spelt und Mais in einem halben Tage auseinanderzulesen.« Er aber sprach: »Das ist eine Kleinigkeit für mich.« Man sperrte ihn also mit dem vermengten Getreide in eine Stube ein, und als er allein war, verbrannte er den Ameisenflügel, und sogleich kamen alle Ameisen herbei und waren mit der ganzen Arbeit in einer Stunde fertig. Als die Ameisen abgezogen waren, klopfte er an die Türe und ließ die Goldgelockte rufen, weil er mit der Arbeit fertig sei.

Darauf sagte der Vater der Goldgelockten: »Ich werde meine Tochter nun mit allen Frauen der Stadt tanzen lassen, und diese sollen alle verschleiert sein, und wenn du sie aus allen herausfinden kannst, so sollst du sie haben.« Da verbrannte der Prinz den Bienenflügel, und sofort erschien der Weisel und sprach zu ihm: »Ich werde um alle Frauen fliegen, und sobald ich mich auf eine setze, so musst du sie packen.« Als nun die Frauen tanzten, da flog der Bienenweisel von der einen zur andern und setzte sich endlich auf die Goldgelockte, und nun sprang der Prinz auf sie los und packte sie.

Darauf sagte sie zu ihm: »Wenn du mir nun noch das Wasser des Lebens bringst, so sollst du mich ganz gewiss haben.« Da verbrannte der Prinz die Rabenfeder, und sofort kam der Rabe angeflogen. Als er aber hörte, was der Prinz von ihm verlange, meinte er: »Das ist kein leichtes Stück, denn der Berg, in dem die Quelle des Lebenswassers ist, öffnet sich nur für einen Augenblick und schnappt dann wieder zu, aber ich will es versuchen.« Er ließ sich darauf vom Prinzen eine Kürbisflasche geben und flog damit fort, und nach einer kleinen Weile brachte er sie gefüllt zurück.

Darauf nahm der Prinz die Goldgelockte und brachte sie zu

dem Könige. Dort wollte ihr der Bartlose aufwarten und ihr bei Tisch die Speisen reichen, aber die Goldgelockte sagte: »Ich will nicht von deiner Hand essen, sondern von der Hand dessen, der mich hergebracht hat.« Der Prinz brachte ihr also jeden Tag die Speisen, und sie ließ ihn dann mit sich essen. Darüber wurde der Bartlose so zornig, dass er nur darauf sann, wie er den Prinzen mit guter Art umbringen könne. Eines Tages sagte er ihm daher: »Komme, wir wollen in die Berge gehen und für die Goldgelockte Schnecken lesen«, und als sie an einen Abgrund kamen, sprach er zu ihm: »Sieh einmal hinunter, ob niemand unten ist«, und während der Prinz hinuntersah, gab er ihm einen solchen Stoß, dass er in den Abgrund stürzte und von dem Falle starb.

Darauf kochte der Bartlose die Schnecken auf das Beste und trug sie zu der Goldgelockten, um sie mit ihr zu essen. Als sie den Bartlosen mit der Schüssel in der Hand sah, fragte sie ihn: »Und wo ist der, welcher mich hierhergebracht hat?« Der Bartlose antwortete: »Er ist beim Schneckensuchen vom Felsen gestürzt.« Da sagte sie: »Gehe hin und hole mir seine Leiche, denn bevor ich die nicht gesehen habe, glaube ich es nicht, und esse auch nicht eher von den Speisen, die du mir bringst.« Da ging der Bartlose hin und brachte ihr die Stücke des Zerschmetterten. Die Goldgelockte aber setzte diese zusammen, bestrich sie mit dem Wasser des Lebens, und das machte alle Wunden heil und gab dem Körper wieder Leben.

Da stand der Prinz auf und ging sogleich vor den König; der hielt grade ein großes Fest, zu dem viele andere Könige und Große geladen waren, und die Gäste unterhielten sich grade damit, dass sie einander Geschichten erzählten. Drauf bat der Prinz den König um die Erlaubnis, auch eine Geschichte erzählen zu dürfen, und erzählte nun alles, was ihm von dem Bartlosen widerfahren war, und schloss damit, dass er sagte: »Das ist meine eigene Geschichte, und ich darf sie jetzt erzählen, weil ich geschworen hatte, so lange zu schweigen, bis ich wieder vom Tode auferstehen würde.« Als das der König hörte, ließ er den Bartlosen greifen und in einem Kessel voll siedenden Öles zu Tode brühen. Den Prinzen aber vermählte er mit der Goldgelockten, und darauf lebten sie herrlich und in Freuden. – Dort war ich nicht, du brauchst es also auch nicht zu glauben.

DAS PFEFFERKORN

Es war einmal ein alter Mann und eine alte Frau, die hatten keine Kinder, und eines Tages ging die Alte auf das Feld und brach sich einen Korb voll Bohnen, und als sie damit fertig war, sah sie in den Korb und sprach: »Ich wollte, dass alle Bohnen zu lauter kleinen Kindern würden.« Kaum hatte sie das gesagt, so sprang eine ganze Schar von kleinen Kindern aus dem Korbe und tanzte um sie herum. Eine solche Familie erschien aber der Alten doch zu groß, und sie sprach daher: »Ich wollte, dass ihr wieder zu Bohnen würdet.« Kaum hatte sie das gesagt, so kletterten die Kinder in den Korb zurück und wurden wieder zu Bohnen, bis auf ein kleines Knäblein, das die Alte mit sich nach Hause nahm. Das war aber so klein, dass man es nur klein Pfefferkorn nannte, doch war es dabei so lieb und herzig, dass alle Welt es gernhatte.

Eines Tages kochte die Alte ihre Suppe, und klein Pfefferkorn kletterte an dem Kessel hinauf und blickte hinein, um zu erfahren, was gekocht würde, aber er versah es dabei und fiel in die siedende Brühe, und brühte sich darin zu Tode. Erst als Essenszeit war, bemerkten die Alten, dass er fehle, und nun suchten sie überall vergebens nach ihm, um ihn zum Essen zu rufen. Endlich setzten sie sich ohne den Kleinen zu Tisch; als sie aber die Suppe aus dem Kessel in die Schüssel schütteten, da schwamm der Leichnam von klein Pfefferkorn darauf.

Da fingen der Alte und die Alte zu jammern an und riefen: »Lieb Pfefferkorn ist tot, lieb Pfefferkorn ist tot.«

Als das die Taube hörte, riss sie sich die Federn aus und rief:

»Lieb Pfefferkorn ist tot,
Der Alte und die Alte jammern.«

Als der Apfelbaum sah, dass sich die Taube die Federn ausriss, fragte er sie, warum sie das tue, und als er das erfahren, schüttelte er alle seine Äpfel ab.

Wie nun der Brunnen, welcher neben ihm floss, die Äpfel fallen sah, fragte er den Baum, warum er sich die Äpfel abschüttle, und dieser antwortete:

»Lieb Pfefferkorn ist tot,
Der Alte und die Alte jammern,
Die Taube hat sich die Federn ausgerissen.
Lieb Pfefferkorn ist tot.«

Als das der Brunnen hörte, da strömte er vor Schmerz all sein Wasser aus.

Als die Magd der Königin zum Brunnen kam, um Wasser zu schöpfen, da fand sie keins, und fragte den Brunnen, warum er kein Wasser habe, und dieser antwortete:

»Lieb Pfefferkorn ist tot,
Der Alte und die Alte jammern,
Die Taube hat sich die Federn ausgerissen,
Der Apfelbaum hat sich die Äpfel abgeschüttelt.
Lieb Pfefferkorn ist tot.«

Da ließ die Magd vor Schmerz ihren Krug fallen, und als sie die Königin fragte, warum sie den Krug zerbrochen habe, sagte sie:

»Lieb Pfefferkorn ist tot,
Der Alte und die Alte jammern,
Die Taube hat sich die Federn ausgerissen,
Der Apfelbaum hat sich die Äpfel abgeschüttelt,

Der Brunnen hat all sein Wasser ausgegossen.
Lieb Pfefferkorn ist tot.«

Da schlug sich die Königin vor Schmerz so stark mit dem Arm auf die Brust, dass dieser davon entzweibrach, und als der König das erfuhr und sie fragte, wie es zugegangen sei, sprach sie:

»Lieb Pfefferkorn ist tot,
Der Alte und die Alte jammern,
Die Taube hat sich die Federn ausgerissen,
Der Apfelbaum hat sich die Äpfel abgeschüttelt,
Der Brunnen hat all sein Wasser vergossen,
Die Magd hat ihren Krug zerbrochen.
Lieb Pfefferkorn ist tot.«

Als das der König hörte, ward er so betrübt, dass er seine Krone vom Haupte riss und sie auf die Erde warf, dass sie in tausend Stücke zersprang, und als sein Volk ihn fragte, warum er das getan, rief er:

»Lieb Pfefferkorn ist tot,
Der Alte und die Alte jammern,
Die Taube hat sich die Federn ausgerissen,
Der Apfelbaum hat sich alle Äpfel abgeschüttelt,
Der Brunnen hat all sein Wasser vergossen,
Die Magd hat ihren Krug zerbrochen,
Die Königin hat ihren Arm gebrochen,
Und ich König habe meine Krone verloren.
Lieb Pfefferkorn ist tot.«

DER KLUGE SCHÄFER

Es war einmal ein Königssohn, der wollte sehn, wie es in seinem Reiche hergehe, und als er dazu die Erlaubnis von seinem Vater erhalten hatte, nahm er den Siegelbewahrer und andere Große mit sich, zog in Derwischkleidern durch Städte und Dörfer und fragte die Leute, wie es ihnen ginge. Eines Tags kamen sie an einer Schäferei vorbei, in der grade die Schafe gemolken wurden, und da sagte der Prinz zu seinen Begleitern: »Lasst uns dorthin gehn und Milch trinken, und dabei auch die Schäfer fragen, wie es ihnen geht.« Als sie näher kamen, stürzten ihnen die Hunde entgegen und gauzten sie an: »Kam! Kum! Kam! Kum!«, bis die Schäfer herbeikamen und sie abriefen. Darauf gingen sie in die Schäferei und fragten die Schäfer, wie es ihnen gehe; diese versetzten kurzweg: »Ganz gut, wir haben nicht zu klagen.« Nachdem die Schafe gemolken und die Milch gesotten war, setzten sie sich zum Essen und luden die Fremden ein, mitzuhalten. Die setzten sich also zu ihnen, und der Königssohn kam neben den Oberschäfer zu sitzen. Dieser aber legte alles Brot, was er schnitt, vor den Jüngling, bis der zu lachen begann und rief: »Warum legst du denn alles Brot mir vor? Gib doch auch den andern.« Da gab ihm der Hirte eine Ohrfeige und sprach: »In die fremde Speise sollst du kein Salz werfen, und in deinem eigenen Hause sollst du befehlen.« Der Prinz steckte die Ohrfeige ein, ohne etwas zu erwidern. Als aber abgegessen war, gab er sich dem Schäfer zu erkennen und sagte: »Ich bin der Sohn des Königs, und für die Gastfreundschaft, die du mir erwiesen hast, will ich dir eine Schrift hinterlassen, und wenn du einmal in Not gerätst, so komme zu mir, und ich werde dir helfen.«

Als das der Schäfer hörte, ward ihm bange, und er sprach zu dem Prinzen: »Verzeihe mir meine Keckheit, denn ich wusste ja nicht, wer du warst.« »Lass gut sein«, antwortete der Prinz, »es ist mir ganz recht geschehn, was hatte ich an dem fremden Tische zu befehlen?« Darauf ließ er den Brief schreiben und der Siegelbewahrer musste das königliche Siegel darunterdrücken, und beim Abschiede sprach der Prinz zu dem Hirten: »Wenn du etwas nötig hast, so komme in die Hauptstadt und bringe den Brief dem und dem Herrn, der ist mein Beamter, und der wird dich zu mir führen.«

Nach einiger Zeit kam jener Schäfer mit andern Hirten über einen Weidebezirk in Zwist und zog dabei den Kürzeren. Da erinnerte er sich jenes Schreibens; er nahm es also und ging damit in die Hauptstadt, fragte dort nach jenem Herrn, und als dieser das Schreiben gelesen hatte, führte er ihn sogleich ins Königsschloss. Der Prinz hörte die Klage des Hirten an und sprach: »Sei guten Mutes! Das ist eine Kleinigkeit, die wollen wir schon einrichten; aber nun komme her und iss mit mir«, denn es war grade Essenszeit. Zum Siegelbewahrer aber sagte er heimlich: »Du musst auch mitessen, denn nun habe ich Gelegenheit, ihm seine Ohrfeige zurückzugeben.« Der Hirte machte anfangs Gegenvorstellungen, dass ihm das nicht zukomme; als er aber sah, dass es nicht anders sein könnte, lehnte er seinen Schäferstab an die Wand, stieg mit seinen Sandalen auf den Diwan und setzte sich mit gekreuzten Beinen zum Prinzen. Da fing der Prinz an, das Brot aufzuschneiden, schnitt einen ganzen Haufen und legte alles auf den Platz des Schäfers. Der aber schwieg mäuschenstill und ließ ihn gewähren. Da sprach der Siegelbewahrer zu ihm: »Warum wehrst du dich denn nicht gegen all das Brot, was dir vorgeschnitten wird?« Er aber antwortete: »Was habe ich an dem fremden Tische zu befehlen?« Da lachte der Prinz und sprach: »Ich sehe, dass ich meine Ohrfeige nicht zurückgeben kann, und will sie also behalten.«

Zu der Zeit, als der Schäfer zu Hofe gekommen war, lag der König im Kriege mit einem benachbarten Lande. Es ging ihm dabei nicht nach Wunsch und war darüber viel Redens bei Hofe. Als der Schäfer davon hörte, bat er den Prinzen, er möge dem König sagen, dass er auch ihn in den Krieg schicken solle. Der aber antwortete: »Was willst du in dem Kriege? Du verstehst ja nichts davon.« Doch der Schäfer ließ nicht nach und sagte: »Schicke mich nur, und ich setze meinen Kopf zum Pfände, dass ich gewinnen werde.« Da sprach der Prinz mit dem König, und dieser antwortete: »Meinetwegen mag er hingehn, weil du für ihn bittest, was er aber dort nützen kann, begreife ich nicht.« Darauf verlangte der Schäfer vom König vier auserlesene Leute und fünfzig Hammel und hundert Kerzen, und zog mit diesen vor die feindliche Stadt. Als es Nacht wurde, ließ er an die Hörner jedes Hammels zwei Lichter binden und dieselben anzünden und rückte so vor die Stadtmauern. Da glaubten die, welche darin waren, dass ein unzählbares Heer gegen sie anrücke, und kamen heraus, um sich dem Feinde zu unterwerfen. Aber der Schäfer verweigerte ihnen alles Gehör, bevor sie ihm nicht die Schlüssel der Stadt gebracht hätten. Da gingen sie wieder zurück und holten die Schlüssel und überreichten sie ihm. Der Schäfer lief damit zum König, und als dieser die Schlüssel sah, da freute er sich sehr und fragte ihn, welche Gnade er ihm erweisen solle. Der Schäfer aber antwortete: »Ich bitte, dass du mir nun den Befehl über die streitige Weide ausfertigen lassen mögest, um dessentwillen ich zur Stadt gekommen bin.« Da sagte der König: »Sei doch kein Narr und bleibe hier bei uns, wo du dein gutes Essen und Trinken und keine Sorgen hast, und in hohen Ehren gehalten wirst.« Der Schäfer aber antwortete: »Für ein solches Leben passe ich nicht, ich will wieder fort und sehn, was meine Schafe machen.« Da tat ihm der König den Willen und ließ ihm den Befehl über die streitige Weide ausstellen. Mit diesem kehrte der Schäfer zu seiner Herde zurück, nahm die streitige Weide in Besitz, und lebte glücklich und zufrieden in seiner Schäferei, ohne jemals wieder nach Hof zu gehn.

DER JÜNGLING, DER TEUFEL UND SEINE TOCHTER

Es war einmal ein Ehepaar, das bekam keine Kinder und machte daher eine Pilgerfahrt in das gelobte Land. Sie bestiegen also ein Schiff und fuhren damit bis in die Mitte des Meeres. Da stellte sich der Teufel vor dasselbe, hielt es fest und sprach zu den Eheleuten: »Wenn ihr mir das Kind gelobt, das ihr bekommen werdet, so sollt ihr eins haben«, und diese antworteten: »Du musst es uns lassen, bis es zwölf Jahre alt ist, und dann soll es dein sein.« Da ließ der Teufel das Schiff los, und jene gaben ihre Pilgerfahrt auf, kehrten nach Hause zurück, und nach neun Monaten gebar die Frau einen Knaben, den erzogen sie mit großer Liebe und Sorge, bis er zwölf Jahre alt wurde.

Eines Tags ging der Knabe an das Meeresufer, um zu fischen, und traf dort einen Mann, der fragte ihn: »Wo gehst du hin, mein Sohn?«, und jener antwortete: »Ich gehe fischen.« Da füllte ihm jener seinen ganzen Sack mit Fischen, gab ihm fünf Äpfel und sagte, dass er sie seiner Mutter bringen und sie an ihr Gelübde erinnern solle. Der Knabe aß vier von den Äpfeln und bewahrte nur einen, um ihn seiner Mutter zu bringen. Seinen Auftrag auszurichten, vergaß er aber darauf, und als er am andern Morgen wieder mit dem Fremden zusammentraf, gab ihm dieser abermals einen Sack voll Fische und fünf Äpfel, und da es der Knabe auch zum zweiten Mal vergaß, den Auftrag seiner Mutter auszurichten, da gab ihm der Fremde noch einmal fünf Äpfel und einen Sack voll Fische und sagte ihm, dass er damit sogleich nach Hause gehen solle.

Als nun der Knabe heimkam, fand er das Haus schwarz angestrichen und seine Mutter in großer Trauer. Da fragte er sie, warum sie so weine, und sie antwortete: »Warum soll ich nicht weinen? Die Zeit ist ja gekommen, wo dich der Teufel holen wird.« Doch der Knabe versetzte: »Glaubst du, dass ich hier auf ihn warten werde? Ich mache mich sogleich aus dem Staube, und es soll ihm schwer werden, mich zu fangen.«

Darauf machte sich der Knabe auf und lief in die Welt hinein, und als er eine Weile gelaufen war, begegnete er einem alten Mann, der fragte ihn: »Wo willst du hin, mein Sohn?« Er antwortete: »Dahin, wohin meine Augen blicken.« Als der Alte aber mit Fragen nicht abließ, erzählte er ihm, wie es mit ihm stehe und warum er von zu Haus weggelaufen sei. Darauf sprach der Alte: »Auf dem Wege, den du ziehst, wirst du an eine Quelle mit stinkendem Wasser kommen, und über das darfst du nicht schmähen, sondern musst hingehn und aus der Quelle trinken und dann sagen: ›I, was ist das für ein gutes Wasser, ich wollte, das hätte ich bei meinem Hause!‹, und dann wird die Quelle dir sagen, wo du hingehn sollst.« Dieser Alte war aber der Herr Jesus Christus.

Darauf ging der Knabe zu jener Quelle, trank Wasser aus ihr und lobte dasselbe sehr. Da sprach die Quelle: »Alle Welt schimpft auf mich, und du allein lobst mich, und darum höre auf das, was ich dir sage. An dem und dem Orte ist ein See, zu dem kommen drei Neraiden, um sich darin zu baden. Wenn du also dort hinkommst, so musst du dich verstecken, und wenn sie sich ausgezogen haben und in dem See herumschwimmen, so musst du ihnen ihre Federkleider nehmen, und wenn sie dann zu dir kommen und dich bitten, sie ihnen wiederzugeben, so gib sie den beiden älteren, aber der jüngsten gib es nicht eher, als bis sie dir geschworen hat, dass sie dich selbst im Tode nicht vergessen wolle.«

Da bedankte sich der Jüngling, ging an jenen See und versteckte sich dort, bis die drei Neraiden kamen. Die zwei älteren gingen sogleich in das Wasser, die jüngste aber war ängstlich und sah sich erst nach allen Seiten um, bevor sie ihren Schwestern nachfolgte. Nun schlich sich der Jüngling zu dem Orte, wo ihre Kleider lagen, und nahm sie weg, und als sie aus dem Wasser stiegen, da kamen sie zu ihm und baten ihn um ihre Kleider. Er gab den beiden ältesten die ihrigen, aber der jüngsten gab er es nicht eher, als bis sie ihm geschworen hatte, ihn selbst im Tode nicht zu vergessen. Darauf nahmen ihn die drei Mädchen mit sich nach Hause zu ihrem Vater, und das war grade der Teufel, dem der Jüngling gelobt war. Als der am Abend nach Hause kam, sprach er zu dem Jüngling: »Siehst du den Baum, der hier vor dem Hause steht? Den sollst du heute Nacht fällen und zu Brettern versägen, und wenn du damit nicht bis morgen in der Frühe fertig bist, so fresse ich dich.« »Gut!«, antwortete der Jüngling. Als er aber allein war, da fing er an zu seufzen und zu weinen, denn er wusste nicht, wie er es anfangen sollte, eine solche Arbeit in einer Nacht zu vollenden. In seiner Not ging er zu seiner Frau, der Neraide. Die riss sich ein Haar aus, gab es ihm und sagte, er solle es verbrennen, und kaum hatte er das getan, so versammelten sich alle Teufel und machten sich an die Arbeit, und bevor es Tag wurde, waren sie damit fertig.

Als nun der Teufel aufwachte und die Arbeit getan fand, da rief er: »Meine Jüngste hat dir geholfen!«, der Jüngling aber leugnete das und behauptete, dass er die Arbeit allein getan habe.

Am andern Abend sagte ihm der Teufel: »Siehst du jenen Berg? Den sollst du heute Nacht abtragen und den Platz, auf dem er gestanden, eben machen.« »Gut!«, antwortete der Jüngling. Als aber der Teufel weggegangen war, da lief der Jüngling zu seiner Frau und klagte ihr seine Not. Sie gab ihm wieder ein Haar, und als er das verbrannte, versammelten sich alle Teufel und machten sich an die Arbeit, und bevor es Tag wurde, waren sie damit fertig. Wie nun am andern Morgen der Teufel kam und die Arbeit getan fand, da rief er: »Das hast du nicht allein gemacht, meine Jüngste hat dir geholfen.« Der Jüngling aber erwiderte: »Nein, ich habe es allein gemacht und mir von niemand helfen lassen.«

Am dritten Abend sagte der Teufel: »Siehst du diese Bretter, die du selbst geschnitten hast? Mit denen sollst du mir heute Nacht ein Schiff bauen, und das muss morgen früh fix und fertig am Strande liegen.« »Gut!«, sprach der Jüngling. Als aber der Teufel weggegangen war, lief er wiederum weinend zu seiner Frau und klagte ihr seine Not. Da gab ihm diese einen Stab und einen Laib Brot und sprach: »Gehe damit an den Strand und schwinge den Stab, und es werden sich alle Teufel versammeln; dann wirf ihnen das Brot hin und sage ihnen in meinem Namen, dass sie, bevor es Tag wird, das Schiff fertig haben müssten, und dann komm wieder.« Der Jüngling machte es, wie seine Frau ihm geraten hatte, und kehrte zu ihr zurück. Als er aber am andern Morgen zum Strande gehen wollte, sagte sie: »Wenn mein Vater kommt und dir sagt, dass du in das Schiff steigen sollst, so tue es nicht, denn er wird ihm einen Stoß geben, dass es bis in die Mitte des Meeres fährt, sondern du musst ihm sagen: ›Du bist der Vornehmere und musst daher zuerst hineinsteigen‹, und wenn er darin ist, so gib dem Schiff einen Stoß mit dem Knie, damit es bis in die Mitte des Meeres fährt. Dann laufe so schnell du kannst hierher, damit wir entfliehen.« Da machte es der Jüngling, wie ihm seine Frau gesagt hatte, und nachdem der Teufel ins Schiff gestiegen und er dieses bis in die Mitte des Meeres gestoßen hatte, lief er was er konnte zu seiner Frau zurück und setzte sich mit ihr auf die Pferde, welche sie in Bereitschaft hatte. Sie ritten auf diesen bis zu der Grenze des Reiches des Teufels, und da sie nun sicher waren, dass sie nicht mehr gefangen werden konnten, so setzten sie sich unter einen Baum und ruhten aus. Die Neraide erwachte zuerst, und als sie zwei weiße Wolken herankommen sah, da weckte sie ihren Mann und sprach: »Siehe, da kommen meine beiden Schwestern, um uns zu suchen, und bald wird auch eine schwarze Wolke kommen, das ist meine Mutter«, und es dauerte nicht lange, so kam auch die schwarze Wolke heran, und nun suchten die drei Wolken die ganze Grenze ab, konnten sie aber nicht finden, weil sie bereits jenseits derselben waren.

Der Jüngling kehrte mit seiner Frau in seine Heimat und ließ sie im Hause einer alten Frau zurück, bevor er in das seine ging, um seine Mutter zu besuchen. Da sprach die junge Frau: »Wenn du zu deiner Mutter kommst, so lass dich nicht von ihr küssen, denn wenn sie dich küsst, so wirst du mich vergessen.« Der Jüngling ging nun zu seiner Mutter, aber sie erkannte ihn nicht. Er fragte sie also: »Hast du keinen Sohn?«, und jene antwortete: »O ja, ich hatte einen, den hat mir aber der Teufel geraubt«, und jener fragte wieder: »Hatte er kein Abzeichen auf der Brust?« – »Jawohl hatte er eins.« Da entblößte er seine Brust, und als die Mutter das Zeichen sah, wollte sie ihn umarmen, er aber hielt sie ab und bat sie, ihn nicht zu küssen. Weil er nun von der Reise sehr ermüdet war, so legte er sich nieder, um auszuruhen, und schlief ein; da schlich sich seine Mutter zu ihm und küsste ihn heimlich, so dass er es nicht merkte, und als er aufstand, hatte er seine Frau gänzlich vergessen.

Die Mutter ließ nun das Haus wieder weiß anstreichen und suchte nach einer Frau für ihren Sohn, und als sie die passende gefunden hatte, verlobte sie ihn mit ihr. Die Neraide erfuhr das alles von der Alten, bei der sie wohnte, und begriff, dass seine Mutter ihn geküsst habe. Da setzte sie sich hin an den Webstuhl und webte sich goldene Kleider und hing sie vor dem Hause in die Sonne. Als nun ihr Mann einmal vorüberkam und die Kleider erblickte, da dämmerte es in ihm auf, als ob er eine Frau habe, die solche Kleider trüge. Er ging also heim und bat seine Mutter, in jenes Haus zu gehn, um zu sehn, wem diese goldenen Kleider gehörten. Die Mutter tat ihm den Willen, und als sie zurückkam, erzählte sie ihm, dass sie einer fremden Frau gehörten, welche so schön sei, dass sie Strahlen werfe. Da ahnte es dem Sohne, dass das seine eigene Frau sei, und er bat daher seine Mutter, noch einmal hinzugehen und die Fremde einzuladen, mit ihr nach Hause zu kommen, und als sie mit der Mutter ins Haus trat, da erkannte er sie wieder und sprach zu seiner Mutter: »Diese und keine andere ist meine Frau, diese hat mir das Leben gerettet, und weil du mich im Schlafe geküsst hast, so musste ich sie vergessen.« Darauf sagte er seiner Verlobten ab und lebte glücklich und zufrieden mit seiner Frau.

DIE STRIGLA

Es war einmal ein König und eine Königin, die hatten drei Söhne, und nachdem diese bereits herangewachsen, gebar die Königin auch ein Mädchen; das war aber nicht wie andere Kinder, sondern verwandelte sich jeden Abend in eine bösartige Hexe, ging dann in den Marstall des Königs und erdrosselte dort ein Pferd, und am andern Morgen fand man es tot in seinem Stande liegen. Niemand begriff, wie das zugehe, und der älteste Königssohn beschloss daher, sich auf die Lauer zu legen, um zu sehn, wer die Pferde erdrossele.

Als er nun im Stalle Wache hielt, sah er um Mitternacht eine Wolke in den Stall kommen, sich über das Pferd legen und es erdrücken. Darüber kam er in große Furcht und erzählte am andern Morgen seinem Vater, was er gesehn hatte. Nun wollte es auch der zweite Sohn versuchen und ging am andern Abend in den Stall, um zu wachen, und der sah, was sein Bruder gesehen hatte, und fürchtete sich ebenso sehr wie dieser. Am dritten Abend wollte es auch der jüngste versuchen und ließ sich von dem König, der ihn sehr lieb hatte, nicht davon abbringen, sondern nahm seine Waffen und ging in den Stall. Als er aber um Mitternacht sah, wie die Wolke hereinkam und sich über ein Pferd breitete, da verlor er den Mut nicht, sondern zog sein Schwert und hieb auf die Wolke ein; da verschwand diese und das Pferd blieb am Leben. Am andern Morgen erblickte er Blutstropfen auf dem Boden, er ging ihnen nach und kam so bis zu der Wiege seines Schwesterchens und sah, dass sie am Finger verwundet war. Da zeigte er der Mutter die Wunde, erzählte ihr, was er in der Nacht gesehen, und sagte: »Mutter, das Kind ist ein Satan.« Die Mutter konnte ihm nicht unrecht geben, nahm aber gleichwohl ihr Kind in Schutz, und so blieb es am Leben.

In der andern Nacht erschien das Mädchen vor dem Bette seines jüngsten Bruders, weckte ihn aus dem Schlafe und sagte zu ihm: »Du musst fort von hier, denn wenn du hierbleibst, werde ich dich umbringen.« Am andern Morgen ging der Prinz zum König und sprach: »Das Kind ist ein Satan, und wenn du es nicht umbringen lässest, so muss ich fort von hier.« Der König tat sein Möglichstes, ihm dies auszureden, als er aber sah, dass alles vergebens war, so ließ er ihn lieber ziehen, ehe er sein kleines Töchterchen opferte.

Der Prinz zog also in die Welt und wanderte von Land zu Land. Bald ging's ihm gut, bald ging's ihm schlecht. Endlich aber kam ihm die Lust an, wieder einmal nach Hause zu gehn und seinen Vater und seine Brüder zu besuchen, und er machte sich also dahin auf. Als er aber in die Stadt kam, fand er sie leer und keine Seele darin, und ebenso öde war es auch in dem Schlosse seines Vaters, denn seine Schwester hatte alle Welt aufgefressen. Da ging der Prinz von einem Gemache zum andern, um zu sehn, ob er nicht irgendeinen Menschen finde, bis er endlich in eines kam, in welchem seine Schwester saß und auf der Geige spielte. Wie diese ihn erblickte, da erkannte sie ihn sogleich und rief: »Da bist du also doch wieder zurück? Hatte ich dir nicht gesagt, dass du nicht mehr hierherkommen solltest? Nun sollst du sehn, wie es dir ergehen wird; da, nimm die Geige und spiele so lange, bis ich wiederkomme.« Sie gab ihm darauf die Geige in die Hand und ging hinaus, und er setzte sich nieder und spielte, aber er hatte kaum angefangen, so schlüpfte eine Maus aus einem Loche hervor und sagte zu ihm: »Mach, dass du fortkommst, denn deine Schwester ist nur weggegangen, um ihre Zähne scharf zu machen und dich besser fressen zu können; gib mir also deine Geige, ich will auf ihr spielen, damit sie es nicht merkt, dass du weggegangen bist.« Da gab der Jüngling die Geige der Maus und ging weg. Die Maus aber spielte so lange, bis die Strigla ihre Zähne gewetzt hatte und wieder in das Gemach kam. Als sie aber dort die Maus statt ihres Bruders auf der Geige spielen sah, rief sie: »Ach! Er hat mich angeführt!«, und stürzte sich auf die Maus, um sie zu fangen und ihren Zorn an ihr auszulassen; diese aber warf die Geige hin, sprang vom Stuhle und schlüpfte in ihr Loch.

Der Jüngling war aber nicht aus dem Schlosse gegangen, sondern hatte sich nur darin versteckt, bis dass der Zorn seiner Schwester vorüber wäre. Am andern Morgen wartete er so lange, bis sie ihre Mahlzeit gehalten und dabei, wie sie gewohnt war, ein ganzes Pferd aufgefressen hatte, und trat dann vor sie. Kaum erblickte sie ihn aber, so stürzte sie sich wütend auf ihn ein, und sie rangen lange miteinander, bis er sie endlich erschlug, und der Prinz lebte von nun an allein.

HERR LAZARUS UND DIE DRAKEN*

Es war einmal ein Schuhflicker, der hieß Lazarus und war ein großer Liebhaber von Honig. Als er eines Tages welchen bei seiner Arbeit aß, da sammelten sich so viele Fliegen, dass er deren vierzig mit einem Schlage totschlug. Dann ging er hin, ließ sich ein Schwert machen und darauf schreiben: »Mit einem Schlage

* Es wollte uns niemals gelingen, eine klare Begriffsbestimmung des Drakos zu erzielen. Der männliche Neugeborene wird Drakos genannt, solange er noch nicht getauft ist. Der Name kommt auch in Ortssagen vor, so z.B. auf der Insel Tinos, wo eine schief, aber glatt in das Meer abstürzende Felsenfläche das »Waschbrett der Drakäna« genannt wird, auf dem sie nach griechischer Weise ihre Wäsche wusch. In Karystos schleuderten die Draken die in der Nähe der Stadt liegenden alten Säulen von der Höhe herab. Unweit des Weges von da zum Profitis Ilias (Berg Ochi) zeigt man die in die Felsen gedrückten Spuren der Hände und Füße des Drakos, als er vor den Hunden des ihn verfolgenden Bruders seiner Geliebten in seine (nicht vorhandene) Höhle schlüpfen wollte, von diesen aber zerrissen wurde.

Bei Platanitza (östlich von Karystos) zeigt man die Höhle des Drakos, in der er zur Zeit, da man noch mit Pfeilen schoss, mit seiner Tochter in wilder Ehe lebte und, als das Schießpulver bekannt geworden, erschossen wurde. Eine alte märchenkundige Andriotin erzählte uns, dass es vier Zeitalter gebe. Das erste war das der Draken, dann das der götzendienenden Elines (Hellenen), hierauf folgte das der Venetianer und auf dieses das der Türken. Sie erzählte weiter: Als die Menschen zu den Draken nach Andros kamen, da lebte damals ein uralter Drakos, der blind war. Er bat, dass man ihm einen Menschen zuführen möge, damit er ihn betasten und sich dadurch eine Vorstellung von ihm machen könne; um aber diesen vor Schaden zu bewahren, legte man ihm eine Pflugschar auf den Kopf. Da ergriff der Alte die Pflugschar und drückte sie zu Staub.

habe ich vierzig getötet.« Nachdem das Schwert fertig war, machte er sich auf und ging in die Welt; und als er zwei Tage weit von seiner Heimat war, da kam er an einen Brunnen, bei dem legte er sich hin und schlief ein.

In jener Gegend aber wohnten Draken, und es kam einer von ihnen an den Brunnen, um Wasser zu holen, fand dort den Lazarus schlafend, und las, was auf seinem Schwerte geschrieben stand. Da ging er zu den Seinigen und erzählte ihnen, was er gesehen habe, und diese rieten ihm, er solle Brüderschaft mit dem starken Fremden schließen.

Der Drakos ging also zu dem Brunnen zurück, weckte den Lazarus und sagte ihm, wenn es ihm recht wäre, so wollten sie Brüderschaft miteinander machen.

Lazarus antwortete, es sei ihm recht, und nachdem ein Pope den Brüderschaftssegen über sie gesprochen, ging er mit ihm zu den andern Draken und blieb bei ihnen. Nach einigen Tagen sagten sie ihm, es sei bei ihnen Brauch, dass sie reihum Wasser und Holz holen gingen, und da er nun ihr Geselle sei, so müsse er auch in die Reihe eintreten. Sie gingen nun zuerst nach Wasser und Holz aus, endlich aber kam die Reihe, Wasser zu holen, auch an den Lazarus. Die Draken aber hatten einen Schlauch, welcher zweihundert Maß Wasser fasste, und Lazarus schleppte denselben leer nur mit großer Mühe an den Brunnen, und da er ihn voll nicht hätte tragen können, so füllte er ihn auch nicht, sondern grub stattdessen rings um den Brunnen die Erde auf.

Wie nun Lazarus so lange ausblieb, schickten sie einen von ihnen nach ihm aus, um zu sehen, was aus ihm geworden sei, und als dieser zum Brunnen kam, sagte Lazarus zu ihm: »Wir wollen uns nun nicht mehr tagtäglich mit Wasserholen plagen, ich will den ganzen Brunnen nach Hause bringen und uns so von dieser

Last befreien.« Da rief der Drakos: »Bei Leib und Leben nicht, Herr Lazarus, denn sonst müssen wir alle verdursten. Lieber wollen wir reihum Wasser holen, und du sollst davon frei sein.«

Darauf kam die Reihe, Holz zu holen, an den Lazarus; die Draken, welche nach Holz gingen, luden stets einen ganzen Baum auf die Schulter und brachten ihn nach Hause, und da er ihnen das nicht nachmachen konnte, so ging er in den Wald, band alle Bäume mit dem Tragseile aneinander, und blieb bis zum Abend im Walde. Da schickten die Draken wieder einen nach ihm aus, um zu sehen, was aus ihm geworden sei, und als dieser ihn fragte, was er da vorhabe, antwortete Lazarus: »Ich will den ganzen Wald mit einem Male herbeischleppen, damit wir Ruhe haben.« Da rief der Drakos: »Beileibe nicht, Herr Lazarus, denn sonst sterben wir vor Kälte; wir wollen lieber selbst nach Holz gehen, und du sollst frei bleiben.« Und nun riss der Drakos einen Baum aus, nahm ihn auf die Schulter und trug ihn heim.

Als sie eine Weile so gelebt hatten, da wurden die Draken des Lazarus überdrüssig und machten unter sich aus, ihn umzubringen; es solle ihm also in der Nacht, wenn er schliefe, jeder Drakos einen Hieb mit dem Beile geben. Der Lazarus aber hatte das gehört und nahm daher am Abend einen Holzklotz, bedeckte ihn mit seinem Mantel, legte ihn an seine Schlafstelle und versteckte sich. In der Nacht kamen die Draken; ein jeder tat auf den Klotz einen Hieb mit dem Beile, bis er in Stücke fuhr. Da glaubten sie, ihren Zweck erreicht zu haben, und legten sich wieder nieder. Darauf nahm der Lazarus den Klotz, warf ihn hinaus und legte sich nieder. Gegen Tagesanbruch fing er an zu stöhnen, und als die Draken das hörten, fragten sie ihn, was ihm fehle. Darauf erwiderte er: »Die Schnaken haben mich jämmerlich zerstochen.« Da erschraken die Draken, weil sie glaubten, Lazarus hielte ihre

Axthiebe für Schnakenstiche, und beschlossen, um jeden Preis seiner loszuwerden. Am andern Morgen fragten sie ihn also, ob er Frau und Kinder habe und ob er sie nicht einmal besuchen möchte, sie wollten ihm einen Ranzen voll Gold mitgeben. Er war es zufrieden und verlangte nur noch einen Draken, um ihm das Gold nach Hause zu tragen. Es ging also einer mit ihm und trug den Ranzen. Als sie in die Nähe von Lazarus' Hause kamen, sagte er zum Drakos: »Bleib einstweilen hier, denn ich muss hingehen und meine Kinder anbinden, damit sie dich nicht fressen.« Er ging also hin und band seine Kinder mit dicken Stricken und sagte zu ihnen: »Sobald ihr den Drakos zu Gesicht bekommt, so ruft, was ihr könnt: ›Drakenfleisch! Drakenfleisch!‹« Als nun der Drakos herankam, da schrien die Kinder: »Drakenfleisch! Drakenfleisch!«, und darüber erschrak der Drakos so sehr, dass er den Ranzen fallen ließ und weglief. Unterwegs begegnete ihm eine Füchsin und fragte ihn, warum er so erschrocken aussehe, und er erwiderte, dass er sich vor den Kindern des Herrn Lazarus fürchte, die ihn bei einem Haare aufgefressen hätten. Da lachte die Füchsin und rief: »Was? Vor den Kindern des Herrn Lazarus hast du dich gefürchtet? Der hatte zwei Hühner, das eine habe ich ihm gestern gefressen, und das andere will ich mir eben jetzt holen, und wenn du es nicht glauben willst, so komme mit, da kannst du es sehen; du musst dich aber an meinen Schwanz binden.« Der Drake band sich also an ihren Schwanz und ging mit ihr nach Lazarus' Hause zurück, um zu sehen, was sie dort anstellen würde. Dort stand aber Lazarus mit der Flinte auf der Lauer, und als er die Füchsin mit dem Draken kommen sah, rief er ihr zu: »Habe ich dir nicht gesagt, du sollst mir alle Draken bringen, und nun bringst du mir nur einen?« Wie das der Drakos hörte, machte er rechtsum Reißaus und lief so schnell, dass die

Füchsin an den Steinen zerschellte. Nachdem aber Herr Lazarus von den Draken losgekommen, baute er sich mit ihrem Golde ein prächtiges Haus und verbrachte den Rest seines Lebens herrlich und in Freuden.

VOM ASTERINOS UND DER PULJA

Es war einmal eine Frau, die hatte zwei Kinder, einen Knaben, der hieß Asterinos, und ein Mädchen, das hieß Pulja. Eines Tages kam ihr Mann von der Jagd zurück und brachte ihr eine Taube, die sie zum Essen kochen sollte. Die Frau nahm die Taube, hängte sie an einen Nagel und ging vor die Türe, um mit den Nachbarinnen zu plaudern; da kommt die Katze, sieht die Taube am Nagel hängen, springt danach, erhascht sie und frisst sie. Als nun Essenszeit herankam und die Weiber auseinandergingen, wollte die Frau die Taube holen, und da sie nichts mehr fand, so merkte sie, dass die Katze sie geholt habe, und hatte nun Furcht, dass ihr Mann zanken werde. Die Frau bedachte sich also nicht lange, schnitt sich die eine Brust ab und kochte sie. Da kam der Mann nach Hause und fragte: »He, Frau! Hast du etwas zu essen gekocht?« »Ja, ich habe etwas für dich«, antwortete diese, und als sie sich zu Tische setzten, sagte er zu ihr: »Setze dich zu mir«, sie aber erwiderte: »Ich habe schon vor einem Weilchen gegessen, weil du so lange ausgeblieben bist.«

Nachdem der Mann gegessen hatte, sagte er: »Was das für schmackhaftes Fleisch war, so habe ich noch niemals welches gegessen.« Da sagte ihm die Frau: »So und so ist es mir ergangen, ich hatte die Taube an den Nagel gehängt und ging hinaus, um Holz zu holen, und als ich zurückkam, fand ich sie nicht, die Katze hatte sie geholt, da schnitt ich mir die Brust ab und kochte sie, und wenn du es nicht glauben willst, so sieh her«; und dabei zeigte sie ihm die blutende Brust.

Darauf sprach der Mann: »Wie schmackhaft ist doch das Menschenfleisch! Weißt du, was wir tun? Wir wollen unsere Kinder schlachten und sie essen; wenn wir morgen in die Kirche gehen, so gehe du früher nach Hause, und dann schlachte und koche die Kinder, und wenn sie fertig sind, so rufe mich.«

Was sie da zusammen sprachen, das hörte aber das Hündchen, und da die Kinder bereits schliefen, so ging es an ihr Bett und bellte: »Ap! Ap!«

Davon erwachten die Kinder und hörten eine Stimme, die sagte: »Steht auf und flieht, sonst kommt eure Mutter und schlachtet euch.« Doch die Kinder riefen: »Still! Still!«, und schliefen wieder ein. Als aber der Hund abermals bellte und die Stimme nochmals sprach, da standen sie auf und zogen sich an.

»Was sollen wir mitnehmen?«, fragte der Knabe die Pulja. »Was wir mitnehmen sollen? Ich weiß es nicht, Asterino«, antwortete das Mädchen. »Doch, ja! Nimm ein Messer, einen Kamm und eine Handvoll Salz.« Das nahmen sie und auch den Hund, machten sich auf den Weg und liefen ein Stück, und indem sie so liefen, sahen sie von Weitem ihre Mutter, die sie verfolgte; da sagte Asterinos zu seiner Schwester: »Sieh, dort läuft die Mutter uns nach, sie wird uns einholen.« »Lauf, Herzchen, lauf«, erwiderte das Mädchen, »sie holt uns nicht ein.« »Jetzt hat sie uns, lieb Pulja.« – »Wirf das Messer hinter dich.« Das tat der Knabe, und daraus ward eine ungeheure Ebene zwischen ihnen und der Mutter, diese aber lief schneller als die Kinder und kam ihnen wieder nahe. »Jetzt packt sie uns«, rief der Knabe wiederum. – »Lauf, Herzchen, lauf, sie holt uns nicht ein.« – »Da ist sie!« – »Wirf den Kamm hinter dich.« Er tat es, und daraus ward ein dichter, dichter Wald. Die Mutter arbeitete sich aber auch durch das Dickicht, und als sie zum dritten Male die Kinder erreichte, warfen sie das Salz hinter sich, und das ward zum Meere, da konnte die Mutter nicht durch. Die Kinder blieben am Rande stehen und sahen hinüber. Die Mutter aber rief ihnen zu: »Kommt zurück, liebe Kinder, ich tue euch nichts«, und als diese zögerten, drohte sie ihnen und schlug sich vor Zorn an die Brust. Da erschraken die Kinder, wandten sich um und liefen weiter.

Als sie nun ein gutes Stück gelaufen waren, sagte Asterinos: »Pulja, mich dürstet.« »Geh zu«, erwiderte diese, »da vorne ist die Quelle des Königs, da kannst du trinken.« Sie gingen ein Stück weiter, da rief er wieder: »Mich dürstet, ich verschmachte«; und indem er so klagte, erblickte der Knabe eine Wolfspur, die voll Wasser war, und da sagte er: »Davon will ich trinken.« »Trinke nicht«, rief Pulja, »denn sonst wirst du ein Wolf und frissest mich.« – »So will ich nicht trinken und leide lieber Durst.«

Darauf gingen sie ein gutes Stück weiter und fanden eine Schafspur, die voll Wasser war. Da rief der Knabe: »Ich halte es nicht länger aus, davon muss ich trinken.« »Trinke nicht«, sagte ihm das Mädchen, »sonst wirst du zum Lamme, und sie werden dich schlachten.« – »Ich muss trinken, wenn ich auch geschlachtet werde.« Da trank er und wurde in ein Lamm verwandelt, lief der Schwester nach und blockte: »Beh, Pulja, beh, Pulja.« »Komm mir nach«, sagte diese, und ging noch ein Stück weiter, fand die Quelle des Königs, neben der ein hoher Zypressenbaum stand, und trank Wasser; drauf sagte sie zum Schäfchen: »Bleibe du hier mit dem Hunde, mein Herz«; und während das Lämmchen graste, betete sie zu Gott: »Lieber Gott, gibst du mir nicht Kraft, auf die Zypresse zu steigen?« Sowie sie ihr Gebet vollendet hatte, hob sie die Kraft Gottes auf die Zypresse, und es ward dort ein goldener Thron, auf den sich das Mädchen setzte, das Lamm aber blieb mit dem Hunde unter dem Baume und weidete.

Bald darauf kamen des Königs Knechte, um die Pferde zu tränken; wie aber die Pferde in die Nähe der Zypresse kamen, da zerrissen sie die Halfter und liefen davon, denn sie scheuten vor den Strahlen der Pulja, die wunderschön war. »Komm herunter«, riefen ihr die Knechte zu, »damit die Pferde saufen können, denn sie scheuen sich vor dir.« »Ich tu's nicht«, erwiderte sie, »ich hindere euch nicht, lasst die Pferde saufen, so viel sie wollen.« »Komm herunter«, riefen diese abermals. Aber sie hörte nicht auf sie und blieb auf dem Baume sitzen.

Da gingen die Knechte zum Sohne des Königs und sagten ihm, dass auf dem Zypressenbaume ein wunderschönes Mädchen sitze, mit ihren Strahlen die Pferde nicht saufen lasse und doch nicht herunterkommen wolle. Als der Prinz das hörte, ging er selbst zur Quelle und befahl dem Mädchen, vom Baume zu steigen, aber sie weigerte sich, und zum zweiten und dritten Male rief er: »Steige herunter, sonst fällen wir den Baum.« – »Fällt ihn immerhin, ich komme nicht herunter.« Da holten sie Leute, um den Baum umzuschlagen; während diese aber hieben, kam das Lamm herbei und leckte die Zypresse, und davon ward sie noch zwei Mal so dick. Sie hieben und hieben und konnten sie nicht umhauen. Endlich wurde der Prinz ungeduldig, schickte die Leute heim, ging zu einer alten Frau und sagte zu ihr: »Wenn du mir jenes Mädchen von dem Baume herunterbringst, so gebe ich dir so viel Gold, als in deine Haube geht.« Die Alte versprach es ihm und nahm eine Mulde, ein Sieb und einen Sack Mehl und ging damit unter die Zypresse. Als sie nun vor dem Baume stand, stürzte sie die Mulde verkehrt in die Erde, nahm das Sieb verkehrt in die Hand und siebte. Da rief das Mädchen vom Baume:

»Herum mit der Mulde, herum mit dem Sieb!« Die Alte tat, als hörte sie nicht, und sagte: »Wer bist du, Schätzchen? Ich höre nicht.« »Herum mit der Mulde, herum mit dem Siebe!«, rief das Mädchen zum zweiten und dritten Male. Darauf sagte die Alte: »Schätzchen, ich höre nicht, wer bist du? Ich sehe dich nicht, komm und zeige mir, wie man sieben muss, und Gottes Segen sei mit dir.« Da kam Pulja nach und nach herunter, und während sie zur Alten ging, um ihr's zu zeigen, sprang der Prinz aus seinem Versteck hervor, hob sie auf seine Schulter und trug sie fort in das Königsschloss; das Lamm und der Hund folgten ihnen, und nach kurzer Zeit vermählte er sich mit ihr.

Der König aber liebte seine Schwiegertochter so sehr, dass die Königin neidisch wurde. Als daher der Prinz eines Tages ausgegangen war und seine Frau im Garten lustwandelte, befahl die Königin ihren Dienern, sie sollten ihre Schwiegertochter nehmen und in einen Brunnen werfen. Die Diener taten, wie ihnen die Königin befohlen hatte, und warfen sie in den Brunnen. Darauf kam der Prinz nach Hause und fragte seine Mutter: »Wo ist meine Frau?« – »Sie ist spazieren gegangen«, war die Antwort. Darauf sagte die Königin: »Jetzt, wo diese nicht mehr da ist, wollen wir auch das Lamm schlachten.« »Das ist recht«, sagten die Diener. Als das Lamm das hörte, lief es zum Brunnen und klagte seiner Schwester: »Lieb Pulja, sie wollen mich schlachten.« – »Schweig still, mein Herzchen, sie tun dir nichts.« Das Lamm aber rief wiederum: »Lieb Pulja, sie wollen mich schlachten.« – »Sei ruhig, sie schlachten dich nicht.« – »Sie wetzen die Messer, lieb Pulja! Sie laufen mir nach und wollen mich fangen, lieb Pulja! Sie haben mich gefangen und wollen mich schlachten, lieb Pulja!« Da rief diese aus dem Brunnen: »Was kann ich dir helfen? Du siehst, wo ich bin.« Die Diener aber brachten das

Lamm zum Schlachten, und wie sie ihm das Messer an die Kehle setzten, da betete Pulja zu Gott und sprach: »Lieber Gott! Sie schlachten meinen Bruder, und ich sitze hier im Brunnen.« Sogleich bekam sie Kraft und sprang aus dem Brunnen, lief herzu und fand das Lamm mit abgeschnittenem Halse.

Da schrie und jammerte sie, sie sollten es loslassen, aber es war zu spät, es war schon geschlachtet. »Mein Lamm«, rief Pulja, »mein Lamm!«, und klagte und schluchzte so sehr, dass der König selbst herbeikam. Der sagte zu ihr: »Was willst du? Soll ich dir ein gleiches von Gold machen lassen? Oder wie willst du es sonst haben?« – »Nein, nein«, rief sie, »mein Lamm! Mein Lamm!« – »Sei ruhig, Kind, was geschehen ist, ist geschehen.«

Als die Diener es nun gebraten hatten, da sagten sie zu ihr: »Komm her und setze dich und iss mit.« Die Pulja aber erwiderte: »Ich habe schon gegessen, ich esse jetzt nicht noch einmal.« – »Komm doch, Liebe, komm.« – »Esst, sage ich euch, ich habe schon gegessen.« Als sie nun vom Tische aufstanden, sammelte Pulja alle Knochen, legte sie in einen Krug und begrub sie in der Mitte des Gartens. Da aber, wo sie begraben waren, wuchs ein ungeheuer großer Apfelbaum und trug einen goldenen Apfel, und viele versuchten ihn zu brechen, es gelang ihnen aber nicht, denn je näher sie ihm kamen, desto höher stieg der Apfel.

Da sagte die Pulja zum König: »Alle seid ihr hingegangen und habt ihn nicht pflücken können, lass mich doch auch einmal mein Glück versuchen, vielleicht pflücke ich ihn.« – »Es haben es so viele geschickte Leute versucht und konnten es nicht dahinbringen, und nun willst du es zustande bringen?« – »Lass mich es doch einmal versuchen, tue mir den Gefallen!« – »Nun, so geh in Gottes Namen«, sagte der König. Sowie sie zum Baume kam, senkte sich der Apfel mehr und mehr, bis sie ihn erreichen konnte, und als sie ihn gefasst hatte, sagte er ihr leise: »Ziehe, bis du mich gepflückt hast.« So pflückte sie ihn und steckte ihn in die Tasche und rief: »Lebe wohl, mein süßer Schwiegervater, aber über die Hündin von Schwiegermutter möge alles Unglück kommen!« Drauf ging sie fort und kam nicht wieder.

DER JÄGER UND DER SPIEGEL, DER ALLES SIEHT

Es war einmal ein Jäger, der ging alle Tage auf die Jagd und war stets glücklich. Eines Tags aber ging er wieder hinaus und lief bis zum Abend herum, ohne irgendein Wild anzutreffen. Da sprach er: »Bevor ich nicht irgendetwas gefunden habe, gehe ich nicht heim«, und blieb daher die Nacht über im Walde. Am andern Morgen kam er an den Seestrand und fand dort einen großen Fisch auf dem Sande liegen, der sich vergebens abmühte, wieder ins Wasser zu kommen. Da machte sich der Jäger dran und wälzte ihn in das Wasser, und als der Fisch merkte, dass er wieder flott war, sprach er: »Was willst du für die Wohltat, die du mir erwiesen hast?« Der Jäger aber antwortete: »Ich verlange gar nichts.« Da sprach der Fisch: »Nimm dir eine Schuppe von meinem Leibe, und wenn du mich nötig hast, so brenne sie an, und dann komme ich.«

Der Jäger riss also eine Schuppe aus dem Leibe des Fisches, steckte sie zu sich und ging weiter. Nach einer Weile kam er in eine Ebene, in der ein ungeheurer Baum stand, unter den legte er sich, um zu schlafen. Kaum war er aber eingeschlummert, so wurde er von einem Geräusche wieder aufgeweckt, und als er aufstand, um zu sehen, woher dies käme, erblickte er eine mächtige Schlange, welche den Baum hinaufkroch; da besann er sich nicht lange und schoss die Schlange tot, und als das die jungen Adler sahen, die auf dem Baume saßen, freuten sie sich sehr; der Jäger aber legte sich nieder und schlief weiter. Als nun die alten

Adler zum Baume kamen und den Jäger darunter liegen sahen, so glaubten sie, dass er es sei, welcher ihnen ihre Jungen raube, und wollten sich auf ihn stürzen und ihm die Augen aushacken. Da schrien die Jungen: »Tut ihm nichts, tut ihm nichts, denn er hat die Schlange getötet.« Als das die Alten hörten, spreiteten sie ihre Flügel aus und machten ihm Schatten, solange er schlief, und als er aufwachte, fragten sie ihn: »Was willst du für die Wohltat, die du uns erwiesen hast?« Da antwortete der Jäger: »Ich verlange gar nichts«; der älteste Adler aber sprach: »Reiße eine Feder aus meinem Schwanze, und wenn du uns nötig hast, so brenne sie an, und dann kommen wir zu dir.«

Da nahm der Jäger die Feder und steckte sie zu sich, und jagte auch diesen ganzen Tag, ohne auf irgendein Wild zu stoßen. Am Abend endlich erblickte er einen Fuchs und sprach: »So, du kommst mir grade recht, du musst dran glauben, denn ich laufe nun drei Tage herum, ohne etwas zu schießen.« Da rief der Fuchs: »Schieße mich nicht, ich will dir geben, was du verlangst«, und der Jäger fragte: »Was kannst du mir geben?« – »Lass dich das nicht kümmern, und reiße ein Haar aus meinem Rücken, und wenn du mich brauchst, so brenne das an, dann komme ich zu dir.«

Der Jäger nahm das Haar, steckte es zu sich und wanderte so lange, bis er in ein anderes Land kam. Dort herrschte ein König, dessen Tochter einen Zauberspiegel besaß, und die hatte in dem ganzen Reiche bekannt machen lassen, dass sie denjenigen zum Manne nehmen wolle, der sich so vor ihr verstecken könne, dass sie ihn nicht zu finden imstande sei, dass er aber seinen Kopf verlieren müsse, wenn sie ihn fände, und es hatten schon so viele die Wette verloren, dass sie mit ihren Köpfen einen Turm erbauen ließ.

Als das der Jäger hörte, beschloss er, die Wette einzugehen, und es wurde also vor dem Rate der Zwölfe eine Schrift mit Brief und Siegel aufgesetzt, dass, wenn die Prinzessin ihn nicht finden könne, sie seine Frau werden solle, wenn sie ihn aber fände, er den Kopf verlieren müsse. Zum Verstecken war ihm eine Frist von drei Tagen gegeben; er aber vergnügte sich zwei Tage lang mit Wein, Gesang und Tanz, und als man ihn aufmerksam machte, dass er, wenn die Zeit herum wäre, seinen Kopf verliere, da lachte er. Am dritten Tag ging er zum Meeresstrande und brannte die Schuppe jenes Fisches an, und als dieser herankam und nach seinem Verlangen fragte, sagte er zu ihm: »Ich verlange, dass du mich so versteckst, dass mich niemand finden kann.« Da öffnete der Fisch seinen Rachen und der Jäger schlüpfte hinein, und nachdem er sich darin zurechtgelegt hatte, fuhr der Fisch mit ihm in die Meerestiefe.

Als nun die Prinzessin in den Spiegel blickte, um ihn zu finden, da suchte und suchte sie in allen Räumen der Welt, konnte ihn aber nirgends sehn, und sprach bei sich: »Das ist das Ende, den muss ich heiraten«, und sie war darüber nicht böse, weil der Jäger wegen seiner großen Schönheit Wohlgefallen bei ihr gefunden hatte. Als sie den letzten Blick in den Spiegel warf, da bemerkte sie ein Stückchen blauer Seide, das von der Mützenquaste des Jägers aus dem Rachen jenes Fisches herausstand, und rief: »Ich habe ihn gefunden, ein Fisch hat ihn im Rachen.« Als nun der Jäger wieder ans Land kam und zur Prinzessin ging, um zu erfahren, ob sie ihn gefunden habe, sagte sie ihm, dass er im Rachen eines Fisches gesteckt habe. Darauf sprach dieser: »Es ist wahr, lass mir also den Kopf abschlagen.« Sie aber erwiderte: »Nein, ich schenke dir das Leben, weil noch keiner sich vor mir so gut versteckt hatte als du, doch lass dir das gesagt sein und wette nicht wieder.« Da dankte er ihr und ging weg, aber es dauerte nicht lange, so sprach er bei sich: »Ich muss es noch einmal versuchen, und sollte es mich auch den Kopf kosten.« Er ging also wieder zu dem Rate der Zwölfe, unterschrieb dort eine neue Schrift und brannte dann seine Adlerfeder an. Da kamen die Adler herbei, nahmen ihn auf sein Geheiß auf ihre Flügel und hoben ihn bis zum Himmel auf. Die Prinzessin sah nun wieder in ihren Spiegel und konnte ihn lange nicht finden, endlich aber erblickte sie wiederum seine Mützenquaste, die über den Adlern hervorschaute, und rief: »Ich habe ihn gefunden.« Als nun der Jäger vor ihr erschien, um zu hören, ob sie ihn gefunden, sagte sie zu ihm: »Hatten dich nicht die Adler in den Himmel gehoben?« Da sprach der Jäger: »So ist es, lass mir nun das Haupt abschlagen.« Sie erwiderte: »Mache, dass du fortkommst, ich will dir diesmal noch das Leben schenken, aber du darfst nicht mehr wetten.« Doch er sprach: »Ich versuche es zum dritten Mal, und wenn ich auch dabei verliere, so sollst du mich ohne Erbarmen hinrichten lassen.«

Da ging er noch einmal zum Rate der Zwölfe und ließ eine dritte Schrift aufsetzen, und nachdem er diese unterschrieben hatte, brannte er das Fuchshaar an. Als nun der Fuchs kam und ihn nach seinem Begehren fragte, sprach er: »Du sollst mir eine Höhle graben, die von hier in das königliche Schloss bis unter den Sitz führt, auf den sich die Prinzessin setzt, wenn sie in den Spiegel sieht.« Da rief der Fuchs alle Füchse zusammen, und diese gruben eine Höhle, wie sie der Jäger verlangt hatte. Als sie fertig war, schlüpfte er hinein, und während die Prinzessin vor dem Spiegel saß und ihn darin nicht finden konnte, stach er sie mit einer Nadel, tick tack, durch den Sessel.

Als er wieder vor der Prinzessin erschien, um sie zu fragen, ob sie ihn gesehen habe, sagte sie: »Nein, diesmal habe ich dich nicht finden können, wo warst du denn versteckt?«, und der Jäger antwortete: »Ich saß unter deinem eigenen Sessel und habe dich durch ihn mit einer Nadel gestochen.« Da rief die Prinzessin: »Ach, das war es also, was mich so gestochen hat!« Darauf hielt der Jäger Hochzeit mit ihr und wurde König.

SONNE, MOND UND MORGENSTERN

Es war einmal ein alter Mann und eine alte Frau, und die hatten drei Töchter und waren dabei sehr arm. Die Mädchen mussten daher, um ihren Unterhalt zu verdienen, bis tief in die Nacht hinein arbeiten, und gleichwohl hatten sie oft nicht satt zu essen. Daher sagte eines Abends, als sie bei der Arbeit saßen, die Älteste zu den beiden andern: »Ich wollte, ich hätte den Koch des Königs zum Mann, um von allen guten Sachen seiner Tafel zu essen.« Da sprach die Zweite: »Da wollte ich lieber seinen Schatzmeister haben, damit ich Geld vollauf hätte.« Die Jüngste aber sagte: »Wenn ich den Sohn des Königs zum Manne hätte, so würde ich ihm drei Kinder gebären, die Sonne, den Mond und den Morgenstern.«

Grade an jenem Abend hatte sich aber der Königssohn zur Kurzweil verkleidet, und durchzog so, nur von einem Diener begleitet, die Stadt, um zu hören, was die Leute redeten, und er stand grade vor dem Hause der drei Schwestern, als diese von ihren Wünschen sprachen, und erstaunte über die Schönheit der jüngsten. Er drückte also sein Siegel an die Türe, um das Haus am Tage wiederzuerkennen, und ließ am andern Morgen die drei Mädchen holen und fragte sie, was sie am Abend vorher miteinander gesprochen hätten. Diese schämten sich anfangs und wollten es nicht gestehen, aber er setzte ihnen so lange zu, bis eine jede ihren Wunsch wiederholte, und darauf verheiratete er die eine mit seinem Koche, die andere mit seinem Schatzmeister, und die Jüngste wollte er selbst nehmen, doch seine Mutter war sehr dagegen und tat, was sie konnte, um ihn davon abzuhalten. Endlich aber vermählte er sich doch mit ihr, und als sie im achten Monate schwanger war, musste er in den Krieg gehen und zog fort. Als nun die Zeit kam, dass die junge Frau niederkommen sollte, da holte die Schwiegermutter ein Hündchen, ein Kätzchen und ein Mäuschen und gab, als die Schwiegertochter gebar, die Tiere der Hebamme und befahl ihr, das erste Kind mit dem Hündchen, das zweite mit dem Kätzchen und das dritte mit dem Mäuschen zu vertauschen, und die drei Kinder in den Fluss zu werfen. Unterwegs aber empfand die Amme Mitleid mit den armen Würmern und legte sie also in einen Binsenstrauch. In dieser Gegend lebte ein Hirt, der keine Kinder hatte, und der bemerkte, dass jeden Morgen, wenn er mit seiner Herde ausfuhr, eine Ziege abseits ging und mit leerem Euter wiederkam. Da wollte der Hirt sehen, was sie mit ihrer Milch anfinge; er ging ihr also nach und fand, dass sie drei Kinder säuge, die wunderschön waren. Er freute sich sehr über diesen Fund und brachte die Kinder zu seiner Frau, und diese pflegte sie mit großer Sorge. Als aber die Kinder heranwuchsen, baute ihnen der Hirt einen Turm und setzte sie hinein.

Die Mutter dieser Kinder hatte es unterdessen viel schlechter; denn sobald die Kinder beiseitegeschafft waren, nahm sie die Schwiegermutter und setzte sie in den Hühnerstall, und als der König von dem Feldzug zurückkehrte und nach seiner Frau fragte, da rief sie: »O Jammer, mein Sohn! Anstatt der Sonne, des Mondes und des Morgensternes, die sie dir versprochen, hat sie einen Hund, eine Katze und eine Maus geboren.« Darüber wurde der Mann so traurig, dass er gar nicht fragte, was aus seiner Frau geworden sei, und härmte sich so sehr, dass er siech wurde und lange Zeit nicht genesen wollte. Eines Tages raffte er sich auf und machte einen Spazierritt, und da erblickte er von ferne den Turm, worin die Kinder wohnten, und vor demselben die beiden Jünglinge, wie sie ihre Pferde tummelten, und ihre Schwester, die am Fenster stand und ihnen zusah. Als sie aber der König erblickte, rief er: »Ach! Diese Kinder sind wie jene, welche mir meine Frau versprochen hatte«, und sah ihnen zu, solange sie spielten; als es aber Abend wurde, verbeugten sich die Jünglinge vor dem Könige und gingen in den Turm, und der König ritt zu seinem Palaste, und das war nach langer Zeit seine erste Freude; darum erzählte er auch, als er heimkam, seiner Mutter von den Kindern und sprach: »O Mutter! Heute habe ich zwei Jünglinge gesehen, welche ganz denjenigen glichen, die mir meine Frau versprochen hatte.« Diese aber erwiderte: »Hüte dich vor ihnen, mein Sohn, damit du keinen Schaden von ihnen hast, denn das sind ja keine Menschen, sondern Elfen.«

Am andern Morgen rief die alte Königin die Hebamme zu sich und sagte zu ihr: »O du Hündin! Was hast du mit den drei Kindern gemacht? Denn diese hat mein Sohn gesehen und ist wie bezaubert von ihnen.« Da antwortete diese: »Kümmere dich nicht deswegen, ich werde sie aus dem Wege räumen.« Darauf verkleidete sich die Hebamme in eine alte Bettlerin und ging zu dem Turme, als es dunkel wurde, und jammerte dort so lange, bis das Gesinde fragte, was ihr fehle, und da klagte sie, dass sie sich verirrt habe und nun die Nacht hereingebrochen sei und sie nicht wisse, wo sie bleiben solle. Da erbarmten sie sich ihrer und behielten sie über Nacht, und am andern Morgen bat sie die Mägde, sie zu ihrer Herrin zu führen, um sich bei dieser für das Genossene zu bedanken. Sie führten sie also zu der Jungfrau auf den Turm, und nachdem sie deren Schönheit und alles bewundert und gelobt hatte, was sie besaß, sagte sie zu ihr: »Du führst deinen Namen mit Recht, denn du bist so schön wie der Mond, aber um ganz glücklich zu sein, fehlt dir noch ein Ding.« Da fragte sie, was das sei, und die Alte antwortete: »Der Zweig, welcher Musik macht«, und damit nahm die Alte Abschied und ging ihrer Wege. Von nun an dachte die Jungfrau nur noch an den Zweig, welcher Musik macht, und sehnte sich so sehr danach, dass sie krank wurde und sich ins Bett legen musste. Da kamen ihre Brüder und fragten sie, was ihr fehle; sie wollte es aber nicht eingestehen, und nur mit vieler Mühe konnten die Brüder aus ihr herausbringen, dass sie sich nach dem Zweige sehnte, der Musik macht. Die Brüder aber bedachten sich nicht lange und machten sich auf, um diesen zu holen. Auf ihrem Wege begegneten sie einem Mönche; sie begrüßten ihn und erzählten ihm im Gespräche, dass sie nach dem Zweige aus seien, der Musik macht. Als der Mönch das hörte, rief er: »Ach, ihr lieben Kinder, schade um eure Schönheit, denn dabei müsst ihr zugrunde gehen; danach sind schon viele Helden und Prinzen ausgezogen und sind dabei sämtlich verunglückt.« Die Brüder aber antworteten: »Unserer Schwester zuliebe wollen wir es versuchen, und sollten wir auch darüber zugrunde gehen.« Da dauerte den Mönch das junge Blut, und er sprach: »Wenn es denn nicht anders ist, so will ich euch wenigstens sagen, wie ihr es zu machen habt. Dieser Zweig wird von zwei Draken bewacht, und diesen dürft ihr bei Tage nicht nahe kommen, denn sonst verschlucken sie euch, indem sie den Atem einziehen. Ihr müsst bis Mitternacht warten, und wenn sie dann schlafen, so schnarchen sie und haben dabei den Rachen auf; dann müsst ihr euch herbeischleichen und ihnen in den Rachen hineinschießen, davon werden sie verenden, und ihr könnt dann den Zweig brechen.«

Da machten es die Jünglinge, wie ihnen der Mönch gesagt hatte, brachen den Zweig, nachdem sie die Draken erschossen hatten, und brachten ihn ihrer Schwester, und diese wurde vor Freuden wieder gesund.

Der König aber ritt jeden Abend vergebens nach dem Turme zu spazieren, er konnte die Jünglinge nicht mehr zu Gesicht bekommen, und verfiel darüber von Neuem in Schwermut und klagte seiner Mutter, dass er die Jünglinge nicht mehr zu Gesicht bekommen könne. Da sprach diese: »Sei doch vernünftig, lieber Sohn, ich habe dir ja gesagt, dass es Elfen seien, du aber wolltest es nicht glauben.« Doch der König konnte die Jünglinge nicht vergessen und ritt stets nach dem Turme zu, und als diese endlich von ihrer Heerfahrt zurückkehrten und am andern Tage wieder vor dem Turme ihre Pferde tummelten, da freute sich der König und erzählte bei seiner Rückkehr der alten Königin, dass die Jünglinge wieder da wären. Diese aber sagte: »Da siehst du nun, dass ich recht hatte, als ich sagte, dass es Elfengeister seien, denn bald erscheinen sie und bald verschwinden sie.«

Am andern Morgen aber ließ sie die Hebamme rufen und zankte sie, dass sie ihr Versprechen nicht gehalten habe, denn die Kinder seien wieder zurückgekehrt. Diese aber sagte: »Gräme dich nicht und lass mich machen.« Darauf verkleidete sie sich abermals in eine Alte, ging zu dem Turme und brachte es wie das erste Mal dahin, dass sie dort schlafen durfte und am andern Morgen zu dem Mädchen geführt wurde. Als diese die Alte erblickte, erkannte sie sie und rief ihr zu: »Siehe, Alte, da ist der Zweig, der Musik macht, meine Brüder haben ihn mir geholt«, und dabei zeigte sie ihr vom Fenster aus den Baum, der aus dem Zweige geworden, denn sie hatte ihn vor der Türe in die Erde gepflanzt, und er wuchs rasch heran und flötete ohne Unterlass und trug jeden Morgen eine Schüssel voll Edelsteine. Nachdem die Alte den Baum sattsam bewundert hatte, sprach sie: »Du bist die Allerschönste und hast nun auch den Zweig, der Musik macht, es fehlt dir aber noch etwas.« Da fragte das Mädchen, was das sei, und die Alte sagte: »Das ist ein Spiegel, in dem du alle Städte, alle Dörfer, alle Länder und alle Prinzen sehen kannst.« Darauf ging die Alte fort, und das Mädchen wurde wieder krank vor lauter Sehnsucht nach dem Spiegel, und ihre Brüder setzten ihr wiederum so lange zu, bis sie zu ihnen sagte, dass sie den Spiegel möchte, in dem man die ganze Welt sehen kann. Da sagten diese, sie solle sich nicht weiter grämen, denn sie wollten ihr denselben schon bringen.

Die Jünglinge machten sich also auf und wanderten einen Monat, zwei Monate, drei Monate, bis sie an den Ort kamen, wo jener Mönch wohnte, und der fragte sie wieder, wo sie hinwollten, und sie erzählten ihm, dass sie nach jenem Spiegel aus wären. Da sagte dieser: »Ach, liebe Kinder, wie dauert ihr mich! Denn dabei werdet ihr unfehlbar zugrunde gehen.« Die Jünglinge aber meinten, dass sie es darauf ankommen lassen wollten, und der Alte erwiderte: »Weil ich euch nicht abhalten kann, so will ich euch wenigstens sagen, wie ihr es machen müsst, um ihn zu bekommen. Dort, wo der Spiegel steht, sind vierzig Draken und bewachen ihn, zwanzig von der einen und zwanzig von der andern Seite, bei Tag und bei Nacht, und schlafen auch des Nachts in einer Reihe. Wenn sie nun um Mitternacht schnarchen, dass die Berge davon widerhallen, da müsst ihr mit großer Vorsicht über einen nach dem andern wegsteigen, so dass ihr keinen berührt.« Darauf kamen die Jünglinge zu dem Orte, wo der Spiegel stand, und machten es, wie ihnen der Mönch gesagt hatte, und während der eine Wache hielt, stieg der andere über die zwanzig Draken und holte den Spiegel und brachte ihn der Schwester.

Tags darauf tummelten sie ihre Pferde wiederum vor dem Turme, und als sie der König auf seinem Spazierritte erblickte, hatte er eine große Freude, und erzählte es wiederum seiner Mutter. Diese blieb aber dabei, dass es keine Menschen, sondern Elfengeister wären, und des andern Morgens ließ sie wieder die Hebamme kommen und zankte mit ihr, dass die Jünglinge abermals zurückgekehrt wären. Die Amme aber bat, sie sollte sich beruhigen, denn nun werde sie sie ohne Fehl zugrunde richten. Darauf verkleidete sie sich wiederum in die Alte, ging zum Turme und machte es wiederum so, dass sie dort schlafen und am andern Morgen die Jungfrau sehen durfte, und als diese ihr den neuen Spiegel zeigte, sagte sie: »Ach, liebes Fräulein, du bist so schön, dass sie dich Mond nennen, den Zweig, der Musik macht, hast du, den Spiegel, in dem du die Welt sehn kannst, hast du, nun fehlt dir nur noch eines.« Und als die Jungfrau fragte, was das sei, da sagte sie: »Das ist der Vogel Dikjeretto, denn wenn der in den Spiegel sieht, so sagt er dir, was die Menschen auf der ganzen Welt sprechen, weil er alle Sprachen versteht, die es auf der Welt gibt.« Darauf ging die Alte weg, und das Mädchen wurde wiederum krank vor lauter Sehnsucht nach diesem Vogel, und als ihre Brüder sie fragten, was ihr fehle, sagte sie: »Mich verlangt nach dem Vogel Dikjeretto.«

Als das die Brüder hörten, da ahnte es ihnen, dass sie bei dieser Aufgabe zugrunde gehen würden. Sie gaben daher ihrer Schwester zwei Hemden und sagten ihr, dass sie diese täglich betrachten solle, denn wenn sie schwarz würden, so bedeute das, dass sie auf ihrer Fahrt verunglückt seien.

Darauf machten sich die Brüder auf, zogen über Berg und Tal

und kamen wiederum zu dem Mönche, und der fragte sie, wo sie hinwollten; als er aber hörte, dass sie nach dem Vogel Dikjeretto aus wären, da wurde er zornig und rief: »Für die Launen eurer Schwester wollt ihr euch in den Tod stürzen?«, und wollte ihnen durchaus nicht sagen, auf welche Weise sie diesen Vogel fangen könnten. Doch die Brüder ließen sich dadurch nicht abwendig machen, sondern gingen doch an den Ort, wo dieser Vogel lebte, und als sie ihn erblickten, ging der eine hin, um ihn zu greifen; da wandte sich der Vogel nach ihm um und sah ihn an, und sofort wurde er zu Stein. Da kam auch der andere heran, und dem ging es geradeso.

Sowie aber die Brüder zu Stein geworden, wurden die beiden Hemden, die sie der Schwester gegeben, kohlschwarz, und da rief diese: »O Jammer! Meine Brüder sind meinetwegen zugrunde gegangen, und darum will ich auch nicht länger leben, sondern mit ihnen sterben.« Da stieg das Mädchen auf ihr Pferd und zog einen Monat, zwei Monate, drei Monate, bis dass sie an den Ort kam, wo jener Mönch wohnte. Als sie ihn erblickte, begrüßte sie ihn und sprach: »Guten Tag, Väterchen!«, und er antwortete: »Guten Tag, mein Kind! Wo willst du denn hin?« Da rief sie: »Ach! Ich hatte zwei Brüder, und die sind meinetwegen zugrunde gegangen, und darum will ich sie suchen und mit ihnen sterben.« Sie erbarmte den Mönch, weil sie gar so schön war, und er sagte: »Wenn du dort hinkommst, so musst du dich ausziehen und wie dich Gott erschaffen hat von hinten an den Vogel heranschleichen und ihn an den Füßen packen, denn wenn du in deinen Kleidern hingehst, so knistern diese in den Sträuchern oder rauschen vom Winde, und wenn der Vogel dich vorher gewahr wird, so wirst du ebenso gut zu Stein wie deine Brüder und viele andere Königs- und Fürstensöhne, die in ihren Kleidern hingingen, um ihn zu packen.«

Da dankte das Mädchen dem Mönche für seinen Rat und zog wieder über Berg und Tal, bis sie an den Ort kam, wo der Vogel lebte. Dort machte sie es, wie ihr der Mönch gesagt hatte, sie zog sich nackt aus, schlich sich von hinten her an den Vogel, ohne dass er es merkte, und packte ihn bei den Füßen, und als sie ihn gefangen hatte, fragte sie ihn, wo ihre Brüder seien, und er sagte: »Da steht der eine und dort der andere, und in jenem Berge, der sich jeden Mittag auftut, ist eine Quelle, und wenn du schnell genug bist, aus dieser das Lebenswasser zu schöpfen und wieder herauszukommen, bevor sich der Berg schließt, so sind sie alle erlöst, wenn du aber nicht zeitig genug herauskommst und sich der Berg schließt, bevor du wieder heraus bist, so sind wir beide verloren.«

Da ging am nächsten Mittag das Mädchen mit dem Vogel auf der Hand in den Berg und lief so schnell es konnte zur Quelle, schöpfte das Wasser und lief wieder heraus, und der Berg schloss sich so dicht hinter ihr, dass er ein Stück ihres Kleides packte. Das Mädchen aber besann sich nicht lange, sondern zog sein Schwert und schnitt dieses Stück ab, und ging dahin, wo seine Brüder standen, besprengte sie mit dem Wasser des Lebens, und sofort wurden sie wieder lebendig und dehnten und reckten sich wie einer, der aus dem Schlaf erwacht, und riefen: »Ach, wie fest haben wir geschlafen und wie leicht sind wir aufgewacht.« Da erzählte ihnen ihre Schwester, was vorgegangen, und sie herzten und küssten sich und besprengten nun auch alle andern, welche dort versteinert waren, und machten sie wieder lebendig, und zum Danke begleiteten sie diese alle miteinander bis zu dem Turme, in welchem das Mädchen wohnte. Als sie dort ankamen, freute sich der Hirt, welcher der Pflegevater der Kinder war, so sehr über ihre Rückkehr, dass er vierzig Lämmer schlachtete und so viel Wein herbeischaffte, als sie trinken mochten, und da aßen und tranken sie drei Tage und drei Nächte lang.

Als der König von der großen Festlichkeit in jenem Turme hörte, wurde er neugierig, was dies zu bedeuten habe, und hoffte, die Kinder wiederzusehn. Er nahm also den Vorwand, dass er sich ein wenig zerstreuen müsse, und ging hin. Dort erwiesen sie ihm als König große Ehre, und als das Fest vorüber war, kehrte von den entzauberten Gästen ein jeder in seine Heimat zurück. Der König aber blieb noch im Turme, und das Mädchen führte ihn darin herum und zeigte ihm den Zweig, der Musik macht, den Spiegel, in welchem man die ganze Welt sieht, und den Vogel, der Antwort gab auf alles, was man ihn fragte; endlich aber konnte auch der König nicht länger mit Anstand im Turme bleiben, er nahm also Abschied und lud die drei Kinder auf den nächsten Sonntag bei sich zu Gast.

Als er nach Hause zurückkam, sagte er seiner Mutter, dass er auf den nächsten Sonntag die Kinder eingeladen habe, und bestellte die besten Speisen für sie. Diese erschrak, als sie das hörte; aber sie wusste nun nicht mehr, was sie dagegen tun sollte. Wie nun am Sonntag die Kinder von Hause gehen wollten, da rief der Vogel: »Nehmt mich auch mit, nehmt mich auch mit, denn der König ist euer Vater.« Die Kinder wollten das nicht glauben. Der Vogel aber sprach: »Ihr mögt es nun glauben oder nicht, tut, was ich sage. Das Mädchen soll eine Aubergine mit Diamanten füllen, und wenn ihr der König Speise vorlegt, so soll sie die Aubergine auf den Teller des Königs legen und ihn bitten, auch von ihrer Speise zu essen, und wenn ihr dort seid, so lasst alle Türen verschließen.« Die Geschwister taten, wie ihnen der Vogel gesagt hatte, und nahmen ihn mit zum Könige. Dort setzten sie sich zur Tafel mit des Königs Mutter, der Hebamme und allen Hausleuten. Als nun der König dem Mädchen Essen vorlegte, holte diese die Aubergine hervor, legte sie auf des Königs Teller und sprach: »Versuchet auch etwas aus meiner Küche.« Da sagte die Mutter des Königs heimlich zu ihm: »Habe ich dir es nicht gesagt, dass es Elfen sind, die dich nun mit ihren Speisen verzaubern wollen?« Der Vogel aber, dessen Käfig sie über der Tafel aufgehängt hatten, fing an zu lachen.

Als nun der König die Aubergine aufschnitt, um davon zu essen, da fand er, dass sie mit lauter Diamanten gefüllt war, und rief aus: »Wie ist es möglich, dass eine Aubergine mit lauter Diamanten gefüllt sei?«, und sogleich erwiderte der Vogel und sprach: »Es ist freilich nicht möglich, dass es eine mit Diamanten gefüllte Aubergine gebe, ist es aber möglich, dass eine Frau ein Hündchen, ein Kätzchen und ein Mäuschen gebäre?« »Jawohl, jawohl«, rief der König, »denn meiner eignen Frau ist das widerfahren.« Als die Königsmutter und die Hebamme dieses Gespräch hörten, wollten sie aufstehen und weggehen, aber der Vogel befahl ihnen zu bleiben und sprach zum König: »Siehe hier, o Herr! Die Sonne, den Mond und den Morgenstern, welche dir deine Frau geboren hat; deine Mutter aber hat sie mit einem Hündchen, einem Kätzchen und einem Mäuschen vertauscht und deine Frau in den Hühnerstall gesperrt.« Da sprang der König auf und küsste und herzte seine Kinder und ließ auch seine Frau aus dem Hühnerstall holen und mit königlichen Kleidern schmücken und zu ihren Kindern führen. Der Hebamme aber wurde der Kopf abgeschlagen und die Königsmutter aus dem Palaste verbannt.

DIE KLUGE JUNGFRAU

Es waren einmal drei Schwestern, die saßen eines Abends zusammen und schwatzten miteinander, um sich die Zeit zu vertreiben. Da sprach die Älteste von ihnen: »Wenn ich den Sohn des Königs zum Manne hätte, so würde ich sein ganzes Heer mit einem einzigen Laib Brot ernähren, und es sollte davon noch übrig bleiben.« Darauf sprach die Mittlere: »Und wenn ich ihn hätte, so würde ich sein ganzes Heer mit einer einzigen Spule Garn kleiden, und es sollte noch davon übrig bleiben.« Die Jüngste aber sprach: »Wenn ich ihn hätte, so brauchte er mich nur einmal anzusehen und ich würde davon schwanger werden und ein Kind gebären, und dennoch Jungfrau bleiben.«

Der Königssohn aber hatte sie belauscht. Er ging also zu ihnen und fragte die Erste: »Kannst du wirklich mein ganzes Heer mit einem Laib Brot satt machen, so dass davon noch übrig bleibt?« Sie antwortete: »Nein, das kann ich nicht, ich spaßte nur.« Darauf fragte er die Mittlere: »Kannst du wirklich mein ganzes Heer mit einer Spule Garn kleiden, so dass davon noch übrig bleibt?« Und die erwiderte: »Nein, das kann ich nicht, ich spaßte nur.« Da sprach er zur Jüngsten: »Komme her und lass dich von mir ansehn, damit du schwanger wirst und ein Kind gebärst und doch Jungfrau bleibst!«, und diese versetzte: »Tue das, denn was ich gesagt habe, wird geschehn.«

Da ließ der Königssohn einen Turm ohne Stiege machen, damit niemand hinaufsteigen könne, und setzte sie in denselben und bestellte ihr auch einen Diener, der musste ihr jeden Tag das Essen bringen, und das Mädchen zog es an einem heruntergelassenen Seile hinauf.

Eines Tages sprach das Mädchen zu dem Diener: »Sei so gut und sage dem Prinzen, dass er mir einen ungesottenen Fisch von sechs Pfund schicken solle«; und als ihr der gebracht worden, ließ sie dem Prinzen sagen, er solle nun auch die Kleider für das Kind machen lassen und ihr diese schicken. Der Prinz ließ also Kinderkleider aus purem Golde machen und schickte sie ihr. Darauf zog sie die Kleider dem Fische an, ließ ihn an dem Seile herunter und befahl dem Diener, den Fisch dem Prinzen zu bringen. Der Diener nahm das Kind, als er aber eine Weile gegangen war, legte er es auf den Boden, um abseitszugehn. Weil nun der Fisch schon alt war, so roch er, und sein Geruch zog einen Raubvogel an, der ihn in seinen Fängen wegtrug, die Kleider aber zu Boden fallen ließ.

Als der Diener zurückkam und nur die Kleider fand, geriet er in große Angst und lief zu einer armen Wöchnerin, die er kannte, und bat sie, ihm ihr Kind zu geben, weil es der König aufziehen wolle. Die Frau freute sich sehr darüber und gab ihm das Kind; er aber steckte es in die goldenen Kleider und brachte es dem Königssohne. Da nahm dieser eine Hebamme, ließ eine Stiege an den Turm bauen und stieg den Turm hinauf, und als die Hebamme fand, dass das Mädchen Jungfrau war, nahm sie der Prinz zur Frau.

DIE DREI BRÜDER, DIE IHRE GERAUBTE SCHWESTER SUCHEN

Es waren einmal drei Brüder, die hatten eine Schwester, und diese wurde von Räubern entführt. Da zogen sie aus, um sie zu suchen, und kamen in eine Gegend, wo Lamien wohnten. Als es Abend wurde, machten sie Feuer an, und in der ersten Nacht wachte der Älteste; da kam eine Lamia ans Feuer, er aber tötete sie, ohne seinen Brüdern etwas davon zu sagen. In der andern Nacht wachte der Mittlere, und auf den kamen zwei Lamien los, er aber tötete sie, ohne seinen Brüdern etwas davon zu sagen. In der dritten Nacht wachte der jüngste Bruder, und auf den kamen drei Lamien los, er aber tötete sie alle drei. Doch über dieser Arbeit löschte ihm das Feuer aus, und er machte sich nun auf, um Feuer zu suchen. Er musste jedoch lange gehen, bis er in der Ferne ein Feuer sah, und während er darauf losging, begegnete er einer alten Frau und fragte sie, was das für ein Feuer sei. Die antwortete: »Das ist das Feuer einer Räuberbande.« Darauf fragte er weiter: »Und wer bist denn du?«, und die Alte antwortete: »Ich bringe der Welt den Tag.« Da sagte er zu ihr: »Bleibe so lange hier, bis ich Feuer geholt habe«, und sie entgegnete: »Das will ich gerne tun.« Er aber traute ihr nicht und fürchtete, dass sie ihn betrügen würde. Er band sie daher an einen Baum und ging dann auf das Feuer zu. Dort fand er vierzig Räuber um das Feuer liegend, und auf demselben stand ein Kessel, der vierzig Handhaben hatte. Da hob er diesen herunter, nahm sich Feuer und setzte ihn wieder darauf. Aber einer der Räuber sah das mit an; er stieß daher seinen Kameraden mit dem Ellenbogen und sprach: »Sieh nur, wie der Mensch den Kessel allein abhebt und wieder aufsetzt, den wir kaum unserer vierzig heben können!« Dieser aber antwortete: »Der ist stärker als wir, lass ihn also gewähren.«

Der Jüngling machte sich nun auf den Rückweg, und als er zu der Alten kam, die den Tag macht, band er sie los. Dann ging er dahin, wo seine Brüder schliefen, machte Feuer an und weckte sie; und nachdem es Tag geworden, zogen sie weiter, um ihre Schwester zu suchen.

Die Räuber aber kamen zu dem Jüngsten, welcher ihren Kessel allein vom Feuer gehoben hatte, und trugen ihm an, ihr Genosse zu werden, und als er dareinwilligte, gingen sie zu dem königlichen Schlosse, brachen in die Mauer der Schatzkammer ein Loch und ließen durch dasselbe den Jüngling zuerst hinein. Dieser fand dort ein Schwert, das nahm er in die Hand, stellte sich vor das Loch, und sowie einer von den Dieben den Kopf durch das Loch steckte, schlug er ihm mit dem Schwerte den Kopf ab und zog den Körper zu sich in die Schatzkammer. So tötete er sie alle vierzig. Darauf trank er eine Schale mit Wasser aus, die in der Schatzkammer stand, und schlüpfte durch das Loch hinaus, ohne irgendetwas mitzunehmen.

Am andern Morgen ging der König in die Schatzkammer und staunte nicht wenig, als er die vierzig toten Räuber und von dem Schatze nichts gestohlen fand. Darauf ließ er überall nachforschen, um zu erfahren, wer ihm diesen Dienst erwiesen hätte. Da aber alle seine Bemühungen vergeblich waren, ließ er ein großes Wirtshaus bauen, in welchem alle Reisenden unentgeltlich bewirtet werden sollten, dafür aber erzählen müssten, was sie in ihrem Leben Gutes und Böses verübt hätten. Eines Tages kehrte auch der Jüngling in diesem Wirtshause ein, und als ihn die Wirtsleute nach seinem Lebenslaufe fragten, erzählte er ihnen alles, was er erlebt und vollbracht hatte, und dabei kam er auch auf die vierzig Räuber zu sprechen, die er in dem Schatzhause des Königs umgebracht, und die Schale voll Wasser, die er dort getrunken hatte.

Da führten ihn jene vor den König, der fragte ihn selbst darüber aus, und als er fand, dass der Jüngling die vierzig erschlagen habe, machte er ihn zu seinem Schwiegersohne und verheiratete dessen Brüder an seine Nichten, und so lebten sie herrlich und in Freuden.

DAS DOHLENKIND

Es war einmal eine Frau, die bekam keine Kinder, und sprach einstmals in ihrem Kummer: »Lieber Gott, ich wollte, ich hätte ein Kind, und wenn es auch nur eine Dohle wäre.« Da wurde ihr Leib gesegnet, und als ihre Zeit kam, gebar sie eine Dohle. Sie zog dieselbe auf wie ihre Tochter, und als sie herangewachsen war, sagte sie eines Tages zu ihrer Mutter: »Mutter, lade die schmutzige Wäsche auf den Esel, ich will sie im Bach waschen.« Da belud die Mutter den Esel mit der Wäsche und die Dohle setzte sich obenauf und ritt zu dem ersten Bache; weil aber dort andere Weiber wuschen, ritt sie bis zu dem zweiten, und als sie sah, dass sie dort ganz allein war, da legte sie ihr Federkleid ab und ward zu einem Mädchen von solcher Schönheit, dass der ganze Bach von ihr erglänzte.

Der Königssohn jagte aber in dieser Gegend gerade nach Hasen, und erblickte sie von einem Hügel. Da schlich er sich leise herbei und belauschte sie und sah, wie sie aus dem Wasser stieg, ihr Federkleid wieder anlegte und zur Dohle wurde. Darauf ging der Prinz zu seiner Mutter und sprach: »Gehe zu der Mutter der Dohle und halte bei ihr um ihre Tochter an, denn ich will sie heiraten.« Da ging die Königin hin und richtete ihren Antrag aus. Jene aber antwortete: »Reicht es nicht hin, dass ich den Kummer habe, dass meine Tochter eine Dohle ist, und nun muss ich darüber noch Spott und Hohn von dir erfahren!« Als die Königin das ihrem Sohne erzählte, schickte er sie von Neuem hin und ließ der Mutter der Dohle sagen, dass es ihm ernst mit seinem Antrage sei. Darauf erwiderte jene: »Wenn es ihm wirklich ernst ist, so soll er von meiner Haustüre bis zu seinem Schlosse einen Pfahlzaun machen lassen.« Darauf ließ der Königssohn einen solchen Zaun verfertigen und kam dann mit großem Gefolge, um die Dohle heimzuholen; diese aber hüpfte auf dem Zaune von Pfahl zu Pfahl bis in das Königsschloss, und als sie im Hochzeitssaale angekommen war, da fing sie an zu fliegen und flog auf einen Schrank. Der Prinz stellte sich neben diesen und machte vor den Gästen als Hochzeiter die Verbeugungen, wie es die Sitte vorschreibt, und sooft sich der Prinz verbeugte, sooft verbeugte sich auch die Dohle so tief, bis ihr Schnabel auf dem Boden aufstieß. Als das Fest zu Ende war und das Brautpaar in seine Kammer ging, da zog die Dohle ihr Federgewand aus und ward zur schönsten Frau. Aber am andern Morgen in aller Früh schlüpfte sie wieder in ihr Federgewand, und als der Prinz erwachte, saß sie als Dohle vor seinem Bette. So machte sie es jeden Abend und jeden Morgen, und alle Mühe, die der Prinz sich gab, um sie zu überreden, ihr Federgewand abzulegen, war umsonst.

Da befahl der Prinz seinen Dienern, den Backofen drei Tage lang zu heizen, so dass er ganz glühend wurde, und auch drei Tage lang Wasser zu tragen. Nachdem nun alles fertig war, blieb der Prinz die Nacht über wach, und wie er merkte, dass seine Frau im tiefen Schlafe lag, stand er leise auf, nahm das Federgewand, schlich damit zum Ofen und warf es hinein. Als es nun verbrannte, da wachte die Frau von dem Geruche auf, lief zum Ofen und wollte ihr Federkleid herausreißen, aber es war zu spät, denn alles war verbrannt, und so musste sie also Frau bleiben.

Eines Tages ging der Prinz mit seiner Frau zu einem großen Kirchenfeste, und dort waren auch deren Eltern, und als die

Mutter an der Seite des Prinzen eine wunderschöne Frau erblickte, glaubte sie, dass er die Dohle verstoßen und eine andere geheiratet habe. Sie ging also zu ihm und sprach: »Guten Tag, lieber Schwiegersohn, wo hast du deine Dohle?«, und der Prinz erwiderte, indem er auf seine Frau zeigte: »Sieh her, hier steht sie.« Diese verbeugte sich vor ihrer Mutter nach der Sitte der jungen Frauen und küsste ihr die Hand, und darauf erzählten sie ihr, was sich zugetragen habe.

VON EINEM, DER VERSTAND, ABER KEIN GELD HATTE

Es war einmal ein Mann, der hatte viel Verstand, machte aber mit Vorsatz den Narren, und wiederholte, so oft er konnte: »Ich habe Grütz im Kopf, aber kein Geld im Sack.« Das hörte eines Tages ein Jude und sprach zu ihm: »Weißt du was, ich will dir Geld geben und dein Gesellschafter werden; denn ich möchte sehen, was du mit meinem Gelde und deinem Verstande anfängst.« Der Mann war das wohlzufrieden, er kaufte von dem Gelde, was ihm der Jude gab, eine große Menge von Schilfmatten und suchte nun nach einem Schiffe, um sie nach Ägypten zu verschiffen. Als er das gefunden und mit dem Schiffer über die Fracht einig geworden, fragte ihn der: »Aus was besteht deine Ladung?«, und jener antwortete: »Es sind Schilfmatten.« Da fing der Schiffer an zu lachen und sagte: »Höre, Freund, das ist kein gutes Geschäft, denn in Ägypten sind die Matten noch einmal so wohlfeil als hier.« Der Mann aber antwortete: »Was geht dich das an, wenn du nur deine Fracht erhältst.« Der Schiffer verlud also die Matten und fuhr mit ihm ab, aber wer davon hörte, der lachte und meinte, dem Juden wäre ganz recht geschehen, warum habe er sich mit dem Narren eingelassen, und auf der ganzen Reise war der Mann die Zielscheibe für die Kaufleute, welche auf demselben Schiffe nach Ägypten fuhren.

Als sie dort ankamen, ließ der Mann die Matten an den Strand bringen und auf einen großen Haufen zusammenschichten; darauf legte er Feuer an die Matten und verbrannte sie zu Asche. Als es nun Nacht geworden war, kamen die Seepferde aus dem Meere, fraßen von der Asche und spien dafür Edelsteine aus, und am andern Morgen sammelte der Mann sechshundert Edelsteine von unschätzbarem Werte. Darauf ging er hin und ließ zwölfhundert Lehmsteine machen, und in sechshundert davon steckte er die Edelsteine. Er mietete nun dasselbe Schiff, mit dem er gekommen war, für die Rückreise, und ließ die Backsteine mit den Edelsteinen unten hin, die leeren aber obendrauf legen. Als der Schiffer sah, worin seine Rückfracht bestand, da lachte er und sagte: »Du machst schöne Geschäfte, Matten bringst du nach Ägypten und Lehmsteine führst du von da aus.« Doch der Kaufmann versetzte: »Was kümmert es dich, was du fährst, wenn du nur deine Fracht erhältst?« Unterwegs aber war er wieder die Zielscheibe der Kaufleute, welche mit ihm gekommen waren und auf demselben Schiffe zurückfuhren.

Als sie halbwegs waren, entstand ein solcher Sturm, dass das Schiff zu sinken drohte, wenn sie nicht einen Teil der Ladung über Bord würfen. Da sagten die Kaufleute zu dem Manne, dass er seine Backsteine über Bord werfen solle, und dass sie ihm dafür geben wollten, was sie wert seien, und als dieser verlangte, dass ihr Wert durch Schiedsrichter bestimmt werden solle, so waren sie das zufrieden. Darauf ließ er die sechshundert oberen Backsteine über Bord werfen, und das Schiff wurde dadurch so erleichtert, dass es den Sturm bestand und sie glücklich nach Hause kamen.

Als sie ans Land gestiegen waren, verlangte der Mann, dass ihm die Kaufleute seine Lehmsteine bezahlen sollten. Sie gingen also zu dem Richter, damit er die Lehmsteine abschätzen lasse. Statt der Lehmarbeiter verlangte aber der Mann dazu Juwelenhändler. Da lachte der Richter, der Mann aber schlug einen von den Backsteinen entzwei und zeigte ihm den Edelstein, der darin stak. Als das der Richter sah, berief er Juweliere, ließ die Edelsteine ordnungsgemäß abschätzen und verurteilte jene Kaufleute, ebenso viel zu bezahlen, als diese wert waren. Da aber ihr Vermögen nicht einmal ein Zehntel dieser Summe ausmachte, so mussten sie Sklaven jenes Mannes werden.

Gleich bei seiner Ankunft und bevor er noch seine Backsteine ausgeladen hatte, war der Jude, sein Gesellschafter, zu ihm gekommen und hatte ihm erklärt, dass er von seinen Handelsunternehmungen nichts wissen wolle und zufrieden wäre, wenn er das Geld wiedererhielte, was er ihm gegeben habe; und jener erwiderte, dass er das zufrieden sei. Als aber der Jude erfuhr, welche Reichtümer sein Gesellschafter erworben habe, da verlangte er freilich seinen Anteil. Doch der Mann berief sich auf die Zeugen, vor denen sie sich vertragen hatten, gab ihm keinen Heller mehr, als er von ihm erhalten hatte, und behielt alles andere für sich.

VOM PRINZEN, DER DEM DRAKOS GELOBT WURDE

Es war einmal ein König, der bekam keine Kinder, und war darüber so betrübt, dass er einstmals ausrief: »Ich wollte, ich hätte ein Kind, und möchte es auch der Drakos fressen.« Und siehe da, auf diese Rede hin wurde der Leib der Königin gesegnet und sie kam mit einem Knaben nieder. Als aber dieser Knabe herangewachsen war, da trat der Drakos vor den König und sprach: »Gib mir nun den Knaben, den du mir gelobt hast«; und dieser antwortete: »Du sollst ihn haben.« Darauf ließ der König seinen Sohn kommen und erzählte ihm die Sache, indem er sprach: »Liebes Kind, so und so steht es mit dir, ich habe dich dem Drakos gelobt, und nun ist er gekommen, um dich zu holen.« »Wenn dem so ist«, antwortete der Sohn, »so will ich nicht warten, bis er wiederkommt, sondern hingehn und ihn aufsuchen und sehn, wer von beiden den andern totschlägt.«

Darauf nahm der Prinz ein Messer und zog fort, um den Drakos aufzusuchen. Als er eine Weile gewandert war, kam er an ein Gebirge, und als er das erstiegen hatte und auf die Ebene herabblickte, die jenseits lag, sah er dort einen schwarzen Punkt, der sich bewegte. Da sagte er bei sich: »Das wird der Drakos sein, ich will hin und ihn entweder totschlagen oder von ihm gefressen werden.« Er ging also mutig auf jenen schwarzen Punkt los; statt des Drakos fand er aber einen Löwen, einen Adler und eine Ameise, welche alle drei miteinander ein Aas gefunden hatten und nun nicht über dessen Teilung einig werden konnten. Als der Prinz sah, dass das nicht der Drakos war, da wollte er umkehren; sie riefen ihn aber herbei und sagten: »Sei so gut und teile dieses Fleisch unter uns.« Da teilte er es in drei Teile, einen großen, einen kleineren und einen ganz kleinen, und gab den großen dem Löwen, den kleineren dem Adler und den ganz kleinen der Ameise. Diese Teilung gefiel den drei Tieren, und sie dankten daher dem Prinzen, als er Abschied von ihnen nahm; aber keines dachte daran, ihm für seine gerechte Teilung ein Gegengeschenk zu machen. Als er schon weit weg war, da fiel es der Ameise ein, und sie sprach daher: »Hört, Gesellen, wollen wir denn dem, der uns so gut abgeteilt hat, zum Dank dafür nichts verehren?« »Du hast recht«, erwiderten die beiden andern; sie riefen ihn also zurück, und der Löwe sprach zu ihm: »Du hast uns den Gefallen erwiesen und unter uns abgeteilt; wir wollen dir nun auch etwas Gutes dafür erweisen. Von mir aus gewähre ich dir, dass, wenn du zweimal ›Löwe, Löwe!‹ rufst, du so stark werden sollst, als ich selber bin.« Der Adler aber sprach: »Und ich gewähre dir, dass, wenn du zweimal ›Adler, Adler!‹ rufst, du zum Adler werden und, wohin du willst, fliegen kannst, und wenn du sagst ›Mensch, Mensch!‹, wieder zum Menschen wirst.« Endlich sagte die Ameise: »Ich gewähre dir, dass, wenn du zweimal ›Ameise, Ameise!‹ rufst, du zur Ameise wirst und, wohin du willst, kriechen kannst, und wenn du wieder ›Mensch, Mensch!‹ rufst, du wieder zum Menschen wirst.«

Da bedankte sich der Prinz bei den Tieren und wollte wieder nach Hause zurückkehren. Unterwegs kam er durch einen Wald, in dem die Schäferei eines Königs lag, und von dieser bis zu dessen Schloss war eine Stunde Wegs. In dieser Schäferei melkte man die Schafe, aber man konnte die Milch dem König nicht heiß ins Schloss bringen, um daraus Käse zu machen. Dieser hatte daher in seinem Reiche ausrufen lassen, dass, wer imstande sei, die Milch aus der Schäferei heiß ins Schloss zu liefern, den wolle er zu seinem Schwiegersohne machen. Als der Prinz in die Nähe der Hürde kam, stürzten sich alle Hunde auf ihn, um ihn zu zerreißen, er aber sagte: »Adler, Adler!«, und flog mitten in die Schäferei. Als ihn die Hirten sahen, wunderten sie sich und fragten ihn: »He, wie bist du hereingekommen, ohne dass dich die Hunde zerrissen haben?« Er aber sagte ihnen nicht die Wahrheit, sondern antwortete: »Ich bin auf meinem Wege keinen Hunden begegnet.« Als sie die Milch gemolken hatten und darüber sprachen, wie schade es sei, dass sie keiner von ihnen dem Könige heiß bringen könne, sagte der Prinz: »Gebt sie mir, ich will sie schon heiß hinbringen.« Da spotteten die Hirten über ihn: »Was! Wir sind hier so viel gute Springer und können das nicht zuwege bringen, und du solltest es imstande sein?« Er aber sprach: »Wenn ihr mir die Milch nicht gebt, so werde ich es dem König sagen, und der wird euch dafür strafen.« Als sie das hörten, fürchteten sie sich und gaben ihm die Milch. Er ging also mit der Milch aus der Schäferei, und sie schützten ihn vor den Hunden. Als er so weit war, dass sie ihn nicht mehr sehen konnten, da rief er: »Adler, Adler!«, verwandelte sich in einen Adler, nahm die Milcheimer in seine Krallen und flog geradewegs zum Schlosse des Königs. Dort klopfte er an das Tor, da ihm dies aber nicht schnell genug aufgemacht wurde, so rief er: »Ameise, Ameise!«, verwandelte sich in eine Ameise, schlüpfte durch das Schlüsselloch und erschien vor dem König. Dieser wunderte sich, wie er hereingekommen sei; als er aber dann die Milch untersuchte und sie noch warm fand, da sagte er bei sich: »Den werde ich zu meinem Schwiegersohne machen«, und nachdem er ihn näher kennengelernt hatte, gefiel er ihm so, dass er ihn wirklich mit seiner Tochter verlobte.

Grade um diese Zeit hatte sich aber gegen den König einer seiner Statthalter empört, und als er das hörte, sprach er zum Prinzen: »Nun, Schwiegersohn, hast du Lust, statt meiner gegen diesen Empörer ins Feld zu ziehen?«, und der antwortete, dass er es sehr gern tun wolle. Da versammelte der König ein großes Heer. Der Prinz aber sagte ihm: »Ich brauche nur ein kleines, aber auserlesenes Gefolge«, und nachdem er sich dieses ausgesucht, zog er damit gegen den Empörer. Als er nun mit dem feindlichen Heere zusammenstieß, da rief er: »Löwe, Löwe!«, und ward so stark wie ein Löwe, vernichtete den Feind, nahm den Empörer gefangen und brachte ihn vor den König.

Darauf stellte der König die Hochzeit des Prinzen mit seiner Tochter an, und sie wurde mit größter Pracht gefeiert. Bald darauf ging jedoch der Prinz eines Tages an die Quelle, um Wasser zu trinken, und wie er sich darüber bückte, da kam daraus der Drakos hervor und verschluckte ihn.

Als das der König erfuhr, tat es ihm sehr leid, sowohl seinetwegen, weil er einen so wackeren Schwiegersohn verloren hatte, als auch seiner Tochter wegen, weil sie ihren Mann so sehr liebte, dass sie schwerlich einen andern Mann heiraten dürfte. Daher beschloss er, sie zu täuschen. Er verbot, ihr den Tod ihres Mannes zu melden, und schickte in aller Eile durch die ganze Welt, um einen zu finden, der jenem gliche. Als man einen solchen gefunden hatte, da brachte ihn der König selbst zu seiner Tochter und sprach: »Siehe, da ist dein Mann unverhofft wiedergekommen.« Seine Tochter aber merkte sogleich, dass das nicht ihr rechter Mann sei, und sagte: »Nein, der ist es nicht.« »Ei was«, rief der König, »ich werde doch meinen Schwiegersohn wohl kennen, der ist es und kein anderer.« Seine Tochter aber sprach: »Nun, wenn er es wirklich ist, so soll er mit mir in die Nebenkammer kommen, damit ich ihn etwas frage.« Darauf ging sie dorthin voraus; jener wollte ihr folgen, bevor er aber in die Kammer konnte, machte sie ihm die Türe vor der Nase zu und rief von innen: »Wenn du wirklich mein Mann bist, so komme herein.« Denn ihr Mann hatte ihr alle seine Gaben anvertraut. Als nun der Fremde erklärte, dass er das nicht könne, da kam sie wieder heraus und sprach zu ihrem Vater: »Siehst du, dass das mein Mann nicht ist, aber nun musst du mir auch sagen, was aus ihm geworden ist.« Als nun der König sah, dass er sie nicht hintergehen könne, da sagte er ihr: »Liebe Tochter, mit deinem Manne ist es so und so ergangen.« Sie aber sprach: »Ich will ihn wieder aus dem Brunnen holen, aber du musst mir über der Quelle ein Schloss bauen und es mit lauter Äpfeln füllen lassen.« Um seine Tochter zu trösten, tat ihr der König den Willen und ließ über der Quelle ein Schloss bauen und es mit Äpfeln füllen, und als es fertig war, zog die Prinzessin hinein.

Am ersten Tage nun hing sie zehn Äpfel über die Quelle, in der der Drakos war, und als der sie roch, da schnupperte er und sprach: »Was für Äpfel sind das?«, und die Prinzessin antwortete: »Was für ein Mann ist das, den du da unten bei dir hast? Wenn du ihn ein bisschen herausstecken willst, so dass ich seinen Kopf sehen kann, so gebe ich dir die Äpfel zu essen.« Da hob der Drakos den Mann in die Höhe, dass er mit dem Kopfe zum Brunnen heraussah, und sie gab ihm darauf die Äpfel. Am andern Tage hing sie noch mehr Äpfel auf, und als der Drakos wieder nach ihnen schnupperte, da sprach die Prinzessin: »Wenn du ihn bis zu den Weichen zum Brunnen heraussteckst, so bekommst du alle diese Äpfel.« Da hob er den Mann in die Höhe, dass er bis zu den Weichen aus dem Brunnen sah, und bekam dafür die Äpfel. Am dritten Tage hing sie noch viel mehr Äpfel über den Brunnen, und als die der Drakos erblickte, schnupperte er noch viel stärker. Darauf sprach die Prinzessin: »Wenn du ihn so hoch hebst, dass ich ihn ganz sehen kann, so gebe ich dir die Äpfel.« Da nahm der Drakos den Prinzen auf den Arm und hob ihn ganz aus dem Brunnen heraus; der aber rief: »Ameise, Ameise!«, und fiel als Ameise von den Armen des Drakos auf den Boden. Dann sprach er: »Adler, Adler!«, und flog mit der Prinzessin in sein Reich und hatte von nun an Ruhe vor dem Drakos.

ZI, BA, ACHMET ZELEBI

Es waren einmal drei Brüder mit Namen Zi, Ba und Achmet Zelebi. Von diesen heiratete Achmet Zelebi ein schönes Mädchen, hatte aber eine alte Frau zur Feindin. Die wollte ihn behexen und sprach daher zu der jungen Frau Achmets: »Wenn du mir die Haare vom Haupte deines Mannes gibst, so würde ich ihn zu meinem Herrn machen.« Die junge Frau erbat sich also von Achmet dessen Haupthaar zum Geschenk. Er erwiderte zwar, dass sie diese Bitte bereuen würde, weil sie aber darauf bestand, so schnitt sich Achmet Zelebi sein Haupthaar ab und gab es seiner Frau, und diese gab es der Alten. Darauf behexte die den Achmet, dass er nicht zu Hause bleiben konnte, sondern in die Welt gehen musste. Bevor er aber sein Haus verließ, gürtete er seine schwangere Frau mit einem Gürtel und sprach: »Du sollst das Kind nicht eher gebären, als bis ich dir den Gürtel löse.« Drauf ging er mit seinen Brüdern in die Welt.

Nachdem die junge Frau lange Zeit vergebens auf ihn gewartet hatte, nahm sie einen Stab und machte sich auf, um ihn zu suchen, und kam in eine Gegend, wo drei Elfinnen in drei Häusern wohnten. Sie klagte der ersten ihr Leid und fragte sie, ob sie nicht etwa drei Brüder hier vorüberkommen gesehen habe. Die Elfin antwortete: »Nein«, schenkte ihr aber ein goldenes Rebhuhn und schickte sie um Auskunft zu ihrer höher wohnenden Schwester. Diese wusste auch nichts von den drei Brüdern, schenkte ihr aber eine Krone und wies sie um Auskunft an ihre höher wohnende Schwester. Als die junge Frau zur dritten Elfin kam, sprach diese zu ihr: »Da, nimm diesen Goldapfel und gehe in jene Stadt, und frage nach dem Schlosse des Königs, dort wirst du deinen Mann finden.«

Ihr Mann war aber mit seinen Brüdern in jenes Land gekommen, und es war ihm gelungen, dort König zu werden. Er war grade im Begriffe, sich wieder zu verheiraten, und hatte in seinem Schlosse mehrere Schneider, welche Tag und Nacht an den Hochzeitskleidern arbeiteten, weil der König große Eile hatte.

Die junge Frau erkaufte sich von den Dienern des Königs mit dem Goldapfel die Erlaubnis, eine Nacht in dem Gemache zu schlafen, das unter des Königs Schlafzimmer war. Die Diener führten sie aber nicht dahin, sondern in das Zimmer, das unter dem lag, in welchem die Schneider arbeiteten; und dort rief sie die ganze Nacht durch: »Achmet Zelebi, löse meinen Gürtel, damit ich gebären kann!« Die Schneider wurden durch dieses Geschrei so zerstreut und aufgeregt, dass sie die ganze Nacht über nichts taten, und als der König am andern Morgen nach der Ursache fragte, da entschuldigten sie sich damit, dass die ganze Nacht über etwas unter ihnen gerufen habe, und sie nicht hätten verstehen können, was es wolle. Der König gab aber nichts auf ihre Reden.

Für die zweite Nacht gab die junge Frau das goldene Rebhuhn hin, und nun ging es wie das erste Mal, und als der König die Schneider fragte, warum sie die Nacht über gefeiert hätten, antworteten sie, dass sie dadurch gestört worden seien, dass etwas unter ihnen in einem fort Achmet Zelebi und noch was anderes gerufen habe, was sie nicht verstehen konnten. Für die dritte Nacht gab die junge Frau die Goldkrone hin. Der König aber war durch den Bericht der Schneider aufmerksam geworden und kam in der Nacht, um zu hören, was das für ein Ruf sei, der die Schneider in ihrer Arbeit störe. Als er nun seine Frau rufen hörte, erkannte er sie an der Stimme und rief: »Also bis hierher bist du mir nachgefolgt!« Darauf ging er hinunter, löste ihr den Gürtel, und sofort gebar sie einen Knaben, und nun erhielt sie die Brautkleider, die für die andere gemacht worden waren, und statt eine neue Frau zu nehmen, behielt er die alte.

VON DER UNTER DER ERDE VERSTECKTEN PRINZESSIN

Es war einmal ein König, der hatte drei Söhne und große Reichtümer, und bevor er starb, verteilte er sie an seine Söhne. Die beiden älteren Söhne lebten in Saus und Braus, jahraus, jahrein, und verprassten und verschwendeten die Schätze ihres Vaters, bis nichts mehr übrig war und sie in Elend gerieten. Der jüngste dagegen hielt mit seinem Erbteil haus, nahm eine Frau und bekam von ihr eine wunderschöne Tochter. Als diese herangewachsen war, baute er für sie unter der Erde einen großen Palast und tötete den Baumeister, welcher ihn gebaut hatte. Drauf sperrte er seine Tochter hinein und schickte Herolde durch die ganze Welt, welche verkündigten, dass der, welcher imstande sei, des Königs Tochter zu finden, sie zur Frau bekommen solle. Wenn er sie aber nicht finden könne, so müsse er sterben. Da kamen nun viele junge Männer, um das Wagstück zu bestehen; aber alle ihre Mühe war vergeblich. Sie konnten die Prinzessin nicht finden und verloren ihre Köpfe.

Nachdem schon viele ihren Tod gefunden hatten, kam es einem jungen Mann, der bildschön und ebenso klug war, in den Sinn, den Versuch zu machen. Er ging also zu einem Hirten und bat ihn, er möge ihn in ein Schaffell stecken, welches ein goldenes Vlies habe, und ihn in dieser Verkleidung zum Könige bringen. Der Schäfer ließ sich überreden, nahm ein Schaffell, welches goldenes Vlies hatte, nähte den Burschen hinein, tat auch Speise und Trank und Schaflosung dazu, und brachte ihn so vor den König.

Als dieser das goldene Lamm sah, fragte er den Hirten: »Verkaufst du das Lamm?« Der Hirt aber erwiderte: »Nein, Herr König, ich verkaufe es nicht. Wenn du aber Gefallen an ihm findest, so will ich mich dir gerne dienstbar erzeigen, und es dir ohne Entgelt auf drei Tage borgen. Dann aber musst du mir es wiedergeben.«

Der König versprach das und machte sich mit dem Lamm auf zu seiner Tochter; und nachdem er es in sein Schloss und durch viele Zimmer geführt, kam er an eine Tür und rief: »Öffnet Euch, *Tartara Martara* der Erde!« Da öffnete sich die Türe von selbst, und nachdem sie wieder durch viele Zimmer gegangen waren, kamen sie an eine zweite Tür. Bei dieser rief der König wieder: »Öffnet Euch, *Tartara Martara* der Erde!« Drauf öffnete sich die Türe von selbst und sie kamen in das Gemach, in dem die Prinzessin wohnte, und dessen Boden, Wände und Decke ganz von Silber waren. Nachdem der König die Prinzessin begrüßt hatte, gab er ihr das Lamm. Sie hatte eine große Freude daran, streichelte und hätschelte es und spielte mit ihm. Aber nach einem Weilchen loste das Lamm; da sagte die Prinzessin zum König: »Vater, das Lamm hat gelost!« Und dieser erwiderte: »Es ist eben ein Lamm, warum soll es denn nicht losen!« Drauf ließ er das Lamm bei der Prinzessin und ging seiner Wege.

In der Nacht aber zog der Bursche das Fell aus. Und als die Prinzessin sah, dass er so schön war, verliebte sie sich in ihn, und fragte: »Warum hast du dich in das Fell gesteckt und bist hierhergekommen?« Der erwiderte: »Als ich sah, dass so viele dich nicht finden konnten und das Leben verloren, ersann ich diese List und kam zu dir.« Da rief die Prinzessin: »Ei, das hast du gut gemacht! Aber du musst wissen, dass, wenn du mich hier gefunden hast, deine Wette noch nicht gewonnen ist. Denn dann verwandelt mich der Vater samt meinen Mägden in Enten und fragt dich: ›Welche von diesen Enten ist die Prinzessin?‹ Da werde ich nun den Kopf rückwärts wenden und mir mit dem Schnabel die Flügel putzen, damit du mich erkennst.«

Nachdem sie drei Tage lang miteinander geplaudert und gekost hatten, kam der Hirte wieder zum König und verlangte sein Lamm. Der König ging zu seiner Tochter, um es zu holen. Diese tat sehr betrübt, weil sie so schön mit dem Lamme gespielt hätte. Der König aber sagte: »Ich kann es dir nicht lassen, denn es ist nur geborgt«, und nahm es mit und gab es an den Hirten zurück.

Nun warf der Bursche das Fell ab, ging zum König und sprach: »Herr, ich bin imstande, deine Tochter zu finden.« Als der König den schönen Burschen sah, sagte er zu ihm: »Mich dauert deine Jugend, liebes Kind. Dies Wagstück hat schon so vielen das Leben gekostet und wird auch dein Tod sein.« – »Ich bleibe dabei, Herr König; ich will sie entweder finden oder den Kopf verlieren.«

Drauf ging er vor dem König her und dieser folgte ihm, bis sie zu der großen Tür kamen. Da sprach der Bursche zum König: »Sage drei Worte, damit sie aufgehe.« Und der König antwortete: »Was sind das für Worte? Soll ich etwa sagen: ›Schloss, Schloss, Schloss!‹« »Nein«, sprach jener, »sage: ›Öffnet Euch, *Tartara Martara* der Erde!‹«

Als das der König getan hatte, öffnete sich die Tür und sie gingen hinein, und der König kaute vor Zorn an seinem Schnurrbart. Dann kamen sie zur zweiten Tür, da ging es wie bei der ersten. Sie traten ein und fanden die Prinzessin.

Drauf sprach der König: »Gut, die Prinzessin hast du gefunden. Nun werde ich sie aber mitsamt ihren Mägden in Enten verwandeln, und wenn du errätst, welche von diesen meine Tochter ist, dann sollst du sie zum Weibe haben.« Und sofort verwandelte der König alle Mädchen in Enten, führte sie dem Burschen vor und sagte zu ihm: »Nun zeige mir die, welche meine Tochter ist.« Da putzte sich die Prinzessin nach der Abrede mit dem Schnabel die Flügel, und der Bursche sprach: »Die da, welche sich die Flügel putzt, ist die Prinzessin.« Nun konnte der König nicht anders und musste sie ihm zum Weibe geben, und er lebte mit ihr herrlich und in Freuden.

VOM HALBERBSCHEN

Es war einmal eine arme Frau, die hatte viele Kinder, und darunter war eines nicht größer als eine halbe Erbse. Als sie nun eines Tags Brot knetete, da riefen die Kinder alle zusammen: »Auch für mich eine Bretzel, auch für mich eine Bretzel!«, und darüber wurde ihre Mutter so zornig, dass sie sie alle totschlug bis auf den kleinen Halberbs, der sich in ihrem Schuh versteckte. Darauf fing die Mutter an zu weinen, dass sie nun kein Kind mehr habe, mit dem sie das Essen ihrem Manne auf den Acker schicken könne, und als das der kleine Halberbs hörte, hüpfte er aus dem Schuh heraus und rief: »Wenn du mich nicht totschlägst, so will ich das Essen auf den Acker tragen.« Da schickte ihn die Mutter mit dem Essen und dem Weine auf den Acker, und als er in die Nähe kam, rief er seinem Vater zu, als ob er den Weg nicht wisse: »Vater, von wo soll ich beikommen?«, und dieser sagte: »Von dem Rande aus.« Da fing Halberbs an, das Brot vom Rande anzubeißen, und aß es auf. Dann fragte er wieder: »Vater, von wo soll ich beikommen?« – »Von der Mitte aus.« – Da aß er auch das Essen auf, indem er mitten hineinlangte, und als er damit fertig war, rief er wieder: »Vater, von wo soll ich beikommen?«, und jener sagte: »Von dem Quellchen aus.« Da setzte er auch die Weinflasche an und trank sie aus. Darauf ging Halberbs zu seinem Vater auf den Acker, und als ihn der fragte: »Wo hast du das Essen und den Wein?«, antwortete er: »Damit habe ich verfahren, wie du befohlen hast, denn als ich dich fragte, von welcher

Seite ich dem Brote beikommen sollte, sprachst du: vom Rande aus, und da aß ich es vom Rande aus auf; als ich dich fragte, von welcher Seite ich dem Essen beikommen sollte, sprachst du: von der Mitte aus, und da griff ich mitten hinein und aß es auf, und als ich dich fragte, von welcher Seite ich dem Weine beikommen sollte, sprachst du: von dem Quellchen aus, und da setzte ich den Hals der Flasche an den Mund und trank sie aus.«

Der Vater lachte und sprach: »Du bist ein Schelm, bleibe aber hier, bis ich wiederkomme, denn ich will selbst nach Hause und Brot holen, und wirf den Ochsen Heu vor, damit sie dich nicht fressen.« Als nun Halberbs den Ochsen Heu vorwarf, fraß ihn der eine mit hinein; der Vater aber suchte nach ihm vergebens bis zum Abend und zog dann mit den Ochsen heim.

Als nun die Ochsen in ihrem Stande standen und Vater und Mutter zu Abend aßen, rief Halberbschen aus dem Bauche des einen: »Ich will mein Teil, ich will mein Teil.« Da schlachtete der Vater den Ochsen und gab die Därme einer alten Frau zum Auswaschen, und als sie diese beim Brunnen aufschneiden wollte, rief Halberbschen aus ihnen heraus: »Alte, stich mir nicht die Augen aus, sonst stech ich dir die deinen aus.« Da erschrak die Alte so sehr, dass sie die Därme hinwarf und fortlief.

Darauf kam die Füchsin zum Brunnen und fraß von den Därmen und schluckte dabei auch den Halberbs hinunter.

Als sie nun am Abend auf Hühner ausging und sich schon in den Stall geschlichen hatte, da rief Halberbs aus ihrem Bauche: »He, ihr Hausleute, die Füchsin ist da und will eure Hühner fressen«, und rief so lange, bis es die Hausleute hörten und die Füchsin flüchten musste. Sooft aber die Füchsin auf Hühner ausging, geschah ihr immer wieder dasselbe, so dass sie vor Hunger und Kummer ganz herunterkam. Da begegnete ihr eines Tags der Wolf und sprach: »Frau Marja, Frau Marja, warum siehst du so schlecht aus? Was hast du denn für einen Kummer?«, und die Füchsin antwortete: »Ach, Herr Nikolas, ich habe etwas in meinem Leibe, das, sooft ich nach Hühnern gehe, zu schreien anfängt, bis es die Hausleute hören und ich ohne Hühner flüchten muss; weißt du keinen Rat dafür?« Darauf antwortete der Wolf: »Höre, Frau Marja, was ich dir rate: Steige auf jenen Birnbaum und stürze dich herunter, und von dem Sprunge wirst du heil werden.« Da ging die Füchsin hin, stieg auf den Baum, stürzte sich herunter und war tot; und als der Wolf das sah, ging er hin, fraß sie auf und schluckte auch den Halberbs mit.

Sooft er nun von da an Schafe stehlen wollte, da schrie der Halberbs aus seinem Bauche: »He, Hirten, Hirten! Der Wolf frisst euch die Schafe«, und so musste der Wolf wieder fort. Er nahm sich aber das so zu Herzen, dass er nicht länger leben wollte und sich von einem Felsen herunterstürzte, der bei der Tenne der Eltern des Halberbs lag.

Als nun der Wolf tot war, da kroch das Kind aus seinem Rachen und versteckte sich unter einem Stein der Tenne. Am andern Morgen kam seine Mutter zur Tenne, um dort Brot zu kneten; sie wehklagte über den Verlust ihres Kindes und sprach: »Oi! Oi! Wenn ich doch noch Halberbschen hätte, damit es von diesem Brote mitessen könnte«, und als Halberbs das hörte, rief er: »Auch für mich eine Bretzel, Mutter! Auch für mich eine Bretzel!« Da lief die Mutter zu ihrem Mann und erzählte ihm, was sie gehört hatte; sie gingen nun zusammen auf die Tenne, rissen die Steine auf, fanden unter einem den Halberbs sitzen und trugen ihn vergnügt nach Hause.

DER STARKE HANS

Es war einmal ein Priester, der hatte mit seiner Frau drei Söhne, und von denen tat der jüngste nichts anderes als Zither spielen. Eines Abends sagte ihm sein Vater: »Morgen musst du früh aufstehn und mit uns zur Ernte gehn«, und er antwortete: »Gut, morgen will ich mit euch kommen.« Als sie am andern Morgen auf dem Erntefeld ankamen, sagte Hänschen zum Vater: »Wir wollen aus dem Feld vier Teile machen, davon soll jeder den Teil schneiden, welchen er will, und einen Teil lasst auch für mich übrig.« Die andern taten ihm den Willen und machten sich sogleich an die Arbeit, Hänschen aber sagte zu seinem Vater: »Jetzt ist's zu heiß zum Arbeiten, ich will ein bisschen schlafen, wecke mich zur Vesperzeit.« Da fragte ihn der Vater: »Wann willst du denn deinen Teil schneiden?«, und Hänschen antwortete: »Habe keine Sorge und tu, was ich dir sage.« Drauf ging er abseits und legte sich schlafen. Da sprach der Vater zu den beiden andern: »Als Faulenzer ward er geboren und als Faulenzer wird er sterben.« Als es Mittag war, sagte der Vater zu seinem ältesten Sohne: »Gehe und wecke Hänschen«, und nachdem er ihn geweckt hatte, sagte dieser: »Siehst du nicht, dass es noch früh am Tage ist, und habe ich euch nicht gesagt, dass ihr mich zur Vesperzeit wecken sollt?«, und schlief weiter. Als nun die Vesper herankam, da weckten sie ihn wieder, und er meinte, es sei auch jetzt noch zu früh, doch stand er endlich auf, nahm seine Sichel und schnitt so wacker, dass er, noch bevor seine Brüder fertig waren, seinen Teil und was von des Vaters Teil übrig war, geschnitten hatte.

Darauf gingen sie heim und aßen zu Abend, und nachdem sie damit fertig waren, nahm Hänschen seine Zither, ging damit vor das Haus und sang und spielte bis zur Mitternacht. Da hörte er auf und rief: »Hört, ihr Berge und Täler, gibt es auf der ganzen Welt noch einen Stärkeren als mich?«, und diese antworteten und riefen: »Nein, den gibt es nicht«; und dasselbe tat er auch am folgenden Abend; als er aber am dritten die Berge und Täler wieder wegen seiner Stärke befragte, antwortete ihm eine alte Frau: »Du bist zwar ein starker Mann, aber der Drakos, welcher die Königstochter raubte, ist doch noch stärker als du.«

Am andern Morgen bat Hänschen seine Eltern um ihren Segen, weil er in die Welt gehn wolle. Da fing seine Mutter zu klagen und zu weinen an und sprach: »Warum willst du in dein Verderben rennen?« Er aber sprach: »Ich muss fort und jenen Drakos aufsuchen, der stärker sein soll als ich; wenn du aber siehst, dass die Saiten an meiner Zither gesprungen sind, dann mache dich auf und suche mich.« Darauf gaben ihm die Eltern ihren Segen, und er machte sich auf und ging über Berg und Tal. Einst brachte er die Nacht auf einem Berge zu, und erblickte am andern Morgen in weiter Ferne einen Turm, der in der Ebene stand, und da ging er drauflos, um irgendjemand zu finden, den er über die Gegend fragen könne.

Als er zum Turme kam, sah er davor eine Tenne, die von Blei war; der Turm aber hatte keine Türe, sondern nur ein Fenster auf der Seite, wo die Tenne war, und als er nach diesem hinsah, ob nicht irgendjemand herausschaue, erblickte er ein Mädchen, das war so schön wie die goldenen Sterne, und das rief ihm zu: »Wie bist du hierhergekommen, wo doch kein fliegender Vogel hinkommt?« Hänschen aber antwortete: »Sag mir, wie ich zu dir kommen kann«; und sie sprach: »Das ist nur möglich, wenn du von der Tenne in das Fenster springst.« Da nahm er einen Anlauf und schwang sich einem Vogel gleich in das Fenster, und als er oben war, umarmte er das Mädchen und küsste es. Das Mädchen aber sprach: »Wenn der Drakos kommt, so ist das unser beider Tod.« Da lachte Hänschen und sagte: »Habe keine Furcht, denn ich bin nur seinetwegen hierhergekommen; setze dich her und lause mich ein bisschen, und wenn der Drakos kommt, so will ich schon mit ihm fertigwerden.« Darauf legte er seinen Kopf in ihren Schoß und sie lauste ihn, und da er vom Wege sehr ermüdet war, schlief er ein. Das Mädchen aber fing an zu weinen aus Mitleid mit seiner Schönheit und aus Furcht vor dem Drakos, von dem sie nicht anders glaubte, als dass er sie beide töten werde.

Als nun die Zeit herankam, wo der Drakos gewöhnlich erschien, da fing der Turm zu zittern und das Mädchen zu schluchzen an, und davon erwachte der Hans und sagte: »Warum weinst du?«, und sie antwortete: »Ich weine, weil nun der Drakos kommt.« »Weine nicht und habe keine Furcht vor dem Drakos, mit dem werde ich schon fertig«, sprach Hans, nahm die Zither, setzte sich an das Fenster und sang und spielte. Da kam der Drakos, und als er den Hans am Fenster sah, rief er ihm zu: »Höre, du Schandbube, hier kommt kein fliegender Vogel her, wie kamst du in den Turm?« Drauf sagte Hans: »Lass mich mein Lied aussingen, dann komm ich hinunter zu dir.« Da sang er so schön, dass das Mädchen wie von Sinnen kam, dann stellte er die Zither weg, sprang auf die Tenne hinunter und packte den Drakos an. Während er aber mit ihm rang, stampfte ihn dieser bis zu den Knien in die Bleitenne ein, und darüber wurde Hänschen so zornig, dass er den Drakos noch fester packte und bis an die Hüften in die Tenne drückte. Da rief ihm das Mädchen vom Fenster zu: »Mut! Mut, lieber Hans! Sorge dafür, dass er uns nicht beide totmacht!«, und als Hänschen das hörte, packte er den Drakos noch einmal und drückte ihn bis zum Halse in die Tenne ein, zog dann sein Schwert und schlug ihm den Kopf ab.

Drauf kehrte er in den Turm zurück und lebte dort eine Zeit lang mit dem Mädchen ganz lustig und vergnügt. Eines Abends aber nahm er seine Zither, setzte sich ans Fenster, spielte und sang bis Mitternacht, dann hörte er auf und rief: »Hört, ihr Berge und Täler, gibt es einen Stärkeren als mich in der ganzen Welt?«, und diese antworteten: »Nein, es gibt keinen Stärkeren.« In der zweiten Nacht ging es ebenso, aber in der dritten antwortete die Alte und sprach: »Du bist zwar ein starker Mann, aber der Bruder des Drakos, den du getötet hast, ist doch noch stärker als du.« Diese Alte war aber die Moira der Mädchen, welche die Draken geraubt hatten, und sie sprach so, damit diese aus ihrer Gefangenschaft befreit würden.

Am andern Morgen sagte Hans zu dem Mädchen: »Komm, wir wollen zu deinem Vater und, wie es bei Menschen Brauch ist, in der Stadt und nicht auf den Bergen leben.« Da machten sie sich nach der Stadt auf den Weg, und als sie bis vor dieselbe gegangen waren, sagte Hans zu dem Mädchen: »Gehe du nun voraus zu deinem Vater und erzähle ihm, wie es dir ergangen ist, und ich komme nach.«

Während aber das Mädchen allein in die Stadt ging, kehrte Hans in das Gebirge zurück und wanderte so lange, bis er zu einem andern Turm kam, der in der Ebene lag und vor dem eine Tenne von Kupfer war. An dem Fenster des Turmes erschien aber ein Mädchen, das war so schön wie die Sonne und fragte Hänschen: »He, du Hund, wie kamst du hierher, wo kein fliegender Vogel hinkommt? Wenn der Drakos kommt, so bist du verloren.« Aber Hänschen machte es wie das erste Mal, er sprang zu dem Mädchen durch das Fenster des Turmes und schlief auf ihrem Schoße ein, während sie ihn lauste. Da dachte das Mädchen an das Schicksal, welches ihnen bevorstehe, und begann zu weinen; und ihre Tränen tropften auf seine Wangen, bis er erwachte. Hans tröstete sie, so gut er konnte, und nahm dann seine Zither und spielte und sang; aber kaum hatte er angefangen, so begann der Turm zu zittern, und der Drakos erschien auf der Tenne und rief dem Hans zu: »Oh, du Schandbube, du hast meinen Bruder totgeschlagen und willst es mit mir nun ebenso machen; komm gleich herunter, damit wir uns versuchen.« Da sagte Hänschen: »Wart ein bisschen, ich komme gleich, ich will nur noch eins singen.« Nun sang er ein so schönes Liebeslied, dass das Mädchen zu ihm sagte: »Heute will ich mit dir sterben.« Dann sprang er mitten auf die Tenne hinab und sagte zu dem Drakos: »Komm heran, Herr Drakos, heute muss einer von uns beiden sterben.« Während sie miteinander rangen, drückte der Drakos den Hans bis an die Knie in die Kupfertenne; da wurde dieser zornig und drückte den Drakos bis an die Hüften hinein, und das Mädchen rief ihm zu, dass sie herunterkommen und ihm helfen wolle. Er antwortete aber: »Fürchte dich nicht, denn nun mache ich ein Ende mit ihm.« Als das der Drakos hörte, da ward er starr vor Furcht, und Hans zog sein Schwert und schlug ihm das Haupt ab.

Drei Tage blieb er mit dem Mädchen im Turme. Am Abend des vierten aber begann er zu singen und zu spielen, und als die Mitternacht herankam, rief er: »Hört, ihr Berge und Täler, gibt es auf der ganzen Welt noch einen Stärkeren als mich?«, und da antwortete die Alte: »Du bist zwar ein starker Mann, aber der älteste Bruder der beiden Draken, die du getötet hast, ist noch stärker als du.«

Am andern Morgen sagte Hans zu dem Mädchen, dass sie zu ihrem Vater gehn und dort wie andere Menschen leben wollten. Sie machten sich sogleich auf den Weg, und als sie vor die Stadt kamen, schickte Hans das Mädchen zu ihrem Vater voraus, er aber kehrte in das Gebirge zurück und ruhte nicht eher, als bis er auch den Turm des dritten Drakos gefunden hatte. Davor lag aber eine stählerne Tenne, und als er diese erblickte, da ward ihm bänglich zumute, und als er sich nach dem Turmfenster umsah, war dieses viel höher als die andern. Er setzte sich auf die Tenne und war darüber sehr nachdenklich. Wie er so dasaß, erschien ein Mädchen am Fenster des Turmes, das war noch schöner als die liebe Sonne, und die sprach zu ihm: »Ei, du Hund, wie kommst du hierher, wo doch kein fliegender Vogel hinkommt?« Hans versetzte: »Liebes Kind, sage mir, wie ich zu dir in den Turm kommen kann«, und sie sagte: »Du musst von der Tenne zu dem Fenster heraufspringen.« Da nahm Hans einen Anlauf und sprang zum Fenster hinein und herzte und küsste das Mädchen und bat sie dann, sie möge ihn ein wenig lausen, denn er sei schon lange von Haus weg. Er legte seinen Kopf auf ihren Schoß, und weil er müde von der Reise war, so schlief er alsbald ein. Das Mädchen aber fing an zu weinen, weil sie an den Drakos dachte, der nun kommen und sie beide töten würde. Die Tränen, welche sie vergoss, fielen auf seine Wangen. Davon erwachte er und sprach: »Fürchte dich nicht, denn ich bin nur darum hierhergekommen, um mit dem Drakos zu kämpfen und dich zu erlösen.« Kaum hatte er das gesagt, so begann der Turm zu zittern und das Mädchen rief: »Nun kommt der Drakos.« Hans aber nahm seine Zither und trat an das Fenster, um zu spielen. Da sah er draußen eine schwarze Wolke, und die rief ihm zu: »Hoho! Du Schandbube, du hast meine Brüder erschlagen und willst nun an mich selbst; gleich komme herunter, damit wir es ausmachen.« Hans aber sagte: »Lass mich erst mein Lied aussingen, dann komme ich hinunter.« Da sang er eine so rührende Weise, dass das Mädchen in Tränen zerfloss, und als er damit fertig war, sprang er auf die Tenne hinab und sagte zu dem Drakos: »Heute muss einer von uns sterben.« Da packten sie einander, und während des Ringens drückte der Drakos den Hans bis an die Knie in die Stahltenne ein, und nun wurde der zornig und drückte den Drakos bis an die Hüften ein. Das Mädchen aber rief weinend vom Turme: »Mut, Hänschen, Mut! Damit er uns nicht erschlägt.« Als er das hörte, raffte er alle seine Kräfte zusammen, und drückte den Drakos bis zum Halse in die Tenne ein und schlug ihm mit seinem Schwerte den Kopf ab. Nun endlich konnte sich Hänschen von allen seinen Beschwerden ausruhen und lebte zufrieden und vergnügt mit dem Mädchen in jenem Turme.

In dieser Gegend lebte aber auch ein Schäfer, und eines Tages, kurz vor Ostern, gingen ihm seine Lämmer durch und liefen bis auf das Feld, wo der Turm stand, und wo das Gras am fettesten stand. Als das der Schäfer sah, geriet er in große Angst, weil er fürchtete, dass sie der Drakos gewahr werden und sowohl die Lämmer als ihn selber fressen könne. Er lief also von Versteck zu Versteck und lockte die Lämmer, aber sie hörten nicht und grasten bis zum Turme. Als der Hans den Hirten gewahr wurde, stieg er vom Turme und rief ihm zu: »Fürchte dich nicht, denn der Drakos ist erschlagen, du kannst nun ruhig auf dem Felde weiden, doch musst du mir dafür täglich Milch und Butter bringen.«

In der Karwoche brachte der Schäfer nach der Sitte seine Lämmer zum Verkaufe in die Stadt, wo der Vater des Mädchens, welches Hans zur Frau hatte, König war. Der wunderte sich aber, dass die Lämmer dieses Schäfers unter allen die fettesten und größten waren, da er doch sonst stets die schlechtesten Lämmer gebracht hatte, und stellte ihn darüber zur Rede. Da erzählte ihm der Hirte, dass ein junger Mann den Drakos erlegt habe, welcher die Königstochter geraubt hatte, und dass er nun in der fetten Niederung weiden könne. Als das der König hörte, wurde er zornig und befahl seinem Kriegsobersten, er solle hundert Soldaten nach dem Manne ausschicken, welcher seinen Schwiegersohn, den Drakos, erlegt und seine Tochter zur Frau genommen habe. Da schickte dieser einen Hauptmann mit hundert Mann nach dem Hans aus. Als der sie gewahr wurde, sagte er zu seiner Frau: »Richte mir mein Schwert her, denn es zieht Kriegsvolk gegen uns heran.« Die aber sagte: »Mir scheint, dass mein Vater erfahren hat, dass du den Drakos erlegtest, und nun Soldaten hersendet, um uns zu ihm zu geleiten.« Hans aber antwortete: »Die Eile, mit der sie anrücken, bedeutet nichts Gutes, sondern Schlimmes.«

Als der Hauptmann zum Turme kam, rief er zornig: »Wo bist du, der den Drakos erschlagen hat? Komm herunter, denn der König verlangt nach dir.« Hänschen aber versetzte: »Geht zum König und sagt ihm, wenn er mich sprechen wolle, so solle er hierherkommen.« Da rief der Hauptmann: »Höre, du Schandbube, wenn du nicht im Guten herunterkommst, so hole ich dich mit Gewalt.« Hänschen nahm aber sein Schwert, sprang von dem Turme auf die Tenne und erlegte sie alle, bis auf einen; dem schnitt er Nase und Ohren ab und sprach: »Gehe zum König und sage ihm, wenn er noch andere Schafe zu scheren habe, so solle er sie mir schicken.« Als der Soldat in die Stadt kam, berichtete er dem König, was vorgefallen war. Da wurde dieser sehr zornig und befahl seinem Kriegsobersten, selbst hinzugehen und den Hans zu holen; dem ging es aber dabei genauso wie dem Hauptmann.

Nun sah der König ein, dass er auf diese Weise nicht zum Ziele komme; er ließ also im ganzen Lande verkündigen, dass derjenige, welcher imstande sei, den Hans zu töten, seine Tochter zur Frau erhalten und König werden solle, denn er war schon alt und es fiel ihm schwer, sein Land zu regieren. Aber es wollte sich niemand finden, um das Wagstück zu unternehmen, bis auf einen lahmen Alten, der versprach dem König, ihm seine Tochter zu bringen, machte sich auf den Weg und hinkte langsam zum Turme. Als den aber Hänschen kommen sah, sprach er zu seiner Frau: »Heut müssen wir uns trennen; siehst du dort den hinkenden Alten? Der wird mich fällen und dich zur Frau erhalten.« Wie das die Frau hörte, raufte sie sich aus Verzweiflung die Haare aus und rief, dass sie mit ihm sterben wollte.

Während sie so klagte und jammerte, kam der Alte zum Turme und rief: »Holla! Du Schandbube, komme herunter, damit ich dir zeige, wer von uns beiden der Stärkere ist.« Da nahm Hans sein Schwert, sprang auf die Tenne und hieb den Alten mitten auseinander. Aus den beiden Hälften wurden zwei Alte, und als Hänschen diese zerhieb, wurden vier daraus, und so ging es fort, indem sich alle Alten, die er auseinanderhieb, verdoppelten. Hänschen kämpfte den ganzen Tag hindurch, doch am Abend wurde er so müde, dass er in dem Tore des Turmes auf das Gesicht zu Boden stürzte. Da fielen seine Gegner über ihn her und ermordeten ihn. Der Alte aber nahm die Königstochter und brachte sie zum König und erhielt sie zur Frau.

Lassen wir nun die Königstochter bei ihrem alten Mann und kommen wir zur Mutter des Hans. Wie diese die Saiten der Zither springen sah, hob sie zu weinen und zu jammern an und zerraufte sich das Haar, und machte sich sogleich auf, um den Hans zu suchen. Nach langem Suchen kam sie zu dem ersten Drakenturme, und fand ihn nicht darin. Da ging sie weiter, bis sie zum zweiten kam, aber auch da fand sie ihn nicht. Endlich kam sie zu dem dritten Drakenturme, und dort sah sie ihn in dem Tore liegen, setzte sich zu ihm und begann ihn zu beweinen.

Als der Schäfer ihre Totenklage hörte, kam er heran, um zu sehn, wer so klage. Da erblickte er an dem Tore des Turmes eine Frau, welche sich die Haare zerraufte. Er glaubte, dass es die junge sei, und lief herbei, um ihr beizustehn. Als er aber den Hans auf dem Boden liegen sah, sprach er zu der Alten: »Weine nicht, Mütterchen! Dein Sohn ist noch am Leben und nur ohnmächtig.« In jener Zeit gab es aber ein Wasser des Lebens, und davon hatte der Schäfer ein Fläschchen, das ihm eine Alte in Verwahrung gegeben. Er lief also nach seiner Hürde und holte es herbei, und sowie er ein paar Tropfen auf den Hans gesprengt hatte, stand dieser auf und rief: »Wie schwer habe ich geschlafen und wie leicht bin ich erwacht!« Darauf fragte er seine Mutter: »Mutter, wo ist meine Frau?« Die antwortete: »Mein Sohn, du hast ja keine Frau gehabt.« Hans aber sprach: »Liebe Mutter, geh du wieder nach Hause zu deinem Manne, denn ich muss jetzt fort und meine Frau aufsuchen.« Da kehrte die Mutter mit betrübtem Herzen nach Hause zurück. Hans aber ließ sich vom Schäfer einen von seinen Anzügen geben, zog ihn an und ging in die Stadt, wo seine Frau war. Dort trat er in ein Kaffeehaus und hörte, wie die Gäste untereinander sprachen: »Schade um den tapferen Jungen, den der König hat hinrichten lassen, und um die Prinzessin, die er dem Gott sei bei uns zur Frau gegeben.« Da fragte Hans, was vorginge, und sie erzählten ihm den ganzen Hergang.

Darauf fragte er nach dem königlichen Palaste, ging hin und betrachtete ihn von allen Seiten, wie es der Fremde zu tun pflegt. Das sah eine arme alte Frau und fragte ihn: »Was suchst du, Söhnchen?«, und Hans antwortete: »Ich bin ein Fremder und kenne niemand in der Stadt. Wenn du mir für diese Nacht Herberge gibst, so zahle ich dir dafür, was recht ist.« Die Alte versetzte: »Wenn du willst, so kannst du bei mir bleiben, aber ich habe kein Bett für dich.« Da gab ihr Hänschen fünf Dukaten, und darüber sprang sie vor Freude in die Höhe, und kaufte schnell Kissen und Decken und begann zu sieden und zu braten. Über Tisch brachte er die Rede auf die Königstochter und sagte: »Morgen früh, Mutter, musst du zu ihr gehn und ihr sagen, dass ein fremder Mann sie zu sprechen wünsche, und sie möge daher, wo möglich, an die Türe kommen, damit ich mit ihr reden könne; wenn du das zustande bringst, werde ich dich, solange du lebst, wie meine Mutter halten.«

Am andern Morgen ging die Alte zur Prinzessin, grüßte sie und setzte sich neben sie, und sagte ihr, was ihr Hans aufgetragen. Die Prinzessin erstaunte über ihre Rede und befahl ihr, den Hans zu holen. Als dieser kam, erstarrte sie fast bei seinem Anblicke, so dass sie kein Wort hervorbringen konnte; endlich ermannte sie sich, lud ihn ein, sich niederzusetzen, und fragte ihn, was er wolle. Hans aber sprach: »Weißt du nicht, was ich will, und habe ich nicht deinetwegen meinen Tod gefunden?« Da fiel ihm die Prinzessin um den Hals und küsste ihn und sprach: »Bleibe bei der Alten und lass mir durch diese sagen, was ich tun soll, denn die Zeit rückt heran, wo der Verfluchte heimkommt.«

Hans ging also wieder zur Alten zurück, und nachdem er sich eine Weile bedacht, schickte er sie zur Prinzessin und ließ ihr sagen, sie solle den Alten, wenn er am Abend heimkomme, fragen, worin seine Stärke liege, und ihm am nächsten Morgen seine Antwort sagen lassen. Als der lahme Alte am Abend heimkam, begann ihm die Prinzessin zu schmeicheln und fragte ihn dann, worin seine Stärke liege, und er antwortete: »Auf jenem Berge ist eine Tenne, und zur Mittagszeit kommt eine Schlange mit zehn Köpfen dorthin und stellt sich in die Mitte der Tenne, und dann kommen eine Masse Schlangen herbei und stellen sich um sie, und wenn einer über diese Schlangen auf die Tenne springt, ohne eine davon zu berühren, und der großen Schlange ihre zehn Köpfe abschlägt, so ist das mein Tod.«

Nachdem die Prinzessin dies gehört hatte, da schien es ihr, als daure die Nacht ein ganzes Jahr, und am andern Morgen lief sie, sobald sie konnte, zum Hause der Alten und erzählte dem Hans, was ihr der Verfluchte gesagt hatte. Der aber sprach: »Du darfst ihn heute nicht aus dem Hause gehn lassen, und wenn er zu klagen beginnt, dass ihm unwohl sei, dann mache dich weg und sperre ihn in das Zimmer ein und warte, bis ich komme.«

Drauf ging Hans nach dem Berge, und zur Mittagszeit sah er die Schlange mit den zehn Köpfen, wie sie in die Mitte der Tenne kroch und wie sich die andern Schlangen um sie her stellten, und ohne sich lange zu besinnen, sprang er gleich einem Vogel über sie mitten auf die Tenne, ohne eine davon zu berühren, und schlug mit seinem Schwerte der großen Schlange ihre Köpfe ab. Da begann der Verfluchte seine Frau zu rufen, weil ihm unwohl werde; sie aber hörte nicht darauf, sondern schloss die Türe seiner Kammer zu, und wie der Hans den letzten Kopf der Schlange abschlug, da war es auch mit dem Verfluchten zu Ende.

Als nun Hans vom Berge zurückkam, ging er sogleich in das königliche Schloss, öffnete die Kammer und sah den Verfluchten dort ausgestreckt liegen. Da sagte er zur Prinzessin: »Rufe deinen Vater, damit er seinen Schwiegersohn sehe«, und als dieser herbeikam und sah, dass er tot war, sagte die Prinzessin zu ihm, indem sie auf Hans zeigte: »Dieser ist mein Mann und nicht derjenige, welchen du mir gegeben hast.« Da hielten sie Hochzeit, doch war ich nicht dabei, und du brauchst es also auch nicht zu glauben.

DIE ÄFFIN

Es war einmal ein König, der hatte drei Söhne, war aber schon alt und sagte daher zu ihnen: »Meine Kinder, ich bin nun alt geworden und wünschte also, dass ihr euch verheiratet, damit ich noch eure Hochzeit mitmachen kann; es soll daher jeder von euch seinen Bogen in die Luft schießen und die Richtung einschlagen, wohin der Pfeil fliegt, denn auf dieser findet ein jeder, was ihm bestimmt ist.« Zuerst schoss also der Älteste, und sein Pfeil führte ihn zu einer Königstochter, und die nahm er zur Frau. Darauf schoss der Zweite und kam zu einer Fürstentochter, und die nahm er zur Frau; und zuletzt schoss der Jüngste, sein Pfeil blieb aber in einem Misthaufen stecken. Da grub er ein Loch in denselben, um zu sehen, was darin wäre, und fand eine Marmorplatte. Die hob er auf, erblickte darunter eine Höhle mit einer Treppe, und er fasste sich ein Herz und stieg hinunter. Darauf kam er zu einem Gewölbe, in dem eine Menge Affen im Kreise herumsaßen, und ihre Mutter kam auf ihn zu und fragte ihn: »Wie kamst du hierher, mein Sohn?« Dieser aber sprach: »Ich habe meinen Pfeil abgeschossen, um zu sehen, was mir bestimmt ist, und der ist hier haften geblieben; ich werde also eine Äffin zur Frau bekommen.« Als das die Alte hörte, sagte sie: »Wenn es so ist, so komme und wähle dir eine aus, hier sitzen meine Mägde und dort meine Töchter.« Er suchte sich also eine davon aus und brachte sie zu seinem Vater; als aber seine Brüder hörten, dass er eine Äffin zur Frau genommen, da hatten sie ihn zum Besten.

Nach einiger Zeit sprach der älteste Sohn zum König: »Du musst nun jedem sein Teil bestimmen; denn du bist nun alt geworden und kannst sterben.« Da versetzte der König: »Ich werde euch drei Aufgaben stellen, und wer sie am besten löst, der soll König sein.« Als das seine Söhne zufrieden waren, sagte er: »Die erste Wette soll der gewonnen haben, dessen Haus am reinlichsten und schönsten verziert ist, und dazu sollt ihr vierzig Tage Zeit haben.« Der Jüngste aber war traurig, weil er eine Äffin zur Frau hatte, denn was konnte diese verstehn? Da fragte ihn die Äffin: »Warum bist du so traurig?«, und als er ihr den Grund gesagt hatte, sprach sie: »Hole mir fünf Okka Kalk und sei guten Muts.« Am Morgen vor dem Ende der Frist sagte die Äffin zu ihrem Manne: »Mach dich auf und gehe zu meiner Mutter, und verlange von ihr eine Haselnuss und eine Mandel«, und dieser tat, wie ihm geheißen, und brachte die beiden Nüsse seiner Frau. Als nun die Zeit kam, wo der König und der Rat der Zwölfe die Häuser in Einsicht nehmen sollten, da gingen sie zuerst in das Haus des Ältesten, dann in das des Zweiten, und während sie dessen Haus betrachteten, kam der Jüngste zur Äffin gelaufen und sagte zu ihr: »Nun mach schnell, denn nun kommen sie.« Doch bis sie kamen, hatte die Äffin schon die Haselnuss aufgeknackt und daraus einen Schmuck für das Haus hervorgezogen, der aus lauter Diamanten bestand, und dann knackte sie die Mandel auf und zog einen Teppich hervor, auf den der König treten sollte. Wie nun der König ankam, da fand er den Teppich so schön, dass er seine Schuhe auszog, um daraufzutreten. Die Frau aber begrüßte ihn, so gut sie es als Äffin verstand. Darüber waren aber alle einverstanden, dass der Jüngste die Wette gewonnen habe.

Da sagte der König: »Es soll nun noch eine Wette angestellt werden, und die soll der gewinnen, welcher mir mitten im

Winter frische Früchte bringen kann.« Da bemühten sich die beiden Ältesten vergeblich, solche zu finden; der Jüngste aber erzählte die neue Wette seiner Frau, und sie sagte: »Sei guten Muts, solcher Früchte ist unser Garten voll«; und am Tage der Wette schickte sie ihn zu ihrer Mutter mit dem Auftrage, ihr die schönsten Früchte in einem silbernen Korbe zu schicken. Diesen Fruchtkorb trug der Jüngste dann zur Wette auf das Schloss, und da war im Rate der Zwölfe nur eine Stimme, dass er auch diese Wette gewonnen habe.

Nun wurde noch eine dritte Wette festgestellt, die der gewinnen sollte, dessen Frau an einem Feste für die schönste erklärt würde, das in zehn Tagen besonders dazu gehalten werden solle. Wie nun der Festtag herankam, schickte die Äffin ihren Mann zu ihrer Mutter, damit er von ihr eine Haselnuss und eine Mandel, zwei Hengste und fünf Diener verlange; und als er alles der Äffin gebracht hatte, knackte sie die Mandel auf und zog daraus ein Kleid für sich hervor, auf dem der Himmel mit seinen Sternen zu sehen war, dann knackte sie die Haselnuss auf und zog aus ihr den Anzug für ihren Mann und ihre eigene Schönheit hervor, und nachdem sie sich angezogen hatten, ritten sie zum Feste und sprengten rasch durch die Höfe, damit sie niemand erkennen könne und sie unerkannt wieder wegreiten könnten. Der König aber erriet ihre Absicht und ließ die Türe schließen, so dass sie nicht hinaus könnten und sich zu erkennen geben mussten; und somit hatte der Jüngste auch die dritte Wette gewonnen und bestieg nach dem Tode seines Vaters den Thron.

VON DEM SCHÖNEN UND VOM DRAKOS

Es war einmal ein Mann, der verprasste seine Jugend in jeder Art von Lust und Vergnügen. Nachdem er sich aber ausgetobt hatte, entschloss er sich, zu heiraten. Seine Frau gebar ihm zwei Knaben, von denen der jüngste sehr schön war, und daher von seinem Bruder sehr gehasst wurde. Als sie nun eines Tages zusammen in den Wald gingen, da packte der ältere seinen Bruder, band ihn an einen Baum und ging seiner Wege, indem er hoffte, dass der schöne Knabe so verschmachten müsse.

Der Zufall wollte aber, dass ein alter und buckliger Schäfer mit seiner Herde an dem Baume vorüberzog, an den der Knabe gebunden war, und als dieser ihn erblickte, fragte er: »Sage mir doch, mein Sohn, warum sie dich so an den Baum gebunden haben.« Dieser antwortete: »Weil ich sehr buckelig war, haben sie mich an den Baum gebunden, und davon ist mein Rücken ganz grade geworden.« »Willst du mich nicht auch binden«, sagte darauf der Schäfer, »damit auch mein Rücken grade werde?« »Ei, warum sollte ich dir nicht den Gefallen tun?«, antwortete der Knabe. »Wenn du mich losbindest, so will ich dich daran binden, so gut ich es nur vermag.« Da löste der Schäfer die Stricke, mit denen der Knabe gebunden war; er band nun den Schäfer an seiner statt an den Baum; und mit dieser List nahm er dem Schäfer seine Herde und zog damit fort. Darauf begegnete er einem Pferdehirten und betrog ihn um dessen Herde, und dann begegnete er einem Ochsenhirten und nahm auch dem seine Herde.

Durch diese und ähnliche Streiche wurde er nach und nach so berühmt im Lande, dass sein Ruf bis zu dem König drang und dieser neugierig wurde, den Menschen zu sehn, welcher alle Welt betrügen könne. Er befahl also seinen Leibwächtern, den Schönen einzufangen und vor ihn zu führen.

Als nun der Schöne vor den König gebracht wurde, sprach dieser zu ihm: »Du hast durch die Streiche, welche du den Leuten gespielt, das Leben verwirkt; wenn du aber imstande bist, mir das Flügelpferd des Drakos zu bringen, so will ich dir das Leben schenken; wenn du das nicht kannst, so lasse ich dich in Stücke hauen!« Da sagte der Schöne: »Wenn es weiter nichts ist, das will ich schon holen.« Er machte sich also auf und ging gradewegs in den Stall, wo das Flügelpferd des Drakos stand; sowie er aber die Hand ausstreckte, um es am Zaume zu fassen, da fing es, so stark es konnte, zu wiehern an. Der Stall war aber grade unterhalb der Stube, in der der Drakos schlief, so dass dieser von dem Wiehern des Gaules geweckt wurde und ihm zurief: »Was hast du denn, mein Schätzchen, dass du so spektakelst?« Nach einer Weile versuchte der Schöne von Neuem, den Gaul loszubinden, der fing aber wieder so laut zu wiehern an, dass der Riese abermals aufwachte und den Gaul fragte, was er denn habe, dass er so spektakle. Als nun der Schöne abermals den Gaul abzubinden versuchte und dieser abermals wieherte und den Drakos zum dritten Male weckte, da wurde der böse, ging in den Stall, nahm eine Peitsche und gab dem Pferd eine derbe Tracht Schläge. Das verdross aber den Gaul, und als sich daher der Drakos wieder niedergelegt hatte und der Schöne von Neuem versuchte, ihn abzubinden, so ließ er sich das ruhig gefallen. Da zog der Schöne den Gaul aus dem Stalle, setzte sich darauf, und rief, so laut er konnte: »He, Drakos! Drakos! Wenn dich einer fragt, wer dir deinen Gaul genommen habe, so sage, das sei der Schöne gewesen«, und ritt darauf, so rasch er konnte, zum König.

Der König aber sagte ihm: »Das Flügelpferd reicht mir nicht hin, du musst mir auch die Bettdecke mit den Schellchen des Drakos bringen, sonst lasse ich dich in Stücke hauen.« Da antwortete der Schöne: »Wenn es weiter nichts ist; die will ich schon holen.« Er ging also zum Hause des Drakos, stieg in der Nacht auf das Dach und öffnete die Dachluke, ließ die Kesselkette herab und versuchte mit dem Kesselhaken die Bettdecke heraufzuziehen. Da fingen aber die Schellchen zu klingen an, und davon wachte der Drakos auf und rief: »Frau, du hast mich aufgeweckt!«, und zog die Decke wieder an sich, und zugleich den Schönen aus der Dachluke herunter in die Stube. Da packte ihn der Drakos und band ihn und sprach zur Drakäna: »Morgen werde ich in die Kirche gehn, du aber musst zu Hause bleiben und ihn schlachten und zurichten, und wenn ich aus der Kirche komme, so wollen wir ihn verzehren.«

Als nun am andern Morgen der Drakos zur Kirche gegangen war, packte die Drakäna den Schönen, um ihn zu schlachten. Während sie ihn losband, sagte er zu ihr: »Warte ein bisschen, damit ich mich noch einmal vor dir verbeugen kann«; und wie sie ihm ein bisschen Luft ließ, so dass er sich bücken konnte, da packte er sie bei den Beinen, riss sie zu Boden, schlachtete sie und steckte sie in den Backofen, den sie für ihn angezündet hatte; ihre Brüste aber schnitt er ab und hängte sie an den Nagel. Dann nahm er die Schellendecke und brachte sie dem Könige.

Der König aber sagte: »Auch das ist noch nicht genug, du musst mir den Drakos selbst holen, oder ich lasse dich in Stücke hauen.« Da antwortete der Schöne: »Auch das soll geschehen, aber du musst mir dazu *zwei Jahre* Zeit lassen, damit mir der Bart wächst, und er mich nicht erkennt.« Der König war das zufrieden, und nun wartete er zwei Jahre lang, bis ihm der Bart gewachsen war. Darauf machte er sich nach dem Hause des Drakos auf den Weg und begegnete einem Bettler, den fragte er, ob sie nicht ihre Kleider tauschen wollten; und da der es zufrieden war, so zog er dessen Kleider an und gab ihm dafür die seinigen. Darauf ging er gradewegs in das Haus des Drakos und traf ihn, wie er grade einen Kasten zimmerte, und sprach: »Guten Tag, deiner Herrlichkeit, gib mir ein Stückchen Brot.« Dieser aber sprach: »Wart ein bisschen, bis ich den Kasten fertig habe, dann gebe ich dir.« Da fragte ihn der Bettler: »Was hast du denn mit diesem Kasten vor?« Der Drakos erwiderte: »So und so ist es mir mit dem Schönen ergangen, und darum habe ich diesen Kasten gemacht, um ihn hineinzustecken, wenn ich ihn erwische.« Da sprach der Bettler: »Das ist in der Tat ein großer Bösewicht, denn der ist auch schuld an meinem Elend und hat mich so heruntergebracht. Aber dein Kasten ist zu klein für ihn, denn er ist ein großer Mensch.« »Ei was«, antwortete der Drakos; »der Kasten ist ja für mich groß genug.« Der Bettler sagte: »Ja, aber der Schöne ist auch fast so groß wie du, geh her und probier's einmal, wenn du hineingehst, so geht auch er hinein.« Da legte sich der Drakos in den Kasten, und der Schöne machte den Deckel zu und rief: »Drücke mal, um zu sehn, ob du den Kasten nicht sprengen kannst.« Da drückte der Drakos, was er konnte, und rief dann: »Er ist fest, mache nur auf!«, stattdessen aber schlug der Schöne den Deckel mit Nägeln noch fester zu und schlug auch Nägel in die Bretter, damit er sich nirgends widerstemmen könne. Darauf lud er den Kasten auf den Rücken und trug ihn zum König. Dieser war aber so neugierig, den Drakos zu sehn, dass er ein Loch in den Kasten schnitt, um hineinzusehn. Da, wo er das Loch schnitt, war grade der Mund des Drakos, und wie nun der König hineinsah, verschluckte ihn der Drakos auf einmal. Darauf nahm der Schöne die Königstochter zur Frau und wurde der König des Landes.

DIE ZWILLINGSBRÜDER

Es war einmal ein Fischer, der hatte zwar sein gutes Auskommen, aber keine Kinder. Eines Tages kam ein altes Mütterchen zu seiner Frau und sagte: »Was nützt dir dein Wohlstand, wenn du keine Kinder hast?« »So ist es Gottes Wille!«, antwortete die Frau. »Nein, mein Kind, das ist nicht Gottes Wille, sondern die Schuld deines Mannes, denn wenn der das goldene Fischchen finge, so würdet ihr Kinder bekommen. Wenn also heute Abend dein Mann nach Hause kommt, so sage ihm, er solle hingehn und das Fischchen fangen; das müsst ihr dann in sechs Stücke schneiden. Eins davon musst du und das zweite dein Mann essen, und dann werdet ihr zwei Kinder bekommen. Das dritte gib der Hündin, und dann wird sie zwei Welpen werfen. Das vierte gib der Stute, und dann wird sie zwei Fohlen werfen. Das fünfte vergrabe rechts von der Hausschwelle und das sechste links, und dann werden da zwei Zypressenbäume hervorwachsen.«

Als am Abend der Fischer nach Hause kam, erzählte ihm seine Frau, was ihr die Alte geraten, und er versprach, das goldne Fischchen zu bringen. Drauf ging er in aller Frühe zum Wasser und fing das goldne Fischchen. Sie taten damit, wie die Alte verordnet hatte, und nach der bestimmten Zeit bekam die Fischerin zwei Kinder, die sich so ähnlich sahen, dass man das eine vom andern nicht unterscheiden konnte, die Hündin warf zwei ganz gleiche Welpen, die Stute zwei ganz gleiche Fohlen, und an der Hausschwelle sprossen zwei ganz gleiche Zypressen auf.

Als die Knaben herangewachsen waren, wollten sie nicht zu Hause sitzen bleiben, obgleich sie Gelds und Guts genug hatten, und verlangten in die Welt zu gehn und sich einen Namen zu machen. Der Vater aber ließ sie nicht zusammen gehn, weil sie die einzigen Kinder waren, die er hatte, und sagte: »Erst soll der eine wandern, und wenn der zurück ist, dann kann auch der andere gehen.« Also nahm denn der eine das eine Pferd und den einen Hund, und sagte zu seinem Bruder: »Solange die zwei Zypressen grün sind, so ist das ein Zeichen, dass ich lebe und gesund bin, wenn aber die eine dürr wird, dann mache dich auf und suche mich.«

Drauf zog er in die Welt hinaus. Eines Tages kehrte er bei einer alten Frau ein, und als er dort des Abends vor dem Hause saß, erblickte er ein Schloss, das auf einem Berge lag, und fragte die Alte, wem das gehöre.

»Das ist das Schloss der Schönen des Landes, mein Sohn.«

»Und ich bin hierhergekommen, um sie zu freien!«

»Das haben schon viele versucht, mein Sohn, und haben darüber ihr Leben verloren, denn sie hat ihnen die Köpfe abgeschlagen und auf die Eisenpfähle gesteckt, die du dort stehen siehst.«

»Das soll sie mir auch antun, wenn's nicht anders ist, denn ich werde morgen hingehn und um sie freien.«

Drauf holte er seine Zither und spielte darauf so schön, wie man es in jenem Lande noch nie gehört hatte, und die Prinzessin selbst kam ans Fenster, um zuzuhören.

Des andern Morgens ließ die Schöne des Landes die Alte kommen und fragte sie: »Wer wohnt bei dir, der so schön Zither spielen kann?« »Es ist ein Fremder, Prinzessin, der gestern Abend angekommen ist«, sagte die Alte. Und die Prinzessin befahl ihr, den Fremden zu ihr zu führen. Als der Fremde vor der Prinzessin erschien, fragte sie ihn nach seiner Heimat und seiner Familie und nach diesem und jenem, und gestand ihm endlich, dass ihr sein Zitherspiel sehr wohlgefallen, und dass sie ihn zum Manne nehmen wolle. Der Fremde entgegnete, dass er eben in dieser Absicht hierhergekommen sei. Drauf sprach die Prinzessin: »Nun gehe zu meinem Vater und sage ihm, dass du mich zum Weibe verlangst, und wenn er dir dann die Aufgaben gestellt hat, so komme zurück und sage sie mir.«

Der Fremde ging also zum König und sagte ihm, dass er seine Tochter zur Frau haben wolle. Und der König erwiderte: »Ich bin's zufrieden, wenn du imstande bist, das zu tun, was ich dir aufgebe, wo nicht, so kostet es dir den Kopf. Also höre: Draußen auf dem Felde liegt ein dicker Klotz, der mehr als zwei Klafter im Umfange hat, wenn du den mit einem Hiebe deines Schwertes entzweihaust, so geb ich dir das Mädchen zum Weibe. Wenn es dir aber misslingt, so kostet es dir den Kopf.« Drauf zog sich der Fremde zurück und kam sehr betrübt zur Alten, denn er glaubte nicht anders, als dass er am andern Tage dem Könige mit dem Kopfe büßen müsse, und vor lauter Sinnen, wie er es anfangen solle, um den großen Klotz zu spalten, vergaß er auch seine Zither.

Am Abend trat die Prinzessin ans Fenster, um seinem Spiele zuzuhören, fand aber alles still. Da rief sie ihm zu: »Warum bist du denn heute Abend so nachdenklich und spielst nicht auf der Zither?«, und er klagte ihr nun seinen Kummer. Sie aber lachte darüber und rief: »Und über so was grämst du dich? Hole nur schnell deine Zither und spiele was auf zum Zeitvertreib, und komme morgen früh zu mir.«

Da holte der Fremde seine Zither und spielte den ganzen Abend über zur Unterhaltung der Prinzessin; und am andern

Morgen gab ihm diese ein Haar aus ihren Locken und sprach: »Nimm dieses Haar und wickle es um dein Schwert, so wirst du den Klotz entzweihauen.« Drauf ging der Fremde hin und spaltete den Klotz mit einem Hiebe. Der König aber sprach: »Jetzt werde ich dir noch eins aufgeben, wenn du meine Tochter zur Frau haben willst.« »So sprich«, erwiderte der Fremde. »Also höre: Du musst ein Pferd besteigen und damit in vollem Laufe drei Stunden Weg machen und in jeder Hand einen Becher voll Wasser halten, und wenn du keinen Tropfen davon verschüttest, so geb' ich dir meine Tochter zur Frau. Gelingt's dir aber nicht, so nehm' ich dir das Leben.«

Da ging der Fremde zur Alten zurück und war wieder so betrübt, dass er auch seine Zither vergaß. Am Abend trat die Prinzessin ans Fenster, um ihm zuzuhören, da aber alles still war, rief sie ihm zu: »Warum bist du denn wieder so bekümmert und spielst nicht auf deiner Zither?« Darauf erzählte er ihr, was ihm der König aufgegeben habe, und die Prinzessin erwiderte: »Lass dich das nicht kümmern und spiele nur zu und komme morgen bei mir vorbei.«

Des andern Morgens ging er zu ihr, und sie gab ihm ihren Ring und sprach: »Wirf diesen Ring ins Wasser, und davon wird es gefrieren und du wirst nichts verschütten.« Er tat wie ihm geheißen, und machte den Weg, ohne das Wasser zu verschütten.

Darauf sagte der König: »Jetzt will ich dir noch eins aufgeben, und das soll das Letzte sein. Ich habe einen Schwarzen, mit dem sollst du morgen kämpfen, und wenn du Sieger bleibst, so sollst du meine Tochter haben.« Da kehrte der Fremde voll Freude zur Alten zurück und war abends so lustig, dass ihm die Prinzessin zurief: »Du bist ja sehr vergnügt heut Abend. Was hat dir denn mein Vater gesagt, dass du so froh bist?« Dieser erwiderte: »Er hat mir gesagt, dass ich morgen mit seinem Schwarzen kämpfen solle; das ist ein Mensch wie ich, und den hoff ich schon unter mich zu bringen.« Da rief die Prinzessin: »Ach, das ist das Schwerste von allem, denn dieser Schwarze bin ich selber. Man gibt mir einen Trank, und von dem werd ich in einen Schwarzen von unüberwindlicher Stärke verwandelt. Gehe aber morgen auf den Markt und kaufe zwölf Büffelhäute und umwickle dein Pferd damit; stecke auch dies Tuch zu dir, und wenn ich morgen auf dich losgehe, dann zeige es mir, damit ich ein bisschen wieder zu mir selbst komme und dich nicht töte; und wenn du mit mir kämpfest, so musst du versuchen, mein Pferd zwischen den Augen zu treffen, denn wenn du dieses tötest, so hast du mich besiegt.«

Am andern Morgen ging er auf den Markt, kaufte die zwölf Büffelhäute und umwickelte damit sein Pferd. Drauf begann er mit dem Schwarzen zu kämpfen, und als der Kampf eine Zeit lang gedauert hatte und schon elf Büffelhäute zerrissen waren, da traf der Fremde das Pferd des Schwarzen zwischen die Augen, und wie es tot hinfiel, war der Schwarze besiegt und der Fremde hatte gewonnen. Da sprach der König: »Weil du die drei Aufgaben gelöst hast, so nehme ich dich zum Eidam.« Der Fremde aber erwiderte: »Ich hab' noch ein Geschäft abzumachen, doch in vierzig Tagen komme ich zurück und hole die Braut heim.«

Er machte sich also auf und zog nach einem andern Land, kam in eine große Stadt und stieg dort in dem Hause einer alten Frau ab. Nachdem er zu Abend gegessen, verlangte er von der Alten Wasser. Da sagte die Alte: »Ich habe keins, mein Sohn, denn ein Ungeheuer hält unsere Quellen besetzt und lässt uns nur einmal im Jahr daraus schöpfen, wenn wir ihm ein Mädchen bringen. Das frisst er auf und lässt uns dafür Wasser holen. Gerade jetzt ist das Los auf die Tochter des Königs gefallen, und morgen soll sie hingeführt werden.«

Des anderen Tags wurde die Prinzessin zur Quelle geführt und dort mit einer goldenen Kette angebunden, dann entfernten sich die Leute und ließen sie allein. Als alle fort waren, ging der Fremde zu dem Mädchen und fragte sie, was ihr fehle, dass sie so jammere? Und diese erwiderte, dass das Ungeheuer kommen und sie fressen werde, und darum jammere sie. Da versprach ihr der Fremde, sie zu befreien, wenn sie ihn zum Manne nehmen wolle, und die Prinzessin willigte mit Freuden ein. Wie nun das Ungeheuer herankam, hetzte der Fremde seinen Hund auf dasselbe, und dieser erwürgte es. Und so wurde die Prinzessin befreit.

Als das der König hörte, willigte auch er in die Heirat, und stellte eine große Hochzeit an. Der junge Ehemann blieb hundert und eine Woche in dem Palaste, dann aber wurde es ihm zu enge darin, und er verlangte, auf die Jagd zu gehen. Der König wollte ihn davon abhalten, aber es gelang ihm nicht. Drauf bat er ihn, einiges Geleite mitzunehmen, aber auch das schlug er ab und nahm nur sein Pferd und seinen Hund mit.

Nachdem er ein gutes Stück geritten war, sah er von fern eine Hütte und ritt darauf los, um Wasser zu trinken. Er fand darin eine alte Frau und ging sie um Wasser an. Die Alte sagte, er solle ihr erlauben, seinen Hund vorher mit ihrem Stäbchen zu schlagen, damit er sie nicht beiße, und dann wolle sie ihm Wasser geben. Der Jäger willigte ein, und als sie den Hund mit dem Stäbchen berührte, da wurde dieser zu Stein. Drauf berührte sie den Jäger und sein Pferd, und verwandelte auch sie in Stein. Sowie aber das geschehen war, da verdorrte der eine Zypressenbaum vor seines Vaters Hause.

Als das der andere Bruder sah, machte er sich auf, um ihn zu suchen. Er kam in die Stadt, wo sein Bruder das Ungeheuer getötet hatte, und der Zufall führte ihn zu derselben Frau, wo sein Bruder gewohnt hatte. Als ihn diese erblickte, hielt sie ihn für seinen Bruder und sprach zu ihm: »Nimm es mir nicht übel, mein Sohn, dass ich nicht zu dir gekommen bin, um dir zu deiner Heirat mit der Königstochter Glück zu wünschen.« Der Fremde merkte den Irrtum und sagte: »Das tut nichts, Alte!«, und ritt ohne Weiteres in das Königsschloss. Als ihn der König und die Prinzessin erblickten, da riefen sie: »Wo bist du so lange geblieben? Wir glaubten, es wäre dir was Schlimmes begegnet, weil du so lange nicht kamst.« Als er aber des Nachts mit der Prinzessin schlafen ging, da legte er sein Schwert zwischen sich und seine Schwägerin. Drauf fragte ihn diese: »Was hast du denn, dass du so böse tust?« Er aber antwortete nicht, und ging am andern Morgen auf die Jagd.

Der Zufall führte ihn denselben Weg, den sein Bruder eingeschlagen, und er erblickte ihn von Weitem und merkte, dass er versteinert sei. Da drang er in die Hütte und befahl der Alten, seinen Bruder zu entzaubern. Und diese erwiderte: »Lass mich deinen Hund mit dem Stabe berühren, und dann entzaubere ich deinen Bruder.« Er aber befahl dem Hunde, die Alte bis an die Knie zu verschlingen, und die Alte schrie: »Sag deinem Hunde, er soll mich gehen lassen, und ich will deinen Bruder entzaubern!« Er aber sprach: »Sage mir den Spruch, damit ich ihn selbst entzaubere«, und als sie das nicht wollte, befahl er seinem Hunde, sie bis zu den Hüften zu verschlingen.

Da sprach die Alte: »Ich habe zwei Stäbchen, mit dem grünen versteinere ich, und mit dem roten entsteinere ich.« Da nahm der Jäger das rote Stäbchen und entzauberte seinen Bruder, dessen Hund und Pferd, und befahl seinem eigenen Hunde, die Alte ganz zu verschlingen.

Als sie nun selbander zum Schlosse der Schwiegereltern zurückkehrten, erzählte unterwegs der eine Bruder dem andern, wie die Zypresse auf einmal vertrocknet sei, wie er sich nach ihm auf den Weg gemacht, wie er zu seinen Schwiegereltern gekommen und bei seiner Frau geschlafen habe. Da ließ ihm der andere nicht Zeit hinzuzufügen, dass er sein Schwert in die Mitte gelegt habe, sondern erschlug ihn auf der Stelle und kehrte allein zu seinen Schwiegereltern zurück.

Als er sich nun am Abend zu der Prinzessin ins Bett legte, fragte ihn diese: »Was hattest du denn gestern, dass du nicht mit mir sprachst, sondern dein Schwert zwischen uns legtest und mir den Rücken zukehrtest?« Da rief er: »Das war ich nicht, sondern mein Bruder, und den hab' ich erschlagen, als er mir unterwegs erzählte, dass er bei dir geschlafen habe.«

»Weißt du noch, wo du ihn erschlagen«, fragte die Prinzessin, »und wo der Leichnam liegt?«

»Das weiß ich genau.«

»Nun, dann wollen wir morgen zu ihm hinreiten.«

Des andern Morgens machten sie sich also auf, und als sie zum Leichnam kamen, holte die Prinzessin ein Fläschchen hervor, das sie zu sich gesteckt hatte, goss einige Tropfen vom Wasser des Lebens auf ihn, und davon lebte er sogleich wieder auf. Als er aufgestanden war, sagte sein Bruder zu ihm: »Verzeih mir, Lieber, dass ich dich totgeschlagen habe, ich wusste ja nichts von dem Schwert.« Darauf umarmten sie sich, und gingen zur Schönen des Landes, welche der ledige Bruder zur Frau nahm, und ließen ihre Eltern zu sich kommen und lebten glücklich und in Freuden.

VON DEM ALTEN UND DER ALTEN MIT DEM HAHNE UND DEM HUHNE

Es war einmal eine alte Frau und ein alter Mann, die hatten einen Hahn und ein Huhn. Sie lebten lange zufrieden miteinander, aber endlich wurden sie so uneins, dass sie abteilten, und dabei bekam der Alte den Hahn und die Alte das Huhn. Das Huhn aber war tüchtig und legte der Alten viele Eier. Da sagte einmal der Alte zu ihr: »Ei, Alte, gib mir doch ein paar Eier!« Die aber wollte ihm keine geben, und sagte ihm: »Dein Hahn kann dir ja welche legen.«

Da wurde der Alte zornig, ergriff den Hahn und schlug so lange auf ihn, bis er ihm ein Bein gebrochen, und drauf schickte er ihn fort, um ihm Eier zu holen.

Da machte sich der Hahn auf, und ging und ging, bergauf, bergab.

Endlich traf er auf einen Fuchs, der fragte ihn: »Wo gehst du hin, Schnapphahn?« – »Bis hierher und zurück«, antwortete dieser.

»Darf ich auch mitgehen?«

»Komm mit! Dass du mir aber nicht müde wirst!«

Da lachte der Fuchs und sprach: »Du hast nur einen Fuß und ich habe viere, und ich sollte müde werden?«

Sie machten sich nun zusammen auf den Weg und gingen so weit, bis der Fuchs sagte: »Nun bin ich müde!«, und der Hahn sprach: »So setz dich auf mein Schwänzchen«; und so ging es wiederum ein gut Stück weiter.

Da traf er einen Wolf, der fragte ihn:

»Wo gehst du hin, Schnapphahn?«

»Bis hierher und zurück!«

»Darf ich auch mitkommen?«

»Komm! Dass du mir aber nicht müde wirst!«

Da lachte der Wolf und sprach: »Du hast nur einen Fuß und ich viere, und du sprichst mir von müde werden?«

Sie machten sich nun zusammen auf den Weg und gingen so weit, bis der Wolf sagte: »Nun bin ich müde!«

Da sagte ihm der Hahn: »So setz dich auf mein Schwänzchen.«

Nachdem der Hahn wieder ein gutes Stück gegangen war, kam er zu einem Fluss und wusste nicht, wie er drüberkommen sollte. Endlich fiel es ihm ein, und er rief zweimal seinem Bürzel zu: »Schlürf mir den Fluss ein«; und dieser tat, wie ihm befohlen worden.

Nachdem er nun wieder eine Weile gegangen war, kam er an einen Krautgarten, der einem König gehörte; da schlüpfte er in einen faulen Kohlstrunk und schrie: »Kikeriki! Ich mache auf des Königs Bart, auf seines Sohnes Schnurrbart und auf den Rocken der Prinzessin«, und rief so lange, bis es der König hörte. Da sagte er zu dem Diener: »Geh mal hin und sieh zu, wer so schreit.« Der kam zurück und sagte: »Es schreit wie ein Hahn im Kohlgarten.«

Drauf sagte ihm der König: »Geh hin und schneide alle Kohlköpfe ab, und lass mir keinen stehn, damit wir herausbringen, wer das ist.«

Der Diener ging hin und schnitt alle Krautköpfe ab, konnte aber nichts finden; und wie er wieder zum König zurückkam, da fing der Hahn von Neuem an und rief: »Kikeriki! Ich mache auf des Königs Bart, auf seines Sohnes Schnurrbart und auf den Rocken der Prinzessin!«

Da sprach der König zu dem Diener: »Du hast sie gewiss nicht alle abgeschnitten.« Und der antwortete: »Ich habe nur einen faulen stehen lassen.«

Der König sprach: »Geh hin und schneide auch den ab.«

Drauf ging der Diener hin, schnitt ihn ab, fand den Hahn drin sitzen und brachte ihn dem König.

Der aber sagte zum Diener: »Tue ihn zu den Hühnern, damit sie ihn so lange beißen, bis er draufgeht.« Und das geschah. Da ließ der Hahn den Fuchs los, und der fraß die Hühner.

Drauf befahl der König: »Wirf den Hahn zu den Pferden, damit ihn diese tottreten.« Und das geschah. Da ließ der Hahn den Wolf los, und der fraß die Pferde auf.

Darauf sagte der König: »Heize mir den Backofen tüchtig, bis er glühend wird, und wirf ihn hinein, damit er darin verbrenne.«

Da heizte der Diener den Ofen so lange, bis er glühend wurde, und warf den Hahn hinein. Der aber ließ den Fluss los und löschte den Ofen.

Drauf sagte der König: »Nimm ihn und wirf ihn in das große Gewölbe, wo die großen Goldstücke sind, damit er davon fresse und daran ersticke.« Sie warfen also den Hahn hinein, der fraß und fraß, bis er nicht mehr konnte, nahm noch ein Goldstück in den Mund und stellte sich, als ob er tot wäre.

Nach einer Weile sagte der König zu seinem Diener: »Geh hin und sieh zu, ob er draufgegangen ist, und wirf ihn hinaus.« Der Diener ging und fand den Hahn auf der Erde liegen und glaubte, er wäre draufgegangen, hob ihn auf und warf ihn hinaus. Kaum war der Hahn draußen, so stand er auf und krähte: »Kikeriki, ich mache auf des Königs Bart, auf seines Sohnes Schnurrbart und auf den Rocken der Prinzessin!«

Da befahl der König dem Diener: »Geh hin und fange ihn,

damit wir ihn schlachten.« Und der Diener ging hin, und wie er den Hahn greifen wollte, schlug der mit den Flügeln, flog fort, kam zu dem Alten zurück und rief: »Alter, Alter, komm her und breite dein Strohmattlein aus und dein Säcklein, und nimm dein Seilchen und dein Stöckchen. Hänge mich auf und schüttle mich, damit du siehst, was für schöne Sachen ich dir mitgebracht habe.« Da nahm ihn der Alte, schüttelte die Goldstücke aus ihm heraus und füllte seinen Sack damit.

Als die Alte das sah, sagte sie zu ihm: »Gib mir doch auch ein paar Goldstücke!« Der Alte aber erwiderte: »Ei was! Neulich hab' ich ein Ei von dir verlangt, da hast du mir auch keins gegeben; und da mir das der Hahn gebracht hat, so kannst du ja auch deine Henne ausschicken, um ebenso viel zu bekommen.«

Da griff die Alte die Henne, bläute sie tüchtig und befahl ihr dann, fortzugehn und ihr auch Goldstücke zu bringen.

Das arme Huhn machte sich auf den Weg und lief hierhin und dorthin, fand aber nur ein paar alte Heller und falsche Groschen, ein paar Schlangen und Eidechsen; die verschluckte sie, kam zur Alten zurück und rief: »Alte, Alte! Komm her und breite dein Strohmattlein aus und dein Säcklein, und nimm dein Seilchen und dein Stöckchen. Hänge mich auf und schüttle mich, damit du siehst, was für schöne Sachen ich dir mitgebracht habe.«

Die Alte nahm nun das Huhn und schüttelte es, aber es fielen nur alte Heller und falsche Groschen heraus. »O Glücksstern!«, rief die Alte. »Was für Dukaten mir die gebracht hat!« Drauf schüttelte sie von Neuem, da fielen die Schlangen und Eidechsen heraus und stürzten auf sie los, um sie zu beißen. Die Alte aber lief und lief, bis sie zu einem Stall kam, wo wilde Ziegen wohnten, und dort versteckte sie sich unter einem Waschtrog.

Als nun des andern Tags die Ziegen auf die Weide gegangen waren, da kam die Alte heraus und kehrte den Stall, und versteckte sich dann wieder unter dem Trog.

Das geschah einmal und zweimal, da sagten die Ziegen zueinander: »Wer mag das wohl sein, der uns so schön auskehrt?«, und machten aus, dass eine von ihnen morgen zurückbleiben solle, um zu sehen, wer das wäre. Es blieb also ein Böckchen zurück; das wartete und wartete, bis es hungrig wurde und auf die Weide gehen musste. Da kam die Alte hervor, kehrte aus und versteckte sich dann wieder unter dem Trog. Am Abend kamen die Ziegen zurück und fanden den Stall wieder ausgekehrt.

Als sie nun am andern Morgen auf die Weide gingen, blieb ein räudiges Zicklein zurück; das wartete und wartete, es kam aber niemand; da ließ es sich hinfallen und stellte sich tot. Als das die Alte sah, kroch sie heraus, nahm das Zicklein und beweinte es: »I hi hi! Mein Söhnlein! I hi hi! Mein Söhnlein!« Drauf legte sie es in eine Ecke, kehrte aus und versteckte sich wieder unter dem Trog. Das räudige Zicklein aber, das sich tot gestellt hatte, lief zu den Ziegen und sagte ihnen: »So und so: Es ist eine Alte, die kam unter dem Trog hervor, kehrte aus und versteckte sich wieder darunter.«

Als am Abend die Ziegen nach Hause kamen, gingen sie zum Troge, fanden die Alte darunter und fragten sie, was sie da mache; und die Alte erzählte ihnen, wie es ihr ergangen. Drauf sagten ihr die Ziegen: »Du hast gut getan, hierherzukommen; du kannst uns immer auskehren und Zweige schneiden, und dafür Milch essen.« – »Gut!«, sagte die Alte, und dabei blieb's.

Nach der Hand erfuhr der Alte, wo sie sei. Er machte sich also auf und kam zu ihr, und sagte ihr: »Bringe mir eine Schüssel Milch!« Die brachte sie, und er aß sie aus. »Bring mir noch eine!«

Die Alte brachte noch eine, und er aß sie aus. Drauf sprach der Alte: »Mit der Schüssel kann ich nicht satt werden. Bring mir einen Eimer voll, damit ich mich einmal recht satt esse.« – »Gut«, sagte die Alte; »aber wenn du so viel Milch issest, so musst du furzen, und da laufen mir die Ziegen weg.« – »So verstopf mir das Loch mit dem Hammer.« – Das tat die Alte, und er aß sich knüppeldick. Da zog er den Hammer heraus – »Brrrr!«, brausten die Winde, – »Hui!«, liefen die Ziegen.

Die Alte lief den Ziegen nach, und lief und lief, bis ihr ein Wolf begegnete. Zu dem sagte sie: »Herr Nicola! Herr Nicola! Hast du meine Ziegen und meine Zicklein nicht gesehn?«

»Ich habe sie nicht gesehn.«

Da lief die Alte weiter, bis ihr eine Füchsin begegnete; die fragte sie: »Frau Maro! Frau Maro! Hast du meine Ziegen und meine Zicklein nicht gesehn?«

»Jawohl!«, antwortete diese. »Was gibst du mir, wenn ich dich zu ihnen führe?«

»Mein bestes Böcklein.«

»Wann gibst du's mir?«

»Nächsten Sonnabend.«

Da zeigte ihr die Füchsin die Ziegen, und sie nahm sie und trieb sie nach Hause.

Am andern Sonnabend machte sich die Füchsin auf, um das Böcklein zu verlangen. Die Alte aber nahm es und setzte es hoch auf das Dachgebälke.

Da kam die Füchsin und sagte: »Gib mir das Böcklein.«

»Nach der Hand«, sprach die Alte. »Komm, erst wollen wir essen.« Sie aßen also, und als sie fertig waren, sagte die Füchsin: »Nun gib mir's!«

»Nach der Hand! Lause mich erst ein bisschen!«

Die Füchsin lauste sie also und sagte drauf: »Gib mir's nun!«

»Es ist nicht hier, es kommt erst gegen Abend.«

Da pisste das Böcklein von oben herunter.

»Zit, zit!«, rief die Alte. »Da ist mir der Honig ausgelaufen.«

Drauf mistete das Böcklein.

»Zit, zit!«, rief die Alte. »Da laufen mir die Rosinen aus!«

Drauf meckerte das Böcklein: »Meh, meh!«

»Ei, Alte!«, sagte die Füchsin; »Du hast das Böcklein und sagst, es wäre nicht hier!« Sie nahm es nun ohne Umstände, setzte sich drauf und ritt und ritt, bis sie einem Schafhirten begegnete, und rief: »He, Schafhirt, Schafhirt! Hast du Feuer, um dran zu sitzen, und Feuer, um sich zu wärmen?«

»Ich habe Feuer, um dran zu sitzen, und Feuer, um sich zu wärmen. Aber Essen und Trinken hab' ich nicht.«

»Das hab' ich unter meinem Schwänzchen.«

Drauf brieten sie das Böcklein.

Und in der Frühe nahm die Füchsin das Fett, bestrich damit den besten Widder, und rief:

»He, Schafhirt, Schafhirt! Siehe, das Fett von meinem Böcklein ist an den Hörnern deines Widders.« Da nahm die Füchsin den Widder, setzte sich drauf, und ritt und ritt, bis sie einen Kuhhirten fand. Dem rief sie zu: »Kuhhirt, Kuhhirt! Hast du Feuer, um dran zu sitzen, und Feuer, um sich zu wärmen?«

»Ich habe Feuer, um dran zu sitzen, und Feuer, um sich zu wärmen. Aber Essen und Trinken hab' ich nicht.«

»Das hab' ich unter meinem Schwänzchen.«

Nachdem sie den Widder gebraten und gegessen hatten, nahm die Füchsin das Fett und bestrich damit die beste Kuh.

Am andern Morgen stand sie auf und rief:

»He, Kuhhirt, Kuhhirt! Das Fett von meinem Widder ist an

deiner Kuh.« Drauf nahm sie die Kuh, setzte sich drauf und ritt und ritt, bis sie einen Pferdehirten fand.

»He, Pferdehirt, Pferdehirt! Hast du Feuer, um dran zu sitzen, und Feuer, um sich zu wärmen?«

»Ich habe Feuer, um dran zu sitzen, und Feuer, um sich zu wärmen. Aber Essen und Trinken hab' ich nicht.«

»Das hab' ich unter meinem Schwänzchen.«

Drauf brieten sie die Kuh. Und am andern Morgen beschmierte die Füchsin die beste Jungstute mit deren Fett und rief:

»Pferdehirt, Pferdehirt! Das Fett von meiner Kuh ist an deiner Stute«; setzte sich darauf und ritt heim, sperrte sie in den Stall und sagte zu ihr: »Wenn der Wolf kommt und zu dir spricht: ›Füllchen, Füllchen! Mach das Türchen auf; ich bring dir kaltes Wasser und frisches Gras!‹, dann sag ihm: ›Du bist der Wolf und frissest mich‹; und mach ihm nicht auf. Denn wenn ich komme, will ich rufen: ›Füli, Füli! Mach das Türli auf, ich bring dir kaltes Wasser und frisches Gras.‹«

Da kam der Wolf und rief:

»Füllchen, Füllchen, mach das Türchen auf. Ich bring dir kaltes Wasser und frisches Gras.«

Die Stute aber sagte: »Du bist der Wolf und frissest mich.«

Drauf ging der Wolf zum Schmied und sagte ihm: »Schmied, hämmere mir die Zunge fein, denn ich will die Stute der Frau Maro fressen.« Und der Schmied hämmerte ihm die Zunge, aber die wurde davon immer dicker. Und wie er nun vor dem Stalle rief:

»Füllchen, Füllchen, mach das Türchen auf. Ich bring dir kaltes Wasser und frisches Gras«; so sagte die Stute: »Du bist der Wolf und frissest mich.«

Der Wolf ging also zum Schmied zurück und sagte ihm: »Warum hast du nicht besser draufgeschlagen?«

Der aber sprach: »Je mehr die Zunge gehämmert wird, desto dicker wird sie. Geh unter jenen Baum, dort ist ein Ameisenhaufen, da stecke die Zunge hinein und lass sie von den Ameisen so lange abfressen, bis sie fein wird.« Der Wolf tat, wie ihm geraten wurde, ging darauf zur Stute und rief:

»Füli, Füli! Mach das Türli auf! Ich bring dir kaltes Wasser und frisches Gras.«

Da machte die Stute die Türe auf und glaubte, es wäre die Füchsin; und der Wolf stürzte herein und fraß sie.

Wie nun die Füchsin zurückkam, fand sie die Stute gefressen und rief: »Der Herr Nicola hat sie gefressen, aber ich bring's ihm ein.« Sie lud ihn also zu Gast und machte einen Kessel voll heißes Wasser; und nachdem sie tüchtig gegessen hatten, sagte sie zum Wolf: »Komm, wir wollen sehn, wer am besten über den Kessel springt«, und sprang bald von hier, bald von dort hinüber.

Drauf nahm der Wolf auch einen Ansatz, um drüberzuspringen; und die Füchsin gab ihm einen Stoß, dass er hineinfiel und sich verbrühte. Da rief er: »Zieh mich heraus, zieh mich heraus, Frau Maro!« Die Füchsin aber lachte: »Hahahaha! Dir geschieht ganz recht, ebenso zappelte meine Stute, als du sie gefressen hast.«

DIE DREI BÖSEN SCHNUREN

Es waren einmal drei alte Frauen, die lebten als Nachbarinnen in großer Freundschaft miteinander. Jede von ihnen hatte einen Sohn, und diese drei Söhne waren Kaufleute und Handelsgesellschafter, und darum war auch die Freundschaft zwischen den Müttern so groß. Die drei Alten ruhten aber nicht eher, als bis sie ihre Söhne dazu gebracht hatten, sich zu verheiraten, damit sie, wenn die Mütter stürben, nicht allein wären.

Als nun eines Tages die drei Männer an einem Hause vorüberkamen, da sahen sie auf dem Altane desselben drei Mädchen stehen, die gefielen ihnen so gut, dass sie sogleich um sie anhielten. Nachdem sie das Jawort erhalten, zögerten sie auch nicht lange mit der Hochzeit, und feierten sie alle drei an demselben Tage. Darauf beschlossen sie, zur größeren Ersparnis miteinander in einem Hause zu leben und auch ihre drei Mütter darin wohnen zu lassen.

Nachdem sie so eine Zeit lang miteinander gelebt hatten, dachten sie wieder an ihre Geschäfte, und zogen zusammen in die Stadt, um dort zu kaufen und zu verkaufen. Kaum waren sie aber vom Hause fort, so fingen die drei Schnuren mit ihren Schwiegermüttern zu hadern an, und um sie loszuwerden, schlugen die beiden ältesten vor, sie umzubringen. Aber die jüngste sagte: »Nein, wir wollen sie nicht umbringen, denn das ist zu grausam, aber um sie noch ärger zu strafen, wollen wir sie quälen.« Den andern gefiel dieser Vorschlag, und die älteste Schnur schickte also ihre Schwiegermutter in die Schule, wo sie lesen und schreiben lernen sollte, die zweite schickte die ihrige zu einem Geiger, der sie geigen lehren sollte, und die dritte sperrte die ihrige in den Keller und legte ihr vier Eier unter, die sie ausbrüten sollte, und somit waren sie in der Abwesenheit ihrer Männer der drei Alten ledig geworden und konnten nun tun und lassen, was ihnen beliebte.

Als nun nach geraumer Zeit die drei Männer in ihre Heimat zurückkehrten und zu ihrem Hause gehen wollten, kamen sie an der Schule vorüber, und in dieser war großer Lärm. Sie sahen also zum Fenster hinein und erblickten darin eine alte Frau, welche der Schulmeister buchstabieren ließ, und weil sie schlecht dabei bestand, zankte und schlug er sie, worüber die Schulkinder sich sehr vergnügten. Da sagten zwei von den Kaufleuten zu dem dritten: »Höre, du, ist das nicht deine Mutter?«, und dieser sprach: »Ja, ihr habt recht, das ist meine Mutter!«, und nun rief er durchs Fenster: »He! Mutter! Was machst du denn da drinnen?« »Ach, mein Söhnchen, siehe her, wie es mir ergeht«, antwortete die Alte. – »Wer hat dich denn in die Schule geschickt?« – »Meine Schnur, deine Frau.« – »Bleibe nur noch ein bisschen hier, dann komme ich und hole dich ab.«

Ein paar Häuser weiter wohnte der Geiger, und in dessen Hause hörten sie geigen und denselben Lärm wie in der Schule, und als sie in das Haus hineinsahen, stand da eine alte Frau mit einer Geige in der Hand und sollte geigen, und bestand so schlecht dabei, dass alle, die im Hause waren, darüber lachten und sie verspotteten. Da erkannte der Zweite in der Alten seine Mutter und er rief: »He! Mutter! Was machst du da?« Diese antwortete: »Ach, Söhnchen, meine Schnur, deine Frau, hat mich hier in die Lehre gegeben, um geigen zu lernen.« –

»Bleibe nur noch ein bisschen hier, dann komme ich und hole dich ab.«

Nun suchten sie im ganzen Dorfe auch nach der dritten Alten, konnten sie jedoch nicht finden. Als sie aber zu ihrem Hause kamen, da hörten sie eine klagende Stimme, die aus dem Keller kam. Sie gingen also hinein, um zu sehen, was das sei, und da saß die dritte Alte auf einem Korbe, und vor ihr stand eine Schüssel mit Wasser und ein Trog mit Futter. Da rief ihr Sohn: »He! Mutter! Was machst du da?« »Ach, mein Söhnchen«, antwortete diese, »ich sitze da über den Eiern, die mir meine Schnur, deine Frau, untergelegt hat, damit ich sie ausbrüte.«

Da gingen die drei Männer sehr zornig ins Haus hinein und fanden ihre drei Frauen in schwarzen Trauerkleidern, und als sie sie nach der Ursache fragten, antworteten sie, dass sie um ihre Schwiegermütter trauerten, die gestorben seien. Darauf fragten die Männer: »Sind denn alle drei gestorben?«, und die Frauen antworteten mit betrübter Miene: »Ja, alle drei.« Da taten die Männer, als ob sie über diese Nachricht sehr betrübt wären, und am andern Morgen sagten sie zu ihren Frauen: »Putzt euch, wir wollen uns heute einen guten Tag machen und spazieren gehen.« Da freuten sich die Frauen, dass sie ihre Männer so gut angeführt hätten, und putzten sich auf, so schön sie konnten. Von den Männern aber nahm jeder einen Sack mit, und als sie mit ihren Frauen ans Meer gekommen waren, da steckte ein jeder seine Frau in den Sack, den er mitgebracht, und warf sie in das Meer und sprach: »So, nun schickt eure Schwiegermütter wieder in die Leseschule, zum Geiger und zum Hühnerbrüten.« Drauf nahmen sie ihre Mütter zu sich und beschlossen, sich niemals mehr zu verheiraten.

VON DEM MÄDCHEN, DAS ROSEN LACHT UND PERLEN WEINT

Es war einmal ein König, der hatte drei Töchter, und als diese mannbar geworden, kümmerte er sich nicht darum, sie zu verheiraten. Da machte ihm endlich die Königin Vorstellungen und brachte es mit vieler Mühe dahin, dass er sich der Verheiratung seiner Töchter annahm. Er ließ also zuerst die älteste einem Königssohne antragen, und als der sich bereit erklärte, vergab er sie an ihn. Die zweite Tochter verheiratete er darauf an einen Fürstensohn. Die jüngste aber hatte kein Glück, sondern bekam einen Bademeister zum Mann, und nachdem auch diese Hochzeit vorüber war, hatte der König Ruhe vonseiten der Frauen.

Die beiden ältesten Töchter, welche gut verheiratet waren, machten ihren Eltern häufig Besuche, und auch diese besuchten sie in ihren Häusern. Aber die jüngste Tochter, welche schlecht verheiratet war, wollte keiner ihrer Verwandten besuchen, und als sie dies merkte, zog auch sie sich von ihnen zurück, und so kam es, dass zwölf Jahre vergingen, ohne dass sie ihre Eltern und Schwestern sah.

In dieser Zeit hatte aber die Jüngste dem Bademeister ein Töchterchen geboren, und sooft dieses weinte, wurden ihre Tränen zu Perlen, und sooft es lachte, fielen Rosen von ihrem Munde, und als sie laufen konnte, fiel ihr bei jedem Tritte ein Edelstein von dem Fuße. Diese sammelte ihre Mutter und hob sie auf, und eines Tags gab sie davon ihrem Manne einen Korb voll, um sie auf dem Markte zu verkaufen. Der Bademeister wusste nicht, was sie wert waren, und nahm dafür, was man ihm gab; gleichwohl aber war das so viel, dass er drei Lasttiere nötig hatte, um all sein Gold nach Hause zu schaffen.

Nach einer Weile sagte seine Frau zu ihm: »Gehe hin und erkundige dich nach dem Kreuzwege, auf dem die Königs- und Fürstensöhne zur Jagd reiten.« Als er den Ort erfahren hatte, befahl sie ihm, Werkleute zu rufen, die dort ein Schloss bauen sollten, und als diese zu ihr kamen, sagte sie zu ihnen: »Ihr sollt mir an jenem Kreuzwege ein Schloss bauen, und das soll von außen und innen von lauter Gold sein, und goldene Fenster und Türen haben und so schön anzusehen sein, dass, wenn die Prinzen daran vorüberreiten, sie vor Verwunderung ›Ach!‹ und ›Oh!‹ rufen, und das soll in vierzehn Tagen fertig sein.« Die Werkleute machten sich also an die Arbeit und brachten das Schloss in vierzehn Tagen zustande, und als es fertig war, nahm die Prinzessin ihren Mann und ihre Tochter und zog hinein.

Nach einiger Zeit kamen ihre Schwestern des Weges, um ihre Eltern zu besuchen, und als sie das neue Schloss erblickten, wunderten sie sich über dessen Schönheit und Pracht. Sie fragten also den König, wem dieses Schloss gehöre; doch der wusste es nicht, und seine Hofleute wussten es auch nicht, sie aber ruhten nicht eher und fragten so lange in der Stadt herum, bis sie herausbrachten, dass das Schloss ihrer jüngsten Schwester gehöre. Darauf schickten sie eine von ihren Mägden zu ihr, um anzufragen, ob sie den Besuch ihrer Schwestern annehmen wolle, und als die Jüngste die Botschaft hörte, da seufzte sie und sprach: »Sie sollen willkommen sein.«

Die beiden Schwestern machten sich sogleich auf, und als sie an die Tür des Schlosses kamen, empfing sie dort die Bademeisterin mit ihrer Tochter, und als diese ihre Tanten anlächelte, fielen ihr Rosen vom Munde. Als ihr aber die Mutter einen Schlag gab, weil sie ihren Tanten nicht die Hände küsse, da weinte sie, und ihre Tränen fielen als Perlen zur Erde, und wie sie die Treppe des Schlosses hinaufstiegen, lag unter jedem Tritte des Mädchens ein Edelstein. Die Bademeisterin aber hob die Rosen und Perlen vom Boden auf und gab die Rosen ihrer ältesten Schwester und die Perlen der zweiten. Sie blieben lange Zeit bei ihrer Schwester, und als sie zu dem König zurückkamen, erzählten sie ihm, was sie gesehn hatten, und sprachen: »Welches Glückskind ist doch unsere Schwester! Wir hielten sie für unglücklich, als sie den Bademeister zum Manne bekam, und siehe da, nun ist sie viel besser daran als wir selbst.«

Als das Mädchen fünfzehn Jahr alt war, schickte ein Prinz, der das einzige Kind seiner Mutter war und in fernen Landen wohnte, ein Schreiben an ihren Vater, in dem er seine Tochter zur Ehe begehrte, weil der Ruf ihrer Schönheit bis in sein Land gedrungen war. Die Boten kamen zu dem goldenen Schlosse und fanden den Bademeister unter dem Tore stehn; sie richteten ihm also ihren Auftrag aus und übergaben ihm das Schreiben. Als er dieses gelesen, ließ er die Boten stehn und ging zornig hinauf zu seiner Frau. Die aber fragte ihn: »Was hast du, dass du so zornig bist? Als du noch Taglöhner warst, bist du niemals zornig gewesen, und nun willst du es werden, wo wir im Glücke schwimmen?« Da antwortete dieser: »Warum soll ich nicht zornig werden, Frau? Der Königssohn aus jenem fernen Lande verlangt unsere Tochter zur Ehe.« Die Frau aber rief: »Was, ein Königssohn verlangt unsere Tochter, und darüber wirst du zornig? Und wenn er am Ende der Welt lebte, so gebe ich sie ihm. Ich war eine Königstochter und habe einen Bademeister genommen, und ich sollte meine Tochter nicht in die Fremde geben, wenn sie einen Königssohn heiraten kann! Gleich gehe hin und lade den Prinzen ein, hierherzukommen und die Sache richtig zu machen.« Da ging der Bademeister zu den Boten und sprach: »Der Antrag des Prinzen ist angenommen, und er kann kommen, wann er will, und sie heimführen.«

Der Prinz ließ nicht lange auf sich warten, und als er das Mädchen sah, verlor er schier den Verstand über ihre Schönheit und die Schätze, welche von ihr fielen, und als er eine Zeit lang dortgeblieben war, wollte er wieder in sein Reich zurückkehren und das Mädchen heimführen.

Da machte die Mutter eine große Menge Gebäck und Süßigkeiten zurecht, das ihrer Tochter während der Reise als Mundvorrat dienen sollte; die Amme der Braut aber machte ein großes Bretzelbrot und tat eine Masse Salz hinein und sagte zu der Braut: »Wenn dich deine Mutter fragt, wen sie dir mitgeben solle, so sage: Ich will niemand anders als meine Amme und deren Tochter«, und die Braut tat, wie ihr die Amme geheißen hatte.

Darauf brach der Prinz mit seiner jungen Frau, der Amme und ihrer Tochter auf, um in sein Königreich zurückzukehren. Unterwegs gab die Amme der jungen Frau nichts von den Süßigkeiten ihrer Mutter, sondern nur von dem Bretzelbrote, das sie gemacht hatte und das so salzig war, dass die Frau bald durstig wurde und nach Wasser verlangte. Doch die Amme antwortete, dass es in diesem Lande gar kein Wasser gebe. Als es nun die junge Frau vor Durst nicht mehr aushalten konnte und immer dringender nach Wasser rief, weil sie sonst verdursten müsse, da sprach die Amme: »In diesem Lande ist das Wasser so kostbar, dass du einen Trunk mit einem deiner Augen bezahlen musst.« In der Verzweiflung riss sich die junge Frau ein Auge aus und gab es der Amme, und nach einer Weile brachte ihr die Amme dafür ein wenig Wasser. Als sie wieder eine Strecke gezogen waren, da begann es die Frau wiederum zu dürsten, und sie verlangte wiederum Wasser von ihrer Amme. Diese verlangte nun ihr zweites Auge dafür, und als es die Frau vor Durst nicht mehr aushalten konnte, riss sie sich auch das andere Auge aus und gab es der Amme für einen Trunk Wasser. Darauf zog die Amme der Blinden ihre schönen Kleider aus und schmückte ihre eigene Tochter damit, und als sie fertig war, stieß sie die arme Blinde aus dem Wagen und fuhr weiter, ohne sich um sie zu bekümmern, und kam mit ihrer Tochter allein in der Stadt des Prinzen an. Dort wurden sie feierlichst empfangen, und der Prinz nahm die Tochter der Amme bei der Hand, führte sie in das Schloss ein, und merkte auf, ob ihr nicht eine von den Kostbarkeiten entfalle, wie er es früher gesehn hatte; aber es fiel nichts, und er begann misstrauisch zu werden und dachte, dass es nicht mit rechten Dingen zugehe. Er nahm also die Amme beiseite und sagte zu ihr: »Wie kommt es, dass sie geht, ohne dass Edelsteine unter ihren Tritten liegen, und dass sie lacht, ohne dass ihr Rosen aus dem Munde fallen?« Die Amme aber erwiderte: »Sie ist nun müde von der Reise, lass ihr nur Zeit, sich gehörig auszuruhen, und dann sollst du sehn, dass es wieder Rosen und Perlen und Edelsteine regnen wird wie vorher.« »Gut«, sagte darauf der Prinz, »aber ich kann es nicht recht glauben.«

Die arme Blinde irrte unterdessen in den Wäldern und Einöden umher und traf zu ihrem Glücke auf ein altes Mütterchen, das Kräuter sammelte, um sie zu kochen und zu essen; sie ließ sich mit der Alten in ein Gespräch ein, und als sie hörte, dass sie so arm sei, dass sie von Kräutern lebe, sprach sie: »Höre, Mütterchen, du kannst was Besseres tun als Kräuter sammeln, wenn du alle Steine aufläsest, welche von meinen Füßen fallen, und sie verkaufst, und von dem Gelde, was du dafür erhältst, Essen anschaffst und auch mir davon gibst.«

Als das die Alte hörte, ward sie sehr froh und las, so schnell sie konnte, alle Steine auf, die von der Blinden fielen, ging damit in die Stadt und verkaufte sie und brachte der Blinden eine ganze Schürze voll Gold.

»Sieh, mein Kind«, rief sie, »ich habe dir eine ganze Schürze voll Gold gebracht.« Da lächelte die Blinde, und sogleich fiel eine Rose aus ihrem Munde; die gab sie der Alten und sprach: »Da, nimm die Rose und frage, wo die und die Stadt liegt, und gehe dorthin, und wenn du hinkommst, so gehe vor das Königsschloss und rufe, so laut du kannst: ›Kauft Rosen!‹, und wenn man dich fragt, wie viel Geld du dafür verlangst, so sage, dass sie dir nicht für Geld, sondern nur für Augen feil seien.«

Die Alte tat wie ihr die Blinde geheißen, sie ging in jene Stadt und zum Königsschlosse, und rief, so laut sie konnte: »Kauft Rosen! Kauft Rosen!« Als das die Amme hörte, kam sie heraus und rief der Alten zu: »He, Mütterchen, was willst du für die Rose?«, und diese versetzte: »Ich will kein Geld, sondern ein Auge dafür.« Darauf bot ihr die Amme eine Handvoll Goldstücke, aber die Alte wollte sie nicht annehmen und tat, als ob sie weggehen wollte. Da rief sie die Amme zurück und sagte ihr, sie solle ein bisschen warten, bis sie wiederkäme; dann lief sie in das Schloss, stach der Hündin ein Auge aus, brachte es der Alten und erhielt von ihr die Rose.

Als der Prinz nach Hause kam, zeigte ihm die Amme die Rose und sagte: »Siehst du, jetzt, wo deine Frau sich ausgeruht hat, fallen ihr auch wieder Rosen aus dem Munde.« »Schön, schön«, sagte darauf der Prinz, »aber ich kann es nicht recht glauben.«

Die Alte kehrte voller Freuden nach Hause zurück; unterwegs aber wischte ihr das Auge aus der Hand, lief allein zu der Blinden voraus und sprang in deren Hand, und sie nahm es, setzte es sich ein und sah nun wieder mit einem Auge. Darauf kam auch die Alte an und machte ein betrübtes Gesicht, und als die Blinde sie fragte, was ihr fehle, sagte sie: »Ach, Töchterchen, ich hatte für deine Rose ein Auge bekommen; es ist mir aber unterwegs aus den Fingern entwischt, und ich habe es nicht wiederfinden können.« Da lachte die Blinde, und es fiel ihr wieder eine Rose aus dem Munde; die gab sie der Alten und sprach: »Nimm diese Rose und gehe wieder in dasselbe Schloss und verkaufe sie wieder für ein Auge.«

Die Alte tat wie ihr geheißen, und als die Amme sie vor dem Schlosse rufen hörte, stach sie der Hündin auch das andere Auge aus, brachte es der Alten und erhielt dafür die Rose. Die Alte aber brachte das Auge der Blinden, und als diese es eingesetzt hatte, sah sie wieder mit beiden Augen.

Nach einer Weile sagte die junge Frau zu der Alten: »Gehe hin und frage, wo der Kreuzweg ist, an dem die Königs- und Fürstensöhne vorübermüssen, wenn sie zur Jagd reiten«; und als die Alte den Kreuzweg erfragt hatte, schickte die junge Frau sie von Neuem nach den besten Werkleuten aus. Zufälligerweise stieß die Alte bei ihren Nachfragen nach den besten Werkleuten auf denselben Meister, der das Schloss ihrer Eltern gebaut hatte. Bei dem bestellte die junge Frau ein ebenso schönes Schloss, wie er es für ihre Eltern gebaut hatte, und sagte, dass es in dreißig Tagen fertig sein müsse, und so schön sein solle, dass alle Königs- und Fürstensöhne, die daran vorüberritten, vor Verwunderung ›Ach!‹ und ›Oh!‹ rufen und an das Tor klopfen müssten.

Als das Schloss in der vorgeschriebenen Zeit fertig war, nahm die junge Frau die Alte mit sich und zog in dasselbe ein. Am andern Tag ritten mehrere Fürstensöhne zusammen auf die Jagd, und als sie das wunderschöne Schloss erblickten, das sie noch niemals gesehen hatten, wunderten sie sich sehr darüber, und klopften an das Tor, aber es wurde ihnen nicht aufgemacht. Da erkundigten sie sich aller Wege, welcher Fürst sein Reich verlassen und sich in der Einöde ein solches Schloss erbaut hätte, aber niemand konnte ihnen Auskunft geben. Endlich drang der Ruf von dem schönen verlassenen Schlosse auch zu dem Manne der jungen Frau, und machte so großen Eindruck auf ihn, dass er zu seiner Mutter sagte: »Mutter, ich muss hin und sehen, was es mit dem Schlosse für eine Bewandtnis hat.« Diese aber redete ihm zu, er solle nun zu Hause bleiben, denn es schicke sich nicht für ihn, jetzt, da er kaum geheiratet habe, auf Abenteuer auszugehen und das Königreich seinem Schicksal zu überlassen. Er aber blieb auf seinem Kopfe, wählte sich eine Schar auserlesener Gefährten und ritt zu dem Schlosse.

Als er dort ankam, klopfte er nicht an, um Einlass zu verlangen, sondern stieg zu einem Fenster hinauf, zerbrach eine Scheibe und schlüpfte durch die Öffnung in das Schloss. Nachdem er durch eine Reihe von Gemächern gegangen war, ohne irgendjemand anzutreffen, fand er in dem letzten die junge Frau auf einem goldenen Bett ausgestreckt, und als er eintrat, sprang sie auf und fragte ihn: »Wie bist du hierhergekommen? Wer hat dich eingelassen?« Er aber antwortete: »Ich bin in deiner Gewalt, mache mit mir, was du willst.« Sie fragte ihn darauf, wer er sei und woher er käme, und als sie hörte, dass er der einzige Sohn seiner Eltern sei, da erinnerte sie sich, dass auch sie das einzige Kind ihrer Eltern wäre, und dabei fiel ihr eine Träne aus den Augen und ward zur Perle. Wie der Prinz das sah, sagte er bei sich: »Das kann keine andere als meine Frau sein«, und darum bat er sie um einen Becher Wasser, weil er sehr durstig sei. Als sie nun aufstand und zur Türe ging, um der Alten zu rufen, da fielen Edelsteine von ihren Füßen, und als das Wasser kam und sie es ihm reichte, lächelte sie, und da fiel eine Rose aus ihrem Munde. Wie nun der Prinz auch diese sah, da hielt er sich nicht länger und rief: »Du bist meine Frau«, und nun erzählte sie ihm, wie es ihr ergangen sei, und was sie von der bösen Amme erduldet hatte.

Der Prinz schickte nun einen Boten an seine Mutter und ließ ihr alles melden, was sich begeben hatte. Der kam aber die Botschaft so unglaublich vor, dass sie selbst nach dem goldenen Schlosse kam, um sich von der Wahrheit zu überzeugen. Sie blieb dort eine Weile mit ihren Kindern, dann aber trieb sie zum Aufbruche, weil das Königreich nicht so lange ohne Regierung bleiben könne.

Für die Reise wollte die junge Frau ihre goldenen Kleider nicht anlegen und vertauschte sie mit einem groben Gewande. Als sie nun nach Hause kamen, da gingen ihnen die Amme und ihre Tochter bis vor das Tor entgegen, aber Mutter und Sohn gingen an ihnen vorüber und sagten weiter nichts als: »Guten Tag.« Als nun die Amme auch die verkleidete Frau sah, da rief sie: »O du meine Seele! Kannst du nicht mit deiner jungen Frau zufrieden sein?« Die wahre Frau hörte das mit an, sprach aber kein Wort, und als ihr der Königssohn sagte, dass er die beiden Weiber am Abend zu Kochstücken hauen würde, da bat sie sogar für ihr Leben.

Doch der Prinz blieb auf seinem Willen und sie bat ihn also, er möge es wenigstens so abmachen, dass sie nichts davon höre. Darauf befahl der Prinz, in einem abgelegenen Teil des Schlosses für ihn und die Königin ein Nachtlager zu bereiten. Als das die Amme hörte, freute sie sich und ließ das allerschönste Bettzeug aufbereiten. Kaum aber war ihre Tochter mit dem Prinzen in das Schlafgemach getreten, so ergriff er sie und hieb sie in Stücke, und als die Amme, die vor der Türe stand, auf das Geschrei ihrer Tochter herbeistürzte, machte er es mit ihr ebenso. Darauf nahm er seine wahre Frau, und damit ist das Märchen zu Ende.

DAS BÄRENKIND

Es war einmal ein Priester, der ging mit seiner Frau in den Wald, um Holz zu schlagen. Dort fanden sie einen Holzhauer, und mit diesem ging die Frau tiefer in den Wald. Der Priester aber machte sich dran, mit seinem Beile einen Holzbirnbaum zu fällen. Er hieb so lange, bis nur noch eine Spanne breit übrig war, und wartete nun, dass seine Frau käme, um diesen Rest zu hauen. Der Baum war aber so dick, dass er nicht mehr hielt und von selber umfiel. Und wie das geschehen war, so kam eine Bärin daraus hervor und sagte zu dem Priester: »Du sollst bei mir schlafen.« »Schweige«, versetzte der Priester, »ich bin ein heiliger Mann und darf so was nicht tun!«

»Das ist mir einerlei, tue, was ich dir sage«, sprach die Bärin, und sah dazu so grimmig drein, dass der Priester sich fürchtete und ihr, übel oder wohl, den Willen tat. Und als er wegging, eilte er so sehr, dass er sein Beil vergaß.

Drauf gebar die Bärin ein Kind, das kräftig heranwuchs; weil es aber den andern Bärenkindern nicht glich, so schalten es diese Bastard.

Da fragte eines Tages der Junge seine Mutter, ob dem so sei, wie seine Brüder sagten? Und diese antwortete: »Du hast das Beil zum Vater.«

»Ei Mutter, kann denn das Beil Kinder machen?«, fragte der Knabe, und drängte die Mutter so lange, bis diese zu ihm sprach: »Nimm das Beil, stelle dich damit vor die Kirche und frage: ›Wem gehört dieses Beil?‹ Und wer es erkennt, der ist dein Vater.«

Der Knabe tat wie ihm geheißen. Aber einer nach dem andern kam aus der Kirche, und niemand wollte das Beil kennen. Endlich kam auch der Priester heraus und fragte den Knaben: »Wo hast du das Beil her? Denn es ist mein!« Und dieser antwortete: »Wenn es dein ist, so bin ich auch dein!«

»Schweige, Verfluchter!«

»Warum denn? Du bist ja mein Vater.« Der Knabe ging also mit dem Priester nach Hause. Und dieser sagte zu seiner Frau: »Sieh, diesen Knaben hab' ich dir gebracht, um dir zu dienen.« Da freute sich die Frau und sprach: »Das ist schön, vielen Dank!«

Am ersten Tage aß der Knabe einen Laib Brot; am zweiten aß er so viel, als der Priester in einem ganzen Monat brauchte, und dieser sagte daher: »Du taugst nicht für uns«, und tat ihn zu einem Bäcker, und bei dem aß er alles Brot, was dieser buk.

Da kam der Koch des Königs zum Ofen und sah ihm zu, und erzählte darauf seinem Herrn, dass er so einen Menschen gesehen habe. Der König wunderte sich darüber, ließ den Burschen kommen und fragte ihn: »Bist du imstande, sechzig Maultiere mit Holz zu beladen?«

»Das kann ich wohl!«, sagte dieser. »Du musst mir aber ein Beil machen lassen, das für mich taugt.« Da ließ der König ein Beil machen, das hundert Pfund schwer war. Der Bursche nahm es aber in die Hände und zerbrach es in Stücke und sprach: »Das taugt nicht für mich, ich muss ein stärkeres haben!« Darauf machten sie ihm eins von fünfhundert Pfund. Das schwang er mit einer Hand und sprach: »Das ist das rechte Beil für mich!«, nahm die Maultiere, ging damit in ein Wäldchen und warf dort sein Beil gegen die Bäume, und sogleich waren die sechzig Maultiere beladen. Auf dem Rückweg kam er an einem Platanenbaum vorbei, den packte er mit den Händen, zog ihn aus dem Boden und nahm ihn auf die Schulter; und wie er so in die Stadt kam, riss er mit dem Baume die Dächer der Buden ein, welche auf seinem Wege standen.

Als ihn der König in diesem Aufzuge sah, wunderte er sich und sprach zu dem Bäcker: »Er isst zwar viel, aber er arbeitet auch viel, ich will ihn in meine Dienste nehmen.« Mit der Zeit wurde das Bärenkind stärker und stärker. Dem König fing diese große Stärke an so bedenklich zu werden, dass er für sein eigenes Leben fürchtete. Er schickte ihn daher aus, um die Schätze der Hundsköpfe zu holen, indem er hoffte, dass ihn diese fressen würden. Sie machten aber vorher unter sich aus, dass der König dem Bärensohne sein halbes Reich geben müsse, wenn er die Schätze bringe. Dieser ging hin, besiegte die Hundsköpfe, erhielt dadurch das halbe Königreich und hatte ein gutes Leben. Wir aber haben hier ein noch besseres.

LEMONITZA

Es war einmal ein König und eine Königin, die hatten keine Kinder, und erst nach langer Zeit bekamen sie ein Mädchen, das sie Lemonitza nannten; das wuchs und gedieh bis zu dem Alter, wo man die Kinder in die Schule schickt, und von da an ließen sie es von seiner Amme jedes Mal in die Schule führen und wieder abholen. Der Lehrer dieser Schule war aber ein Menschenfresser, denn er behielt von seinen Schulkindern jeden Mittag eins in der Schule zurück und aß es auf, und wenn dessen Eltern sich bei ihm nach dem Kinde erkundigten, so sagte er stets, dass er es zusammen mit den andern aus der Schule entlassen habe.

Darum war es ihm auch unlieb, dass die Königstochter stets von ihrer Amme nach und aus der Schule begleitet wurde, und er sagte daher zu ihr: »Lemonitza, du bist nun so groß, dass du allein zur Schule kommen kannst«, und das sagte er ihr so oft, bis das Mädchen es seiner Mutter sagte, und da diese nichts dawider hatte, so ging es am Nachmittag allein in die Schule. Es kam aber zu früh hin, und wie es die Treppe heraufkam, da sah es den Lehrer, wie er ein Kind verzehrte, und darüber erschrak es so, dass es seinen Schulsack fallen ließ und die Treppe herunterlief, aber auf der Straße stehn blieb. Nach einer Weile fasste es sich ein Herz und ging doch wieder in die Schule. Da fragte es der Lehrer: »Warum kamst du und liefst wieder weg?«, und es antwortete: »Ich suchte meinen Schulsack.« Darauf sagte er: »Der ist hier. Hast du jemandem erzählt, was du gesehen hast?« – »Nein, Herr

Lehrer! Ich habe niemandem etwas gesagt.« – Da ergriff es der Lehrer und schlug es so lange, bis sein Rücken braun und blau wurde, und es kam ganz erschreckt nach Hause. Als es nun die Amme eines Tags anzog, bemerkte sie die braunen und blauen Flecken auf seiner Haut. Da rief sie den König und die Königin, und diese fragten das Mädchen, wer es geschlagen habe; aber wie sie es auch hin und her fragen mochten, es antwortete stets, dass es nicht geschlagen worden sei. Darauf berief der König seine zwölf Räte, und diese befragten das Mädchen mehrere Tage hintereinander, und brachten es endlich so weit, dass das Mädchen den Namen des Lehrers bereits auf der Zunge hatte; wie es ihn aber aussprechen wollte, da füllte sich der Saal mit Dunst und führte das Mädchen weit weg in ein Schloss und setzte es dort in eine Kammer. Es war aber dort so kalt, dass das Mädchen so laut mit den Zähnen klapperte, dass es der Königssohn hörte, der unterhalb jener Kammer wohnte und heraufkam, um zu sehn, was das für ein Klappern sei. Als er das Mädchen erblickte, fragte er es: »Bist du ein Mensch oder ein Geist?«, und es antwortete: »Ich bin ein Mensch so wie du.« Da schlug der Königssohn ein Kreuz, nahm es bei der Hand und führte es in seine Gemächer und fragte: »Wie bist du hierhergekommen?« Das Mädchen aber antwortete: »Ich werde dir es sagen, sobald es Tag wird, jetzt ist nicht Zeit dazu.«

Sie behielten das Mädchen im Palaste, und mit der Zeit verliebte sich der Königssohn in dasselbe und sagte seiner Mutter: »Dieses Mädchen will ich zur Frau nehmen.« Die Königin aber antwortete: »Ach, mein Sohn, die schickt sich nicht für dich, denn wir halten sie wie unsere Magd, und du willst sie zur Frau nehmen?« Darauf machte sie ihm jeden Tag neue Heiratsvorschläge, aber er wollte keine von allen diesen, und wurde endlich so siech vor Liebe, dass sein Leben bedroht war. Als das seine Mutter einsah, da änderte sie ihren Sinn und willigte in die Heirat. Sie richteten daher eine große Hochzeit an, und er nahm sie zur Frau.

Lemonitza kam bald in die Hoffnung, und sieben Monate darauf brach ein Krieg aus, und der Königssohn wurde dazu aufgeboten. Beim Abschiede empfahl er die junge Frau seiner Mutter und sprach: »Wahre mir die Lemonitza wie deinen Augapfel.« Drauf zog er ab, und während er im Felde lag, gebar Lemonitza ein Söhnchen; das schrieben sie ihrem Gatten, und dieser schickte an seine Mutter einen Brief und darin stand: »Mutter, wahre mir die Lemonitza wie deinen Augapfel.«

Fünf Tage nach der Geburt des Kindes erschien der Lehrer in der Nacht vor dem Bette der Mutter und sprach zu ihr: »Guten Abend, Lemonitza, wie geht es dir?«, und diese antwortete: »Recht wohl, Herr Lehrer.« Drauf sprach er: »Sage mir, wen von euch beiden ich fressen soll, dich oder deinen Knaben?« Da rief Lemonitza: »Lieber mich als das Kind!« Da entstand ein Dunst, und in diesem packte der Lehrer das Kind und verschwand.

Als am andern Morgen die Großmutter in die Kindbettenstube kam, fragte sie die Wöchnerin, wo das Kind sei; diese antwortete, sie wisse es nicht. Als die Großmutter aber mit Fragen nicht aufhörte, sagte ihr Lemonitza endlich, dass sie Hunger bekommen und es aufgegessen habe. Da wurde die Großmutter zornig und rief: »Ich wollte, du hättest den Nimmersatt gefressen; hast du dein Kind gefressen, so wirst du noch uns alle fressen, wie wir hier sind.« Drauf schrieb sie an ihren Sohn: »Lieber Sohn, dein Kind ist gestorben, aber gräme dich nicht.« Als dieser den Brief gelesen, kehrte er sogleich mit Pauken und Trompeten nach Hause zurück, um seine Frau zu trösten, und sagte zu ihr: »Gräme dich nicht, wenn wir nur gesund bleiben.«

In kurzer Zeit kam Lemonitza wieder in die Hoffnung, und in ihrem achten Monat kam an den Königssohn abermals ein Aufgebot, in den Krieg zu ziehen, und als er abgezogen war, sagte seine Mutter zur Lemonitza: »Diesmal hüte dich, dass du dein Kind nicht wieder frissest«; und als sie mit einem Mädchen genas, wiederholte sie so oft als möglich: »Wenn dich hungert, so sag es uns, damit wir dir zu essen bringen.« Als es Abend wurde, setzte sie drei Kindsfrauen in das Zimmer, um sie zu bewachen. Aber in der Nacht schliefen sie alle drei ein, und da erschien wiederum der Lehrer vor dem Bette der Wöchnerin und sagte: »Guten Abend, Lemonitza, wie geht es dir?«, und diese antwortete: »Recht gut, Herr Lehrer.« Drauf sprach er: »Was willst du lieber, dass ich dich oder dein Kind fressen soll?« Da rief sie: »Lieber mich als mein Kind.« Der Lehrer aber nahm das Kind und verschwand.

Am andern Morgen kam die Großmutter in die Wochenstube, um nach der Wöchnerin und dem Kinde zu sehen, und suchte vergebens nach dem Kinde, und nach vielem Fragen sagte ihr Lemonitza, dass sie es gegessen habe. Da wurde die Alte zornig und sagte: »Jetzt werde ich es deinem Manne schreiben, dass du das erste und auch das zweite Kind gefressen hast«, und tat es auch. Als ihr Sohn diesen Brief erhielt, da eilte er mit dem Vorsatze nach Hause, seine Frau zu töten, und sprach zu ihr: »Warum hast du deine Kinder gefressen? Du wirst uns noch alle fressen, wie wir hier sind.« Da fing Lemonitza so sehr zu weinen an, dass er Mitleid mit ihr hatte und sie leben ließ.

Als nun Lemonitza zum dritten Male in die Hoffnung kam, da lag ihm seine Mutter an, dass er nicht von Haus gehen solle.

Nach acht Monaten aber erhielt er abermals ein Aufgebot, in den Krieg zu ziehen, und sein Vater sprach zu ihm: »Bleibe diesmal zu Hause, damit du dein Kind beschützen kannst; an deiner statt will ich zu Felde ziehen«; und so blieb der Sohn diesmal daheim. Die Lemonitza kam nun mit einem Knaben nieder, und die Großmutter sprach zu ihrem Sohne: »Hüte das Kind, damit sie nicht in der Nacht aufsteht und es frisst.« Am Abend nahm dieser also das Kind in seine Arme und das Schwert in seine Hand, und abermals erschien der Lehrer und sagte: »Guten Abend, Lemonitza, wie geht es dir?«, und diese antwortete: »Ganz gut, Herr Lehrer«; er aber fragte: »Was willst du lieber, dass ich dich fresse oder dein Kind?« Da rief diese: »Lieber mich als mein Kind.« Doch er sagte: »Mich verlangt mehr nach dem Kind.« Als er es jedoch dem Vater aus den Armen nehmen wollte, da sprang dieser auf und schlug dem Lehrer mit dem Schwerte den Kopf ab. – Wie nun die Lemonitza sah, dass er tot war, da rief sie: »Gelobt sei der Herr, dass ich von ihm befreit bin und das Kind gerettet ist.«

Am andern Morgen holte sie ihre Schwiegermutter herbei und zeigte ihr den Leichnam und sprach: »Dieser ist es, welcher meine Kinder gefressen hat, und nicht ich.« Nun erst erzählte sie, wessen Kind sie sei, und sie schrieben sogleich an ihren Vater, dass seine Tochter wiedergefunden worden sei, die er verloren habe, und als dieser kam, stellten sie eine neue Hochzeit an.

VOM BAUER, DER SCHLANGE UND DER FÜCHSIN

Es war einmal ein Bauer, der bestellte seinen Acker, in dessen Mitte eine kleine Steinöde war, und wollte diesmal die Dornsträuche verbrennen, die drauf standen, die Steine wegwerfen und den ganzen Platz urbar machen. Wie er nun Feuer an die Dornen legte, da kam eine Schlange heraus und sprach: »Nimm dich in Acht, dass du mein Haus nicht verbrennst.«

Der Bauer aber hörte nicht darauf und legte das Feuer an. Da sprach die Schlange: »Nun, in Gottes Namen, so verbrenne das Haus, aber lege mir wenigstens deinen Krückenstock auf die Dornen, damit ich herauskommen kann.«

Wie nun der Bauer seinen Krückenstock über die Dornen hielt, da ringelte sich die Schlange nicht nur um diesen, sondern auch um ihn selbst und sagte zu ihm: »Jetzt werd' ich dich fressen!« Der Bauer aber widersetzte sich, und nach langem Streiten kamen sie überein, sie wollten zusammen hingehen und ihren Streit von drei Richtern richten lassen, und machten sich also auf den Weg.

Zuerst fanden sie eine alte magere Mähre, zu der sprachen sie: »Das und das haben wir miteinander, sprich uns Recht!«

Drauf sagte die Mähre: »Als ich noch einen Herrn hatte und jung war, da hegten sie mich und pflegten sie mich, und ich hatte gute Tage. Jetzt aber haben sie mich in die Wüste hinausgejagt, und deswegen soll die Schlange dich auffressen.«

Drauf gingen sie ein Stück weiter und fanden einen alten Maulesel, und der sagte ihnen dasselbe. Endlich trafen sie eine Füchsin an, zu der sprachen sie: »Komm, Frau Marja, wir wollen uns von dir richten lassen, denn wir haben einen Streit zusammen.« – »Wie kann ich euch richten, während der eine auf dem andern reitet? Ihr müsst euch voneinander trennen und nach der Ordnung der eine auf dieser, der andere auf jener Seite stehen, dann will ich euch richten.« Da löste sich die Schlange vom Halse des Bauern ab und kroch auf den Boden herunter.

Drauf sprach die Frau Marja zum Bauer: »Nun, was stehst du da, Dummkopf? Nimm einen Knüppel, und gib ihr damit ein paar auf den Schädel, damit sie ihrer Wege gehe.«

Da nahm der Bauer einen Knüppel, gab ihn der Schlange zu kosten und schlug sie tot.

Drauf sagte der Bauer zur Füchsin: »Wie soll ich dir das Gute vergelten, was du an mir getan hast?«

»Ich will weiter nichts, als dass du mir ein paar Küchlein bringest, wenn du welche hast.«

»Gut, die will ich dir bringen, Frau Marja!«

Der Bauer ging nun nach Hause und sagte zu seiner Frau: »So und so ist's mir gegangen, die Frau Marja hat mich errettet, und dafür will ich ihr eine Brut Küchlein bringen.«

Da sagte die Frau: »Na, was bist du doch für ein Narr! Warum steckst du nicht deine Jagdhunde in den Sack und bringst sie ihr statt der Küchlein?« Das gefiel dem Bauer, und er folgte daher diesem Rate.

Als nun die Frau Marja sah, wie der Bauer den Sack brachte, ihn von der Schulter nahm und aufband, da spannte sie, um die Küchlein zu haschen, wenn sie herauskämen.

Stattdessen aber stürzten die Windhunde heraus und rüttelten ihr das Fell so lange, bis sie in ihre Höhle entwischte. Drauf sprach sie: »Mein Großvater war kein Richter, und mein Vater war auch keiner, was kam mir an, Richter zu werden und ihren Streit zu schlichten?«

JANNI UND DIE DRAKEN

Es war einmal ein Mann, der mied die Welt und lebte in der Einöde; er besaß nichts weiter als eine Herde Schafe, deren Milch und Wolle er verkaufte, und Brot dafür anschaffte; auch schnitzte er hölzerne Löffel zum Verkauf. Er hatte eine Frau und ein Töchterchen. Nach langer Zeit wurde die Frau wieder gesegneten Leibes, und als sie eines Abends die Wehen überkamen, ging der Mann ins nächste Dorf, um eine Hebamme zu holen; bis er aber hin und zurück kam, war das Kind schon geboren.

Unterwegs war der Mann einem Mönch begegnet, und dieser bat ihn, er möchte ihn über Nacht bei sich aufnehmen. Der Mann war's zufrieden und nahm ihn mit nach Hause. Da nun weit und breit niemand zu finden war, um das Kind zu taufen, so erbot sich der Mönch, dieses zu tun, und gab ihm bei der Taufe den Namen Janni.

Im Laufe der Zeit starben Jannis Vater und Mutter, und er blieb mit seiner Schwester allein; da es ihnen aber in ihrer Heimat schlecht ging, so beschlossen sie auszuwandern. Beim Einpacken fand die Schwester ein Messer, welches der Mönch seinem Paten zurückgelassen hatte, und gab es ihrem Bruder. Darauf machten sie sich mit den drei Schafen, die ihnen geblieben waren, auf den Weg, und wanderten drei Tage lang.

Da begegneten sie einem Manne, der hatte drei Hunde und schlug ihnen vor, mit ihren Tieren zu tauschen, er wolle ihnen die Hunde geben und dafür die Schafe nehmen. Die Geschwister waren das zufrieden, und nachdem sie getauscht hatten, trennten sie sich wieder voneinander.

Die Geschwister aber zogen weiter und kamen vor ein großes Schloss, in dem vierzig Draken wohnten, und wie diese hörten, dass der Janni gekommen sei, fuhren sie vor Schreck vierzig Klafter tief unter die Erde.

Der Janni fand also das Schloss verlassen, und blieb mit seiner Schwester darin und ging jeden Tag mit den Gewehren, welche die Draken im Schlosse zurückgelassen hatten, auf die Jagd.

Als er eines Tages wieder auf der Jagd war, da kam ein Drakos heraus, um Mundvorrat zu holen, denn er glaubte, es wäre niemand im Schlosse. Wie der Jannis Schwester sah, erschrak er gewaltig; diese aber sprach ihm Mut ein, und nach und nach entspann sich zwischen den beiden eine Liebschaft.

Sooft nun Janni auf die Jagd ging, rief die Schwester den Drakos hervor und koste mit ihm, bis sie von ihm schwanger ward. Da fing sie an zu jammern und fürchtete sich vor dem Zorn ihres Bruders.

Wie nun die Zeit herankam, wo sie gebären sollte, und sie darüber trostlos war, kam der Drakos zu ihr und sprach: »Du musst dich krank stellen, und wenn dich der Janni fragt, was dir fehle und was du wünschest, so sage ihm: ›Ich wünsche Kirschen‹, und wenn er dich fragt, wo diese zu finden wären, so sprich: ›Es gibt welche in einem Garten, der einen Tag Weges von hier ist.‹ Dein Bruder wird aber hingehen und nicht mehr zurückkommen, denn dort wohnen drei Brüder von mir, die werden schon für ihn sorgen.«

Die Schwester tat, wie ihr der Drakos geraten, und am andern Morgen machte sich Janni auf den Weg, um die Kirschen zu holen, und nahm auch seine drei Hunde mit sich. Als er bei dem

Garten ankam, stieg er vom Pferde, trank Wasser aus der Quelle, welche dort sprang, und fiel in einen tiefen Schlaf. Darauf kamen die Draken herunter, um ihn zu fressen; doch kaum wurden die Hunde sie gewahr, so stürzten sich diese auf sie, zerrissen sie in Stücke, scharrten darauf mit ihren Pfoten ein Grab aus und begruben sie, damit sie ihr Herr nicht sähe. Wie nun der Janni aufwachte und seine Hunde mit Blut bedeckt sah, so glaubte er, sie hätten irgendein Wild gefangen, und zankte sie, dass sie ihm nichts davon übrig gelassen hätten; darauf pflückte er die Kirschen und brachte sie seiner Schwester.

Als der Drakos hörte, dass Janni zurück sei, da fuhr er vor Schreck noch vierzig Klafter tiefer in die Erde; die Schwester aber aß von den Kirschen und stellte sich wieder gesund.

Des andern Tages ging Janni wiederum auf die Jagd, und der Drakos kam hervor und riet der Schwester, sie solle sich noch einmal krank stellen, und wenn sie der Bruder frage, was sie wünsche, so solle sie Quitten verlangen, und wenn er sie frage, wo diese zu finden wären, so solle sie sagen, in einem Garten zwei Tage weit von hier; dort werde aber der Janni sicher zuschanden werden, denn dort wohnten sechs Brüder von ihm, von denen jeder zwei Köpfe habe. Die Schwester tat, wie ihr der Drakos geraten, und des andern Tages machte sich der Janni auf und nahm auch seine drei Hunde mit sich.

Wie er zu dem Garten kam, stieg er ab, setzte sich hin, um ein bisschen auszuruhen, und schlief ein. Da kamen zuerst drei Draken herunter und stürzten sich auf ihn, um ihn zu fressen, und als diese die Hunde zerrissen, stürzten auch die drei andern herbei und wurden gleichfalls zerrissen. Darauf scharrten die Hunde ein Grab aus und begruben sie, damit sie ihr Herr nicht sehen solle, und als der aufwachte und sie mit Blut bedeckt sah, glaubte er, sie hätten wieder ein Wild gefangen, und zankte sie, dass sie ihm nichts übrig gelassen hätten; darauf brach er die Quitten und brachte sie seiner Schwester, und nachdem dieselbe davon gegessen hatte, stellte sie sich gesund. Wie aber der Drakos hörte, dass Janni zurück sei, da fuhr er vor Schreck noch vierzig Klafter tiefer in die Erde.

Als am andern Morgen der Janni wieder auf die Jagd gegangen war, ging der Drakos zu der Schwester und riet ihr, sie solle sich noch einmal krank stellen und von ihrem Bruder Birnen verlangen, die drei Tage weit vom Schlosse in einem Garten wüchsen. Denn von dort würde Janni ganz gewiss nicht zurückkehren, weil dort neun Brüder von ihm wohnten, deren jeder drei Köpfe habe.

Die Schwester tat, wie ihr geraten worden, und des andern Tages ging der Janni mit seinen drei Hunden nach den Birnen aus. Als er bei dem Garten ankam, legte er sich nieder, um ein wenig auszuruhen, schlief aber darüber ein. Da kamen zuerst drei Draken herunter, um ihn zu fressen, und als diese die Hunde zerrissen hatten, kamen die sechs andern auf einmal herunter und kämpften lange Zeit mit den Hunden. Von dem vielen Lärm erwachte der Janni, schlug die Draken tot und sah nun, dass er die beiden ersten Male den Hunden unrecht getan habe.

Darauf befreite er alle, welche die Draken gefangen hielten, und darunter war auch eine Königstochter. Die wollte aus Dankbarkeit den Janni zum Manne nehmen, er aber schlug es aus und sagte ihr: »Für das Gute, was ich dir erwiesen habe, sollst du zu Hause in deinem Schlosse alle Blinden und Lahmen aufnehmen, welche dorthin kommen.« Die Prinzessin versprach ihm das und gab ihm zum Abschiede einen Ring.

Der Janni pflückte darauf die Birnen und brachte sie seiner Schwester, und als diese davon gegessen hatte, stellte sie sich gesund. Wie aber der Drakos hörte, dass der Janni auch von dort wieder glücklich angekommen wäre, fuhr er vor Schreck noch vierzig Klafter tiefer in die Erde, und schlich des andern Tages, als Janni auf der Jagd war, zu der Schwester und sprach: »Nun sind wir beide verloren, denn in einigen Tagen wirst du das Kind gebären, und der Janni wird es merken und uns totschlagen; du musst ihn also fragen, wo seine Kraft stecke, und dann müssen wir ihn selbst umbringen.«

Als Janni am Abend von der Jagd kam und sich neben seine Schwester ans Feuer setzte, da bat sie ihn, er möchte ihr doch sagen, wo seine Kraft stecke, und er versetzte: »In meinen zwei Fingern; wenn diese zusammengebunden werden, so schwindet meine ganze Kraft.« »Das glaube ich nicht«, sprach die Schwester, »wenn ich es nicht selbst sehe.« Da ließ er sich die beiden Finger mit einem Faden zusammenbinden und fiel sogleich in Ohnmacht. Die Schwester rief nun den Drakos, und der kam hervor, riss dem Janni die Augen aus, gab sie den Hunden zu fressen und stürzte ihn selbst in einen trockenen Brunnen.

Der Zufall wollte, dass an diesem Brunnen ein Zug Reisende vorbeizog und den Janni darin stöhnen hörte. Sie kamen also heran und fragten ihn, wo er wäre, und er bat sie, sie möchten ihn aus dem Brunnen ziehen, denn er sei ein armer Unglücklicher. Da ließen sie ein Seil hinab und zogen ihn ans Tageslicht. Nun merkte er erst, dass er blind sei, und bat daher die Reisenden, sie möchten ihn in das Reich des Königs führen, dessen Tochter er befreit hatte, und er wolle sie für ihre Mühe gut bezahlen. Als sie ihn nun dort hingebracht hatten, ließ er die Prinzessin bitten, zu ihm zu kommen. Diese kam, erkannte ihn aber nicht, doch sowie er ihr den Ring zeigte, den sie ihm geschenkt hatte, erinnerte sie sich seiner und nahm ihn mit sich in ihr Schloss, und nachdem sie erfahren hatte, wie es ihm ergangen sei, bot sie alle Zauberinnen auf, um zu erfahren, wo seine Augen wären, und es fand sich eine, welche erklärte, dass sie es wisse, und dass sie ihn heilen wolle. Sie ging also in das Schloss, in welchem seine Schwester mit dem Drakos lebte, gab dort den Hunden etwas zu fressen, und diese brachen die verschluckten Augen wieder aus. Die nahm sie mit und setzte sie dem Janni wieder ein, und der sah nun wie früher. Darauf ging er in das Schloss des Drakos, schlug ihn und seine Schwester tot, nahm seine Hunde, kehrte zu der Prinzessin zurück und nahm sie zur Frau.

DER JUNGE JÄGER UND DIE SCHÖNE DER WELT

Es war einmal ein Mann, der seines Zeichens ein Jäger war. Als er eines Tages jagte, bemerkte er einen hellen Schein auf einem Berge; er stieg also hinauf, um zu sehen, was das sei, und als er oben war, erblickte er einen Vogel, der einen großen Edelstein auf seinem Kopfe trug, und von diesem wurde die ganze Gegend erleuchtet. Der Jäger bewunderte die große Schönheit des Steines und legte sogleich seine Flinte auf den Vogel an, damit er ihm nicht fortflöge. Dieser ließ ihn ruhig gewähren und rief ihm zu: »Wenn du mich triffst, so ist das dein Glück, und wenn du mich fehlst, so ist das dein Unglück.« Kaum hatte er das gesagt, so drückte der Jäger ab, aber der Vogel wandte nur ein wenig den Hals auf die Seite, so dass die Kugel an seinem Kopfe vorüberflog, und darauf erhob er sich in die Luft und flog fort.

Von da an dachte der arme Jäger nur noch an seine Ungeschicklichkeit und an das große Glück, was er verloren, und grämte sich darüber so sehr, dass er krank wurde und starb. Er hinterließ eine Frau und einen schönen fünfjährigen Knaben. Die Frau war über den Tod ihres Mannes tief betrübt, weil sie mit ihm gut gelebt und in ihm ihre einzige Stütze verloren hatte, und nun nicht wusste, wie sie sich und ihren Knaben ernähren sollte. Doch der Himmel half, und so schlug sie sich mühselig durch, bis der Knabe so weit war, dass sie ihn bei einem Schuhflicker in die Lehre geben konnte. Des Knaben Sinn stand aber nach Höherem als nach Schuhflicken, und wie er allmählich heranwuchs, da lag er seiner Mutter an, dass sie ihm sagen solle, was das Handwerk seines Vaters gewesen sei, weil er, wenn er dieses lerne, gewiss mehr verdienen könnte als die zehn Heller Tagelohn, die ihm der Schuhflicker gab. Doch die Mutter wollte es ihm nicht sagen, weil sie fürchtete, dass sie ihn auf dieselbe Weise verlieren könnte wie ihren Mann. Aber der Knabe ließ nicht ab, bis sie es ihm eines Tages erzählte. Da ruhte er nicht eher, bis ihm die Mutter das Gewehr seines Vaters gab, und nachdem er es in den Stand gesetzt, begann er damit auf die Jagd zu gehen. Seine Mutter aber warnte ihn sehr, nicht in jener Gegend zu jagen, von der sein Vater krank zurückgekommen sei, und der Bursche hörte auch anfangs auf sie; doch es dauerte nicht lange, so wurde er so neugierig, wie es dort aussehe, dass er eines Tages, ohne seiner Mutter etwas zu sagen, hinging; und als er eine Zeit lang in dem neuen Reviere gestreift hatte, erblickte er denselben Vogel mit dem Edelstein auf dem Kopfe, den auch sein Vater gesehen hatte. Da besann sich der Knabe nicht lange und legte auf ihn an, und während er zielte, sprach der Vogel: »Du bist der Sohn des Jägers, aber sieh dich vor und ziele gut, denn wenn du mich triffst, so ist das dein Glück, wenn du mich fehlst, so ist das dein Unglück.« Da zielte der Bursche noch einmal so scharf er konnte, drückte ab, und der Vogel fiel tot zur Erde; der Bursche aber lief den Berg hinauf, ergriff den Edelstein und eilte nach Hause, um ihn seiner Mutter zu zeigen. Während er damit heimlief, begegnete ihm ein großer Herr und sprach zu ihm: »Was hast du da in der Hand, Bursche, das so schön leuchtet und dich und die ganze Umgebung glänzend macht? Willst du mir es nicht verkaufen? Ich gebe dir viel Geld dafür, denn ich bin der Großwesir des Königs.« Der Bursche aber hielt ihm nicht Stand, sondern rief ihm zu: »Ich habe es nicht zum Verkaufe, denn ich will es meiner Mutter bringen«, und lief weiter.

Als er nach Hause kam, gab er den Stein seiner Mutter und rief: »O Mutter, du hattest mir den Weg zu meinem Glücke verboten.« Darauf erzählte er ihr, wie alles zugegangen sei, und daraus erkannte die Frau, was schuld an dem Tode ihres Mannes gewesen war. Sie und der Knabe verbrachten den Tag damit, den Glanz des Steines zu bewundern, und dieser glänzte so stark, dass sie, als es Abend wurde, kein Licht anzustecken brauchten, denn er erleuchtete nicht bloß das Haus, sondern auch die ganze Nachbarschaft.

Doch ihre Freude dauerte nicht lange, denn am andern Morgen ließ der König den Burschen holen und sprach zu ihm: »Mein Sohn, ich habe erfahren, dass du einen kostbaren Edelstein besitzest; ich wünschte ihn zu haben, und da du ein armer Mensch bist, so verkaufe ihn lieber mir, deinem Könige, als einem andern. Sage mir also, was du dafür verlangst.« Darauf erwiderte der Jüngling: »Ich habe zwar selbst große Freude an dem Steine und habe ihn daher einem andern abgeschlagen, der ihn kaufen wollte, da du ihn aber wünschest, so will ich hingehen und ihn holen und meine Mutter nach dem Preise fragen.« Als er zu seiner Mutter kam und ihr das Verlangen des Königs erzählte, da sagte diese: »Wir mögen wollen oder nicht, so müssen wir den Stein hergeben, verlange also dreißigtausend Piaster dafür.« Als der Bursche mit dem Steine zum König kam, war es bereits dunkel geworden, aber der Stein warf einen solchen Glanz von sich, dass man glaubte, es sei Tag, und der König hatte eine solche Freude an ihm, dass er sogleich dem Burschen die dreißigtausend Piaster zahlen ließ. Der Bursche brachte sie seiner Mutter, und sie lebten eine Zeit lang glücklich und zufrieden.

Eines Tages kam aber ein Diener vom Schlosse und lud den Burschen vor den König. Der Ärmste lief sogleich hin, ohne zu wissen, was man von ihm wolle. Der König aber sprach: »Junger Jäger, ich verlange von dir, dass du mir einen Turm von lauter Elfenbein bauen sollst.« Da fragte der Jäger: »Wie soll ich denn das anfangen?« »Das ist deine Sache«, versetzte der König. »Du warst imstande, jenen Vogel zu schießen und seinen Edelstein zu erwerben, was noch keiner gekonnt hat, und so wirst du wohl auch einen Turm aus Elfenbein bauen können; wenn du es aber nicht kannst, so kostet es dich das Leben.« Da verlangte der Jüngling drei Tage Bedenkzeit, kehrte tief betrübt nach Hause zurück und sagte zu seiner Mutter: »Liebe Mutter, betraure mich wie einen Toten, denn das und das verlangt der König von mir.« Die Mutter aber sprach: »Mein Sohn, das ist eine Falle, die dir der Großwesir gestellt hat«, und sie hatte recht, denn weil der Jäger ihm den Stein nicht verkaufen wollte, damit er ihn dem König bringen könnte, hatte der Wesir einen großen Hass auf ihn geworfen und, um ihn zu verderben, dem König den Gedanken eingegeben, dass der, welcher den Edelstein zu erwerben imstande war, auch einen elfenbeinernen Turm müsse bauen können, und wenn er es nicht tue, für seine Böswilligkeit mit dem Tode bestraft werden müsse.

Nachdem nun die Mutter die Sache eine Weile überlegt hatte, sprach sie zu ihrem Sohne: »Gehe zum König und sage ihm, dass du zu diesem Turme vierzigtausend Piaster nötig habest, und dass das Geld vom Vermögen des Großwesirs kommen müsse, sonst könntest du den Turm nicht bauen.« Als der König dem Großwesir das Geld abverlangte, da kam es dem zwar etwas sauer an, doch verzog er keine Miene und ließ es sogleich aus seiner Schatzkammer holen. Der König gab es dem Jäger, und der ging damit zu seiner Mutter und fragte sie, was er damit anfangen solle. Darauf sprach die Mutter: »Damit du so viel Knochen zusammenbekommst, als zu dem Turme nötig sind, musst du in die und die Gegend gehen, dort ist eine große Mulde an dem Wege, und diese musst du täglich mit Brot und Wein füllen lassen. Wenn dann die Bauern der Umgegend des Weges kommen und den Wein und das Brot sehen, das niemand gehört, da werden sie sich daran gütlich tun und sich dann in der Nähe in den Schatten legen und schlafen, und dann musst du aus deinem Verstecke hervorkommen und sie totschlagen. Darauf musst du vom König Leute verlangen, um das Fleisch von den Knochen zu schaben und sie hierherzuschaffen, und wenn du genug Knochen hast, so lasse davon den Turm bauen.«

Der Jäger machte es, wie ihm seine Mutter geraten hatte, und es dauerte gar nicht lange, so war der Knochenturm fertig. Als der König hörte, dass der Jäger so viele Menschen umbringe, tat ihm das zwar leid, da aber der Turm einmal bestellt war, so ließ sich das nicht ändern. Als er nun fertig war, da belohnte er den Jäger königlich, und dieser ging zu seiner Mutter und lebte wieder eine Zeit lang ganz glücklich und zufrieden.

Doch der Wesir ließ ihm nicht lange Ruhe, sondern erschien eines Tages vor dem König und sprach: »Du weißt, wie sehr ich auf die Vermehrung deiner Größe Bedacht genommen, und da du nun in dem Besitze so herrlicher Dinge bist, so fehlt dir doch noch Eines, nämlich eine deiner Größe und deiner kostbaren Schätze würdige Gemahlin. Unter den Töchtern des Landes wüsste ich aber keine, die dazu schön genug wäre; es darf keine andere sein als die Schöne der Welt, und wenn du diese heimführst, so wirst du wieder so jung wie ein zwanzigjähriger Jüngling.« »Wer soll sie mir aber bringen?«, fragte der König. Der

Wesir antwortete: »Ei, ich dächte, dass der, welcher den Vogel mit dem Edelsteine geschossen und den elfenbeinernen Turm gebaut hat, wohl auch imstande sein müsse, dir die Schöne der Welt herbeizuschaffen.«

Da klopfte es an die Haustüre des Jägers, und als er fragte, wer draußen sei, hieß es: »Seine Majestät unser allergnädigster König will dich sprechen.« Obwohl der Jäger nichts Gutes von dieser Unterredung erwartete, so blieb ihm doch keine Wahl. Er ging also zum König und fragte nach dessen Befehlen, und der befahl ihm, die Schöne der Welt herbeizuholen. Da rief der Jäger: »Aber wie soll ich denn das anfangen? Ich höre diesen Namen heute zum ersten Male; der, welcher dir von der Schönen gesprochen hat, der muss auch imstande sein, sie herbeizuschaffen.« »Nein«, sprach der König, »das kannst nur du, denn du hast ja auch den Vogel mit dem Edelstein geschossen und den elfenbeinernen Turm gebaut, und wenn du dich weigerst, so kostet es dich das Leben.«

Da ging der Jäger zu seiner Mutter und sagte zu ihr: »Ach, Mutter! Jetzt ist es um mich geschehen, ich soll für den König die Schöne der Welt holen und weiß nicht, wie ich diesem Befehle ausweichen kann.« Darauf erzählte er ihr alles, was ihm der König gesagt hatte, und als er zu Ende war, sprach die Mutter: »Gehe zum König und verlange, er soll dir ein goldenes Schiff machen lassen, das mit den vierzig schönsten Mädchen seines Reiches bemannt sein müsse, von denen keine älter als achtzehn Jahre sein dürfe, und deren Hauptmann müsse die einzige Tochter des Großwesirs sein, und bis der König das Schiff gebaut und die vierzig Mädchen zusammengebracht hat, wollen wir weitersehen, was zu tun ist.« Drauf sprach sie ihrem Sohne zu, dass er den Mut nicht verlieren solle; als er aber zum König zurückging, da weinte sie bitterlich, denn sie glaubte nicht, dass er diese Aufgabe vollbringen werde, an der schon so viele Prinzen und große Herren zuschanden geworden, und hielt ihn für verloren.

Der König gab sofort Befehl, dass das goldene Schiff gebaut werden solle; als aber der Wesir hörte, dass auch seine einzige Tochter mitfahren müsse, da bereute er seinen bösen Rat, doch nun war es zu spät. Er suchte daher den Bau des Schiffes so viel als möglich zu verzögern, der König aber vergaß es nicht, sondern trieb die Werkleute zur Eile, und so wurde denn das goldene Schiff in zwei Jahren fertig und mit den vierzig schönsten Mädchen des Reiches, die Wesirstochter an der Spitze, dem Jäger übergeben.

Als nun der Jäger sah, dass er das Unternehmen wagen müsse, wenn er sein Leben nicht verlieren wolle, so fasste er ein Herz und stach mit den vierzig Mädchen in die See, und nachdem er eine Weile gefahren war, kam er an ein unbekanntes Land. Er ließ also die Anker auswerfen und fuhr mit der Barke dahin. Am Strande traf er zwei Schäfer und erfuhr von diesen, dass das Reich der Schönen der Welt gehöre. Da schickte er die Barke auf das Schiff zurück und sprach zu den Mädchen, die ihn an das Land gerudert hatten: »Sagt den andern, dass sie vierzig Tage auf mich warten sollten, wenn aber die verflossen sind und ich nicht zurückgekehrt bin, so ist das ein Beweis, dass ich zugrunde gegangen, und dann sollen sie die Anker lichten und nach Hause fahren, damit sie nicht auch zugrunde gehen.«

Darauf ging der Jäger in das Land hinein, um das Schloss der Schönen der Welt aufzusuchen, und begegnete einem Mohren, der war so groß, dass er sich vor ihm fürchtete; er begrüßte ihn also und sprach: »Guten Tag, tapferer Mann.« Der Mohr antwortete: »Ich bin nicht tapfer, aber der Sohn des Jägers ist es, der den Vogel mit dem Edelstein geschossen hat.« Da fragte der Jäger den Mohren: »Was würdest du tun, wenn du diesem begegnetest?«, und dieser antwortete: »Ich würde mich vor ihm beugen und ihm die Hand küssen, und würde mich zu seiner Verfügung stellen für alles, worin ich ihm nützlich sein könnte.« »Nun«, sprach da der Jäger, »ich bin es selber.« Da verbeugte sich der Mohr, küsste ihm die Hand und gab ihm ein Haar von seinem Haupte, das er anbrennen solle, sooft er ihn nötig habe.

Nachdem der Jäger wieder eine Strecke gegangen war, begegnete er einem kleinen Mann, der aber zehn Ellen breit war, und wie er ihn recht ansah, so bemerkte er, dass er halb Mensch und halb Ameise war. Da sprach er auch zu dem: »Guten Tag, tapferer Mann.« Der antwortete: »Ich bin nicht tapfer, aber der Sohn des Jägers ist es, der den Vogel mit dem Edelsteine geschossen hat.« »Das bin ich«, versetzte der Jäger. Da verbeugte sich jener vor ihm und küsste ihm die Hand, und gab ihm eine seiner Federn, um sie anzubrennen, wenn er ihn nötig habe.

Als er wieder eine Strecke gegangen war, begegnete er einem Manne, der eine solche Masse Wasser von sich spie, dass man darin ein ganzes Land hätte ersäufen können, und nachdem er es ausgespien, schlürfte er es wieder ein. Der Jäger grüßte ihn und sprach: »Guten Tag, tapferer Mann.« Dieser antwortete aber ebenso wie die zwei andern, und als sich ihm der Jäger zu erkennen gab, küsste er ihm die Hand, riss ein Stück von seinem Rock ab und gab es ihm, um es zu verbrennen, wenn er ihn einmal nötig haben sollte.

Als der Jäger wieder eine Strecke weit gegangen war, erblickte er einen Fuß, der, um zu dem anderen Fuße zu gelangen, in einem Schritte fünf Stunden Wegs machte. Als er nun nach dem

Manne in die Höhe sah, dem diese Füße gehörten, erblickte er einen Mohren, der sah noch viel schrecklicher aus als der erste, und sein Hals allein war drei Ellen lang. Über den erschrak der Jäger noch mehr als über die andern, und begrüßte ihn daher noch freundlicher, indem er sagte: »Guten Tag, tapferer Mann.« Aber auch der gab ihm dieselbe Antwort wie die anderen, und nachdem der Jäger sich zu erkennen gegeben, küsste er ihm die Hand und gab ihm eines seiner Haare, um es anzubrennen, wenn er ihn nötig haben sollte.

Bald nachher erblickte der Jäger das Schloss, in welchem die Schöne der Welt wohnte, und ging darauf zu. Als er näher kam, wurde er eine Masse schöner Frauen gewahr, die blickten nach ihm hin und lachten, und riefen dann die Schöne der Welt herbei, um sich den jungen Mann anzusehen, der gewiss nur ihretwegen hergekommen sei. Als die Schöne aber herbeikam und den Jäger erblickte, gefiel er ihr so sehr, dass sie Mitleid mit ihm hatte und ihm durch ihre Frauen zurufen ließ, er solle fortgehen, denn wenn er einmal im Schlosse wäre, so dürfe er nicht mehr heraus, und würde darin seinen Tod finden. Doch er ließ sich nicht abschrecken und sagte, dass er nur deswegen hierhergekommen sei, um sein Leben für die Schöne der Welt einzusetzen, und bat so lange um die Erlaubnis, heraufkommen zu dürfen, bis sie es gestattete.

Als er sie aber in der Nähe sah, da staunte er über ihre große Schönheit, weil er noch nie ein so herrliches Weib gesehen hatte, und erkundigte sich sofort nach den Aufgaben, die er zu lösen habe, um sie zu gewinnen. Die Schöne der Welt fühlte solches Mitleid mit seiner Jugend und Schönheit, dass sie zu ihm sagte: »Obgleich es eigentlich keinem gestattet ist, so will ich dir doch noch erlauben, von hier wegzugehen, denn schon so viele haben ihr Leben um mich eingebüßt, weil die Aufgaben so schwer zu lösen sind.« Er antwortete aber: »Ich bin mit dem Entschlusse hierhergekommen, entweder dich zu gewinnen oder zugrunde zu gehn, und ich wusste sehr wohl, dass derjenige, welcher die Aufgaben nicht lösen kann, geköpft wird.«

Als die Schöne der Welt sah, dass er von seinem Vorsatze nicht abzubringen war, da ließ sie nach einem dem Schlosse gegenüberliegendem Hause hundert gebratene Ochsen und fünfhundert Brote bringen und den Jäger darin einsperren, und sagte ihm, dass, wenn er das alles nicht bis zum andern Morgen rein aufgegessen habe, er sein Leben verlieren müsse. Als nun der Jäger mit all dem Brote und Fleische eingeschlossen war, wusste er lange nicht, wie er es anfangen solle, diese Aufgabe zu lösen; da fiel ihm endlich bei, dass er einen von den Riesen herbeirufen könne; er brannte also das Haar des ersten an, und sogleich erschien dieser vor ihm und rief: »Ach, lieber Herr, du glaubst gar nicht, wie hungrig ich bin, weil ich immer darauf wartete, dass du mich rufen würdest, und mich daher nicht um mein Essen kümmern konnte. Was befiehlst du mir, dass ich tun soll?« Darauf sagte der Jäger: »Sieh hier all dies Brot und all dies Fleisch, das sollst du für mich essen. Bist du das imstande?« – »Und du fragst noch, Herr, nachdem ich dir gesagt habe, dass ich so hungrig bin?« Da machte sich der Riese darüber her, und es dauerte gar nicht lange, so hatte er alles aufgegessen und ließ nicht einmal die Knochen übrig.

Als die Schöne der Welt am andern Morgen erfuhr, dass er die erste Aufgabe gelöst habe, ließ sie einen großen Backofen heizen und sagte zu dem Jäger: »In diesen Ofen sollst du hineinsteigen und so lange darin bleiben, bis er kalt geworden ist.« Da erschrak der Jäger freilich sehr, aber es blieb ihm keine Wahl. Als sie ihm daher sagten, dass der Ofen fertig sei, stieg er hinein und brannte sogleich das Haar von dem Wasserschlürfer an, und als der erschien, befahl ihm der Jäger, die Hitze des Ofens zu löschen. Da begann der Riese so lange Wasser zu speien und wieder einzuschlürfen, bis der Ofen kalt war und der Jäger es die Nacht über darin ohne Beschwerlichkeit aushalten konnte.

Als die Schöne der Welt am andern Morgen hörte, dass er auch die zweite Aufgabe gelöst habe, wunderte sie sich sehr, und fing nun an zu hoffen, dass er sie gewinnen werde.

Sie ließ darauf den Jäger in ein Vorratshaus sperren, in dem eine große Masse von jeder Art Getreide wie Weizen, Gerste, Mais und Spelt durcheinandergeschüttet lag, und das alles sollte er bis zum andern Morgen auslesen. Als er aber allein war, brannte er das Federchen an, das ihm der Ameisenmann gegeben hatte, und als der erschien, befahl er ihm, dass er diesen Haufen auslesen und aus jeder Getreideart einen besonderen Haufen machen solle. Das war aber der König der Ameisen, er rief also sein Volk zusammen, und bis zum andern Morgen war das ganze Getreide in Ordnung gebracht.

Als die Schöne der Welt erfuhr, dass er auch diese Aufgabe gelöst habe, ließ sie ihn zu sich rufen und sagte zu ihm: »Nun bleibt dir nur noch eine Aufgabe zu erfüllen, und die besteht darin: Vierzig Tagereisen von hier steht ein großer Apfelbaum, der trägt nur einen einzigen Apfel, und diesen musst du mir in einer Viertelstunde bringen.«

Da ging der Jäger etwas auf die Seite, so dass ihn niemand sehen konnte, und brannte das Haar des Mohren an, der, als er ihm begegnete, den einen Fuß auf einem Berge und den andern auf einem andern hatte, und befahl ihm, jenen Apfel zu holen, und es dauerte keine zehn Minuten, so war dieser wieder da und hatte den Apfel in der Hand. Als nun der Jäger der Schönen der Welt diesen Apfel überreichte, da umarmte und küsste sie ihn und sprach: »Nun bin ich die Deine!«

Da nahm er sie und ging mit ihr zu seinem goldenen Schiffe, und das war gerade am vierzigsten Tage, nachdem er es verlassen hatte; er traf daher die Mädchen, wie sie sich in tiefer Trauer zur Abfahrt rüsteten, denn sie hielten ihn für verloren. Darauf stieg er mit der Schönen der Welt in das Schiff, setzte sie dort an die ihr gebührende Stelle, ließ die Anker lichten und fuhr ab, und nun denke dir die Lage der armen Tochter des Großwesirs!

Der Jäger hielt sich jedoch fern von der Schönen der Welt und zeigte sich in den drei ersten Tagen der Fahrt nicht vor ihr. Da verlor sie endlich die Geduld und ließ ihn rufen, und als er kam, beschwerte sie sich über seine Kälte. Da begann ihr der Jäger den Stand der Dinge auseinanderzusetzen. Als nun die Schöne der Welt alles erfahren hatte, da erklärte sie, dass sie weder den König noch irgendeinen andern zum Manne nehmen würde, sondern nur ihn allein, und er solle ihr nur treu bleiben und Vertrauen zu ihr haben, sie werde schon alles einrichten.

Endlich kamen sie an, und der König hatte eine große Freude, als er hörte, dass ihm der Jäger die Schöne der Welt bringe, und seine Freude wurde noch größer, als dieser sie ihm übergab und er sah, wie schön sie war. Der Jäger aber ging ganz betrübt zu seiner Mutter.

Nun ließ der König ein großes Hochzeitsfest anrichten, und während dieses gefeiert wurde, lockte ihn die Schöne der Welt an einen versteckten Ort und ermordete ihn und verbarg den Leichnam so gut, dass niemand etwas davon merkte, und ebenso machte sie es mit dem Großwesir. Darauf ließ sie sogleich den Jäger in den Palast rufen und erzählte ihm, was sie getan hatte, und sprach darauf: »Der König und sein ganzes Volk waren der Meinung, dass er, wenn er die Schöne der Welt zur Frau bekäme, in einen Jüngling von achtzehn Jahren verwandelt werden würde; bleibe also die Nacht bei mir, und wenn du am Morgen aufstehst, wird sich niemand über dein jugendliches Aussehen wundern, sondern alle Welt wird sagen, dass das Wunder, welches man von des Königs Heirat mit der Schönen der Welt erwartete, wirklich erfolgt und der König wieder verjüngt worden sei.« Der Jäger blieb also die Nacht bei der Schönen der Welt, und als er am andern Morgen aufstand, wurde er von aller Welt als König begrüßt, und regierte sein Reich mit vielem Glücke und großer Weisheit bis an sein Lebensende.

DIE WETTE DER DREI BRÜDER MIT DEM BARTLOSEN

Es war einmal ein Vater, der hatte drei Söhne, und davon war der jüngste an einem Fuße lahm. Als nun der Vater auf seinem Totenbette lag, da rief er seine drei Söhne vor sich, nahm Abschied und verlangte von ihnen das Versprechen, dass sie ihr Leben lang weder mit einem Bartlosen noch mit einem Hinkenden auf Reisen gehn sollten. Alle drei versprachen ihm das, und darauf starb er zufrieden.

Nachdem sie den Vater begraben hatten, da machte sich zuerst der älteste Bruder auf, um in der Welt sein Glück zu versuchen. Er war aber noch nicht weit vom Hause, so begegnete ihm ein Bartloser und fragte ihn, wo er hinwolle. Darauf antwortete der Älteste: »In die Fremde, um mein Glück zu versuchen.« »Da nimm mich auch mit«, sagte der Bartlose. »Nein, das darf ich nicht, denn der Vater hat es uns auf dem Sterbebette verboten, mit einem Bartlosen zusammen zu reisen.« Als er eine Weile gegangen war, begegnete er einem andern Bartlosen, der fragte ihn ebenso wie der erste, erhielt aber dieselbe Antwort. Eine Strecke weiter begegnete ihm ein dritter Bartloser, und als auch der ihm seine Begleitung anbot, da dachte der Älteste: »Es ist nun einmal mein Schicksal, dass ich lauter Bartlosen begegne, also mag es denn sein«, und so nahm er denn den Bartlosen als Reisegefährten an.

Nachdem sie eine Weile gewandert waren, schlug ihm der Bartlose vor, dass sie miteinander wetten wollten, wer zuerst über den andern ärgerlich würde, und es solle um das Fleisch des Rückgrats gelten, das der andere dem, der sich geärgert, ausschneiden dürfe. Der Älteste war das zufrieden, und der Bartlose führte ihn in sein Haus und gab ihm auf, seine Herde zu hüten, und als der Älteste sie austreiben wollte, da gab er ihm einen Laib Brot und sprach: »Da, nimm das Brot und iss davon, so viel du willst, und gib auch dem Hunde davon; aber am Abend musst du mir es heil zurückbringen.« Als das der Älteste hörte, wurde er zornig und rief: »Das ist doch zu arg, denn wie soll ich es anfangen, dass ich mich an dem Brote satt esse, und auch dem Hunde davon gebe, und es doch am Abend heil wiederbringe!« Darauf sprach der Bartlose: »Nun hast du die Wette verloren, nun will ich meinen Gewinn haben«; und da musste der Älteste so lange stillhalten, bis ihm der Bartlose das Fleisch von dem Rückgrat geschnitten hatte. Dem Ältesten war dadurch die Reiselust vertrieben, und er ging also wieder nach Hause, sagte aber seinen Brüdern kein Wort von dem, was ihm widerfahren war.

Darauf machte sich der zweite Bruder auf, um in der Welt sein Glück zu versuchen; dem erging es ebenso wie dem ältesten, und er kam ebenso verdrießlich nach Hause. Da sagte der hinkende jüngste: »Wenn es euch nicht geglückt ist, so will ich es probieren, vielleicht geht mir es besser.« »Nun, so mache dich auf«, erwiderten die Brüder, und hofften, dass es ihm ebenso ergehen werde wie ihnen.

Da machte sich der Jüngste auf den Weg und begegnete ebenso wie seine Brüder dem Bartlosen und schloss mit ihm auch dieselbe Wette. Als ihm aber dieser am Morgen, wo er mit der Herde ausziehen sollte, einen Laib Brot gab und ihm auftrug, davon zu essen und dem Hund davon zu geben und ihn doch am Abend heil zurückzubringen, wurde er darüber nicht ärgerlich, sondern sagte: »Ganz wohl.« Nachdem er mit der Herde eine Weile gezogen war, suchte er sich einen schönen Platz aus, machte dort ein großes Feuer an, dann griff er das beste Lamm aus der Herde, schlachtete und briet es, und als er es verzehrt hatte, lockte er den Hund an sich heran und schlug ihn tot.

Bald nachher kam ein Ochsenwagen an der Weide vorüber, und wie der Lahme bemerkte, dass dessen Gespann in elendem Zustande und der eine Ochse nahe daran war umzustehn, spannte er es aus und gab dafür das beste Paar aus seiner Herde. Darauf fragte er die Leute, denen der Wagen gehörte: »Habt ihr Brot und Wein?«, und als diese es bejahten, schlachtete er eine Jungkuh und briet sie und tat sich mit den Fremden gütlich.

Als er am Abend die Herde heimtrieb und der Bartlose bemerkte, dass davon Stücke fehlten, sagte er zwar nichts zu dem Lahmen, weil er an die Wette dachte, doch sprach er bei sich: »An dem habe ich meinen Meister gefunden.« Aber so ging es nun Tag für Tag, und jeden Abend kam der Lahme mit einer kleineren und schlechteren Herde nach Hause. Da hielt es endlich der Bartlose nicht mehr aus und fuhr eines Abends den Lahmen mit den Worten an: »Kerl, was ist aus den Ochsen geworden?« Der aber sprach: »Du hast die Wette verloren, und nun stehe still, bis ich dir einen Riemen Fleisch aus dem Rücken geschnitten.« Darauf machte er es ihm ebenso, wie dieser es seinen zwei Brüdern gemacht hatte, nahm ihm obendrein alle seine Habe und kehrte damit nach Hause zurück.

VOM MORDMESSER, DEM WETZSTEIN DER GEDULD UND DER KERZE, DIE NICHT SCHMILZT

Es war einmal ein reicher Mann, der hatte eine Tochter, die oft am Fenster saß und stickte. Als sie eines Tags wieder am Fenster saß, flog ein Vogel an ihr vorüber und rief: »Was stickst du in Silber und Gold, du wirst ja doch nur einen toten Mann bekommen!« Das verdross das Mädchen sehr, und sie ging weinend zu ihrem Vater und sagte ihm, was ihr der Vogel zugerufen. Der aber machte kein großes Aufheben davon und sagte: »Es ist eben ein Vogel, lass ihn schwatzen!« Das geschah aber nicht bloß einmal, sondern mehrmals, und sooft der Vogel vorüberflog, rief er ihr dasselbe zu.

Als sich eines Tags das Mädchen mit seinen Gespielinnen im Freien vergnügte, wurde es vom Regen überfallen. Da lief es nach einem Hause, welches in der Nähe lag, und stellte sich unter das Vordach. Während es nun so stand und wartete, ging plötzlich die Haustür auf, und das Mädchen trat ins Haus, um sich ein bisschen darin umzusehen. Kaum war es aber eingetreten, so ging die Tür wiederum zu. Das Mädchen ließ sich dadurch nicht irremachen und lief von einem Zimmer zum andern, bis es in ein Gemach kam, wo ein toter Prinz lag, welcher einen Zettel in der Hand hatte, auf dem geschrieben stand: »Wer hierherkommt und bei mir drei Wochen, drei Tage und drei Stunden ohne zu schlafen Wache hält, der wird mich zum Leben erwecken, und wenn es ein Mann ist, so mach' ich ihn zu meinem Minister, und wenn es eine Frau ist, so nehm' ich sie zum Weibe.«

Als das Mädchen diesen Zettel las, gedachte es der Worte, die der Vogel ihm zugerufen, und beschloss, den Prinzen zu erlösen. Sie wachte auch wirklich drei Wochen und drei Tage bei ihm, ohne zu schlafen, da konnte sie sich aber vor Müdigkeit kaum mehr halten. Sie öffnete also das Fenster, um frische Luft zu schöpfen, und sah eine Herumtreiberin darunter stehn; die ließ sie durch das Fenster zu sich kommen und sprach: »Wache du zwei Stunden hier, ich muss ein bisschen schlafen, und wecke mich nach zwei Stunden.« Diese war es zufrieden, und das Mädchen legte sich schlafen.

Die Herumtreiberin weckte sie aber nicht, sondern wachte allein die drei Stunden durch, und als der Prinz aufwachte, sagte er zu ihr: »Du bist meine Frau!« Darauf sprach die Herumtreiberin zum Prinzen: »Nimm das Mädchen, welches hier schläft, und lass sie die Gänse hüten«, und der Prinz, um seiner Braut gefällig zu sein, tat das Mädchen zu den Gänsen.

Eines Tages bekam der Prinz Lust, in den Krieg zu ziehen. Er rief also seine Frau und fragte sie, was er ihr mitbringen solle, und sie bestellte sich einen goldenen Anzug. Darauf rief er auch der Gänsehirtin und fragte sie: »Was willst du, das ich dir mitbringe?« Und diese sagte: »Ich wünsche mir das Mordmesser, den Wetzstein der Geduld und die Kerze, die nicht schmilzt, und wenn du mir das nicht mitbringst, so soll dein Pferd nicht von der Stelle gehn.«

Drauf zog der Prinz in den Krieg und trieb die Feinde zu Paaren, und als er nach Hause wollte, kaufte er für seine Frau einen goldenen Anzug, vergaß aber das, was die Gänsehirtin für sich bestellt hatte. Und als er nun heimreiten wollte, da brachte er sein

Pferd nicht von der Stelle. Wie er so drauf saß und nachdachte, was das wohl bedeute, da fiel ihm ein, was er der Gänsehirtin versprochen hatte. Er ging also auf den Markt und fragte nach dem Mordmesser, dem Wetzstein der Geduld und der Kerze, die nicht schmilzt. Nachdem er lange vergeblich herumgegangen, fand er endlich alles in einer kleinen Bude bei einem alten Kaufmann, und der fragte ihn: »Für wen kaufst du diese Sachen?«

»Für meine Magd«, erwiderte der Prinz.

»Nun, dann gib Acht, was sie damit anfängt, wenn du es ihr gibst!«

Drauf zog der Prinz heim und gab seiner Frau den goldenen Anzug und der Gänsehirtin das Messer, den Wetzstein und die Kerze. Diese trug die Sachen in ihre Hütte und schloss sich ein. Der Prinz aber schlich ihr nach, um zu sehen, was sie damit anfange.

Das Mädchen setzte den Wetzstein der Geduld auf die Erde, legte das Mordmesser darauf und steckte die Kerze an, die nicht schmilzt, und fing dann an zu sprechen: »Mordmesser, warum liegst du so ruhig da, warum stehst du nicht auf und schneidest mir den Hals ab?« – Da erhob sich das Messer, um ihr den Hals abzuschneiden, aber der Wetzstein der Geduld zog es zurück, und wie sich das Messer erhob, da brannte auch die Kerze, die nicht schmilzt, so düster, als ob sie erlöschen wolle, und das Mädchen fuhr fort: »Ich war ein Fräulein aus gutem Hause, und als ich am Fenster stickte, rief mir ein Vogel zu: ›Warum stickst du in Gold und Silber, du bekommst ja doch nur einen toten Mann.‹ Ich aber glaubte es nicht. – Mordmesser, warum liegst du so ruhig da? Warum stehst du nicht auf und schneidest mir den Hals ab?« – Da erhob sich das Messer gegen sie, und der Wetzstein zog es zurück.

»Eines Tages vergnügte ich mich mit meinen Gespielinnen im Freien; da überfiel uns ein Regen, und ich stellte mich unter die Tür dieses Schlosses, um den Regen abzuwarten. – Mordmesser, warum liegst du so ruhig da? Warum stehst du nicht auf und schneidest mir den Hals ab?« – Da erhob sich das Messer gegen sie, und der Wetzstein zog es zurück. – »Drauf öffnete sich die Türe und zog mich hinein; ich ging durch viele Zimmer, kam in das Gemach des Prinzen, sah den Zettel, den er in der Hand hielt, und las ihn. – Mordmesser, warum liegst du so ruhig da? Warum stehst du nicht auf und schneidest mir den Hals ab?« – Da erhob sich das Messer gegen sie, und der Wetzstein zog es zurück. – »Und ich wachte bei ihm drei Wochen und drei Tage; da ging die Herumtreiberin, die er jetzt zur Frau hat, unter dem Fenster vorüber, und ich rief sie herauf und sagte ihr, sie solle zwei Stunden wachen; sie wachte aber drei Stunden, ohne mich aufzuwecken. Und darum nahm sie der Prinz zur Frau und machte mich zur Gänsehirtin. – Mordmesser, wie kannst du es mitansehen, dass ich drei Wochen gewacht und Gänsehirtin geworden bin, während die Herumtreiberin nur drei Stunden wachte und Prinzessin geworden ist? – Und du zauderst noch, Mordmesser?«

Da erhob sich das Messer sehr hoch gegen sie, der Wetzstein konnte es nicht mehr zurückhalten, und die Kerze verlosch ganz und gar. Der Prinz aber, der das alles gehört hatte, fing an zu schluchzen, stieß die Tür ein und ergriff das Messer, grade wie es auf das Mädchen losstechen wollte, führte die Gänsehirtin in sein Schloss, machte sie zu seiner Frau und ließ die Herumtreiberin an ihrer statt die Gänse hüten.

DIE HEIRATSSCHEUE PRINZESSIN

Es war einmal ein König, der hatte nur einen einzigen Sohn, und wünschte daher gar sehr, ihn so bald als möglich zu verheiraten. Aber je mehr er in ihn drang, sich eine Frau zu suchen, desto größere Abneigung zeigte der Sohn gegen den Ehestand, indem er sagte, dass alle Weiber nichts taugten und nur auf der Welt wären, um ihre Männer zu betrügen.

Als der Vater sah, dass alles Zureden nicht helfen wollte, führte er seinen Sohn endlich in einen Saal, dessen Wände mit lauter Frauenbildern behangen waren, und sprach zu ihm: »Siehe, mein Sohn, hier hast du nun sämtliche unverheiratete Prinzessinnen der ganzen Welt vor dir, besieh sie eine nach der andern und treffe dann deine Wahl, denn du darfst mir nicht eher aus diesem Saale, als bis du dich für eine entschieden hast.«

Um seinem Vater den Willen zu tun, machte sich der Prinz daran und betrachtete ein Bild nach dem andern, aber keines wollte ihm gefallen, an einem jeden fand er etwas auszusetzen, die eine war ihm zu jung, die andere zu alt, die eine zu blass, die andere zu rot, und so ging es fort, bis er ganz zuletzt an ein Bild kam, das verkehrt an der Wand hing. Da fragte er den König: »Sage mir, lieber Vater, warum hängt dies Bild verkehrt?« Dieser aber erwiderte: »Lass es so, wie es ist, und sieh es nicht an, denn es stellt die Tochter eines mächtigen Königs dar, welche ebenso heiratsscheu ist wie du, und noch alle Königssöhne, die um sie freiten, ins Unglück gestürzt hat; wenn du sie sähest und sie dir gefiele, so könnte das dein Unglück sein.« Da sprach der Prinz: »Du hast mich hierhergeführt, um mir sämtliche Prinzessinnen der ganzen Welt zu zeigen, und darum darfst du mir auch keine vorenthalten.« Mit diesen Worten kehrte er das Bild um und betrachtete es weit genauer als die andern; die Prinzessin war aber so schön, dass sie sein Herz gewann und er zu seinem Vater sprach: »Diese oder keine.«

Der Vater tat sein Möglichstes, um ihn von seinem Entschlusse abzubringen, indem er ihm vorstellte, dass jener König viel mächtiger sei als er, und seine Tochter schon die mächtigsten Königssöhne, die es auf der Welt gegeben, ins Verderben gestürzt habe; dass er also seinem sicheren Untergange entgegengehe, wenn er sie zur Frau begehre. Er solle also Mitleid mit ihm haben und ihn nicht in seinen alten Tagen dem Unglücke preisgeben. Aber all seine Reden waren vergebens, der Prinz blieb auf seinem Vorsatze, doch erklärte er, dass er die Prinzessin nur einmal von Angesicht sehn wolle, und daher nicht als offener Freier, sondern verkleidet zu ihr gehen wolle.

Nachdem er auf diese Weise die Erlaubnis seines Vaters erlangt hatte, zog der Prinz grobe Kleider an, gab sich ein möglichst ärmliches Ansehn und machte sich dann nach der Stadt auf, in welcher die Prinzessin wohnte. Der Weg führte ihn durch eine Einöde, und dort erblickte er zwei Männer, die entsetzlich miteinander stritten. Das machte ihn neugierig, er trat auf sie zu und fragte, warum sie denn gar so sehr miteinander haderten, und ob er ihren Zwist nicht ausgleichen könne. Sie wiesen ihn aber mit rauen Worten zurück und sprachen, er solle sich nicht in ihre Sache mischen und seiner Wege gehen. Doch der Prinz ließ sich nicht irremachen und sprach: »Sagt mir nur, worüber ihr streitet, und dann will ich euch so viel Geld geben, als es wert ist, damit Friede unter euch werde.« Drauf sprach der eine: »Da sieh her, du Dummkopf, das ist unsere väterliche Erbschaft, und darum streiten wir.« Dabei zeigte er auf einen rohen Stock und eine alte Mütze, die neben ihnen auf dem Boden lagen. Als der Prinz den Stock und die Mütze erblickte, lachte er und sprach: »Schämt ihr euch nicht, über solche Armseligkeiten zu hadern? Sagt mir, was sie wert sind, und ich will dem einen den Preis geben, der andere mag die Sachen behalten, damit ihr auseinanderkommt.« Jener aber sprach: »Den Preis musst du selber bestimmen, wenn du erst weißt, was es mit den Sachen für eine Bewandtnis hat; wer die Mütze aufsetzt, der wird unsichtbar, und wer mit dem Stocke dreimal auf die Erde tupft, der kommt dahin, wohin er sich wünschte.« Da sprach der Prinz: »So viel Geld habe ich freilich nicht, um diese Dinge zu bezahlen, aber wisst ihr, wie ihr euern Streit schlichten könnt? Ich will meinen Spieß in jenen Baum werfen, danach müsst ihr um die Wette laufen, und wer von euch mir den Spieß zurückbringt, der soll Stock und Mütze haben.« Das waren die beiden zufrieden, der Prinz warf also seinen Spieß in den Baum und jene fingen an, danach zu laufen; während sie aber liefen, setzte der Prinz die Mütze auf den Kopf, tupfte dreimal mit dem Stock auf die Erde und wünschte sich in den Palast der Prinzessin, und kaum hatte er das getan, so war er auch schon dort.

Er schlich sich von Zimmer zu Zimmer, bis er in das kam, wo die Prinzessin war, und als er sie erblickte, fand er, dass sie in der Wirklichkeit noch viel schöner war als auf jenem Bilde, und seine Liebe zu ihr wuchs in demselben Maße. Als er sich satt an ihr gesehen hatte, ging er aus dem Schlosse in den Garten und fragte nach dem Obergärtner, und als er diesen gefunden, bot er sich ihm als Gartenknecht an; der aber erwiderte, dass er nur Arbeiter mit tüchtigen Fäusten, aber keine solchen Milchgesichter mit feinen weißen Händen brauchen könne. Da sagte der Prinz, dass er keinen Lohn, sondern nur die Kost verlange, und als der Obergärtner das hörte, nahm er ihn an.

Der Prinz arbeitete nun Tag für Tag in dem Garten und machte sich immer an den Lieblingsplätzen der Prinzessin zu tun, um sie betrachten zu können. Die Prinzessin aber war eine große Gartenfreundin; sie kam jeden Nachmittag herunter, um spazieren zu gehn, setzte sich dann in ein abgelegenes Gartenhäuschen und las bis in die Nacht, und niemand konnte ihm sagen, wann sie in das Schloss zurückkehre. Das machte ihn neugierig, und um zu erfahren, was sie in der Nacht triebe, machte er sich in der Nähe des Gartenhäuschens einen Schlupfwinkel, und als es Abend wurde und die andern Arbeiter schlafen gingen, kroch er leise in denselben und lauerte. Aber die Zeit wurde ihm lang; denn die Prinzessin blieb in dem Gartenhäuschen und las und las und warf nur selten einen Blick hinaus ins Freie. Endlich gegen Mitternacht hörte er ein Geräusch wie fernes Donnern, das aber immer näher kam, und sah, wie die Prinzessin ihr Buch zuklappte und vor das Häuschen trat, und in demselben Augenblicke kam auch ein ungeheurer Drache angeflogen und stürzte sich in die Arme der Prinzessin. Nachdem ihn diese bewillkommt, führte sie ihn in das Gartenhaus, und der Prinz konnte nur sehn, wie sie zärtlich mit ihm tat, aber er war zu weit weg, um ihr Gespräch mitanzuhören, und aus Furcht vor dem ungeheuren Drachen traute er sich nicht näher heran.

Nachdem der Drache eine Weile mit der Prinzessin gekost hatte, flog er mit demselben Getöse und derselben Blitzesschnelle wieder weg, und die Prinzessin kehrte in das Schloss zurück. Nun ging auch der Prinz in seine Kammer, aber das, was er gesehen hatte, ließ ihn nicht schlafen, und er zerbrach sich den Kopf, wie er es anfangen solle, um das Gespräch der beiden Liebenden zu belauschen. Auch Tags darauf war dies sein einziger Gedanke, bis ihm endlich seine Mütze und sein Stock einfielen, an die er seit seiner Ankunft gar nicht mehr gedacht hatte. Am Abend setzte er also die Mütze auf, nahm den Stock in die Hand, schlich sich in das Gartenhäuschen zur Prinzessin und wartete die Ankunft des Drachen ab.

Die Prinzessin empfing ihn ebenso zärtlich wie das erste Mal, und der Drache überhäufte sie mit Liebkosungen und Schmeichelreden und bat sie, doch heute mit in sein Schloss zu kommen, wo er das herrlichste Gastmahl für sie habe bereiten lassen. Die Prinzessin aber weigerte sich anfangs, weil sie ihr Vater auf morgen früh zu einer Unterredung bestellt habe, des Drachen Schloss aber sechshundert Tagreisen entfernt sei und sie fürchte, nicht zeitig genug wieder zurückzukommen. Doch er versprach ihr, dass sie vor Morgen wieder zu Hause sein solle, nahm sie in seine Krallen und flog fort. Da tupfte der Prinz mit seinem Stocke dreimal auf die Erde und wünschte sich in das Drachenschloss, und kam zu gleicher Zeit mit dem Liebespaar dort an. Dieses Schloss war mit hohen Mauern umgeben und von einer Menge dienstbarer Drachen bewohnt; seine Gemächer strahlten in aller erdenkbaren Herrlichkeit und in dem Glanze von tausend Lichtern, und in dem letzten, welches das allerschönste war, stand ein herrliches Gastmahl bereit. Der Drache überreichte der Prinzessin ein köstliches Tuch, welches so schön gestickt war, dass sie sich dessen nicht bedienen wollte, sondern es an einen Nagel hängte, um es mit sich nach Hause zu nehmen. Als sich nun beide zu Tische setzten, nahm der Prinz dies Tuch vom Nagel und steckte es in seinen Busen. Darauf setzte er sich zu den beiden an die Tafel und aß mit ihnen von allen Speisen, die aufgetragen wurden, ohne dass sie es bemerkt hätten; als aber zuletzt die herkömmliche Schüssel mit gekochtem trockenem Reis aufgetragen wurde, da bemerkte der Drache, dass neben den beiden Öffnungen, welche sein Löffel und der der ihm gegenübersitzenden Prinzessin in den aufgehäuften Reis machten, noch eine dritte Öffnung in demselben entstand. Er zeigte sie der Prinzessin und fragte sie, wie das zugehe, und als sich diese auch darüber wunderte, drehte er die Schüssel um, um zu sehn, ob sie sich nicht getäuscht hätten und ob auch in der vierten Seite des Haufens ein Loch entstehe. Wie nun die Prinzessin sah, dass auch dort allmählich eine Öffnung entstand und immer größer wurde, ohne dass sie begreifen konnte, wie es zugehe, da wurde ihr unheimlich zumute, und sie trieb den Drachen zum Aufbruche.

Als sie aufstand und das Tuch vom Nagel nehmen wollte und es nicht mehr finden konnte, da wurde sie noch unruhiger und sie trieb den Drachen noch mehr zur Eile an. Dieser nahm sie also wieder in seine Krallen und trug sie ebenso schnell nach Hause, als er sie gebracht hatte, und der Prinz fuhr hinter ihnen her und sah, wie die Prinzessin mit großer Hast in das Schloss eilte.

Als er am andern Morgen erst spät in den Garten kam, da merkte er an dem unruhigen Hin- und Herlaufen der Leute, dass irgendetwas Ungewöhnliches vorgehe. Darauf begegnete er dem Obergärtner, der mit bestürzter Miene an ihm vorüberging, ohne auf seinen Gruß zu achten. Da fasste sich der Prinz ein Herz und fragte ihn nach der Ursache seiner Trauer. Der aber antwortete: »Ei du Dummkopf, weißt du denn nicht, dass wir alle unabwendbar verloren sind? Der mächtigste Nachbar unseres Herrn, dessen Kriegsheer viermal stärker ist als das unsrige, hat Gesandte geschickt, welche die Prinzessin für seinen Sohn verlangen sollten, und wenn ihm dieselbe nicht sogleich und ohne alle Umstände zugesagt würde, so wolle er sein Reich mit Krieg überziehen und darin keinen Stein auf dem andern lassen. Heute Morgen sollte sich die Prinzessin über diesen Antrag erklären, sie bestand aber darauf, dass sie nur demjenigen ihre Hand reichen würde, welcher die Aufgaben zu lösen imstande wäre, die sie ihm stelle; so sei es bisher gehalten worden und dabei müsse es bleiben; trüge daher jener Prinz Gefallen nach ihrem Besitze, so möge er kommen und so gut wie alle andern das Wagstück unternehmen. Als die Gesandten sahen, dass alle Bitten des Königs vergeblich waren, da erklärten sie unserem Herrn im Namen des ihrigen den Krieg und reisten eiligst ab. Jener König hat aber ein tapferes Kriegsheer von zweimal hunderttausend Mann, und unser König kann dagegen kaum fünfzigtausend Mann ins Feld stellen, und darüber ist alle Welt so bestürzt, dass der König nicht einmal einen Feldherrn finden kann, der das Herz hätte, sein Heer gegen einen so übermächtigen Feind zu führen.« Darauf erwiderte der Prinz: »Wenn es weiter nichts ist, so will ich gerne euer Feldherr werden. Gehe also zum König und sage ihm, wenn er mich zum Feldherrn nähme, so wolle ich mich verpflichten, nicht nur den Feind zu schlagen, sondern ihm auch sein halbes Reich abzunehmen.«

Als der Obergärtner diese Rede des Prinzen hörte, traute er seinen Ohren kaum und rief einmal über das andere Mal: »Der Bursche ist verrückt geworden! Was, du armseliger Mensch hast den Mut, dich dem König zum Feldherrn anzutragen? Nicht zum König will ich gehn, sondern zum Schlossvogt, damit er dich einsperrt und der Schaden vermieden wird, den du in deiner Tollheit anstellen könntest.« Der Prinz wiederholte aber sein Verlangen mit solcher Zuversicht und sah dabei so vornehm und entschlossen aus, dass sein Wesen allmählich Eindruck auf den Obergärtner machte und dieser endlich sagte: »Ich weiß zwar, dass man uns beide als Narren einsperren wird, aber du hast es mir angetan und ich will es wagen. Zum König traue ich mich nicht, aber ich will zu dem Reichskanzler gehn und es ihm sagen.«

Als der Reichskanzler den Vorschlag des Obergärtners hörte, fing er trotz aller Kümmernis zu lachen an und sprach: »Der Schrecken hat euch Gärtner verrückt gemacht, und ich muss euch einsperren lassen, aber sehen möchte ich doch den Burschen vorher, gehe also hin und hole ihn.«

Als der Prinz vor dem Kanzler erschien, machte sein zuversichtliches Wesen einen solchen Eindruck auf ihn, dass er kopfschüttelnd aufstand und zum König ging und diesem mit klopfendem Herzen den wunderbaren Antrag des Gartenknechtes vortrug. Anfangs machte es der König ihm nicht besser, als er es dem Obergärtner gemacht hatte. Als ihm dieser aber vorstellte, dass sie sowieso verloren seien und also nur durch ein Wunder gerettet werden könnten, wurde er nach und nach so bedenklich, dass er endlich den Gartenknecht vor sich kommen ließ, und die Zuversicht, mit der dieser sprach, flößte ihm solches Vertrauen ein, dass er ihn bei der Hand ergriff und ihn dem versammelten Heere als Feldherrn vorstellte, unter dessen Leitung es nicht nur den Feind besiegen, sondern auch dessen halbes Reich erobern würde. Sie sollten also nicht lange zögern, sondern sofort unter der Führung des neuen Feldherrn ins Feld ziehen, weil der Feind bereits in die Reichsgrenze eingebrochen sei. Darauf befahl der

Prinz vorwärts und zog mit seinen fünfzigtausend Mann dem Feinde entgegen, und schlug ihm gegenüber ein Lager auf. Als der feindliche Feldherr die geringe Zahl der Gegner sah, schickte er einen Herold an sie ab und forderte sie auf, sich zu ergeben und unnützes Blutvergießen zu vermeiden. Der neue Feldherr schickte ihn aber mit der Antwort zurück, dass es sich morgen zeigen solle, wessen Blut vergossen werden würde.

Nun warteten die Unterfeldherrn des Prinzen darauf, dass er sie zu sich entbieten und ihnen seinen Schlachtplan mitteilen werde, aber Stunde um Stunde verging, ohne dass dieser Befehl erfolgte, und der Abend kam, ohne dass der Prinz sein Zelt verlassen hätte.

Als es Nacht geworden war, legte er sich zur Ruhe und befahl, ihn nach Mitternacht zu wecken. Dann aber stand er auf, setzte seine Mütze auf und nahm seinen Stock in die Hand, und wünschte sich in das feindliche Lager, wo er alles im tiefsten Schlafe fand. Er schlich sich nun in alle Zelte, in welchen Hauptleute oder Feldherrn schliefen, und schlug diesen die Köpfe ab; so trieb er es bis gegen Morgen und wünschte sich dann in sein Zelt zurück. Als es Tag wurde und die Feinde eine so große Anzahl ihrer Anführer ermordet fanden, riefen sie die Lagerwachen zusammen, und als diese einstimmig versicherten, dass sie niemand aus und ein gehn gesehn hätten, da begannen die Scharen, welche ihre Anführer verloren hatten, über Verrat zu schreien, der auch allein die unbegreifliche Keckheit der Feinde erklären könne, sich mit so geringen Kräften gegen ihr ungeheures Heer im Felde zu zeigen. Die Verdächtigten fingen an, sich zueinander zu scharen, um sich gegen die Anklage des Verrats zu verteidigen, und bei diesen Zwistigkeiten war an diesem Tage an keine Schlacht zu denken.

In der andern Nacht machte es der Prinz ebenso wie in der ersten, und erschlug womöglich noch eine größere Anzahl von feindlichen Hauptleuten. Am andern Morgen verdoppelte sich die Aufregung und das Geschrei über Verrat in dem feindlichen Heere, und es dauerte nicht lange, so kam es von Worten zu Taten, und die feindlichen Heeresabteilungen begannen aufeinander loszuschlagen. Als der Prinz das Lärmen im feindlichen Lager hörte, rief er seinen Soldaten zu: »Jetzt ist die Zeit, jetzt schlagt los!«, stürzte sich mit seinem Heere auf die Feinde und stellte ein solches Blutbad unter ihnen an, dass nur wenige mit dem Leben davonkamen.

Darauf zog der Prinz so rasch er konnte vor die feindliche Hauptstadt und zwang den König zum Frieden, in welchem er die Hälfte seines Reiches abtreten musste.

Als der Prinz an der Spitze des siegreichen Heeres zurückkehrte, empfing ihn der Vater der Prinzessin mit den größten Ehren und machte ihn zu seinem Reichskanzler. Der Prinz stand dieser Würde mit großer Umsicht vor, so dass das ganze Land seines Lobes voll war und er täglich in der Achtung seines Herrn stieg. Als aber einige Zeit verflossen war, ging er eines Tags zu dem Könige und erklärte, dass er nicht länger in seinen Diensten bleiben könne, weil er nun in seine Heimat zu seinen alten Eltern zurückmüsse. Über diese Erklärung erschrak der König sehr, er stellte ihm die Gefahren vor, in welche ihn sein Abgang stürzen würde, weil nur die Furcht vor ihm den besiegten Nachbar abhielte, wegen seiner Niederlage Rache zu nehmen; er ließ nicht ab, den Prinzen zu bitten, dass er bei ihm bleiben solle, und erklärte, dass er ihm alle seine Wünsche erfüllen würde, soweit sie nur in seiner Macht ständen. Der Prinz widerstand so lange allen Vorstellungen des Königs, bis er sah, dass derselbe in der größten Unruhe und Sorge war; darauf erklärte er ihm, dass er seine Tochter liebe und nur unter der Bedingung bei ihm bleiben wolle, wenn er sie ihm zur Frau gebe. Als das der König hörte, kratzte er sich am Kopfe und sprach: »Von meiner Seite hätte das keinen Anstand und ich machte dich mit Vergnügen zu meinem Schwiegersohn, aber du kennst den harten Sinn meiner Tochter und weißt, wie viele mächtige Prinzen sie ins Verderben gestürzt hat; ich fürchte, sie wird dich ebenso in den Tod schicken wie alle andern. Doch will ich mit ihr sprechen und versuchen, ob ich sie überreden kann.«

Der König ließ darauf seine Tochter kommen und stellte ihr das Begehren des Reichskanzlers und die Gefahren vor, in welche das Reich durch seinen Abgang geraten würde, und forderte sie auf, den Antrag anzunehmen. Über diese Zumutung geriet die Prinzessin außer sich und rief: »Also so weit ist es mit mir gekommen? Ich habe die mächtigsten Prinzen verschmäht und soll nun einen Gartenknecht heiraten?« Sie wandte alle Mittel an, um ihren Vater umzustimmen, aber ihr Bitten, Schluchzen und Schmeicheln war diesmal vergebens; der König ließ sich nicht erweichen. Als die Prinzessin das sah, sprach sie: »Nun gut, ich beuge mich deinem Willen und will ihn zum Manne nehmen, unter der Bedingung, dass er drei Aufgaben löst, die ich ihm stellen werde, damit ich sehe, ob er auch würdig ist, mein Gemahl zu werden; ich will mich darüber bedenken und ihm morgen früh die erste Aufgabe sagen, die er zu lösen hat.« Mit diesen Worten stand sie auf und verließ ihren Vater, ohne weiter auf dessen Einwände zu hören.

Am Abend schlich sich der Prinz mit seiner Mütze und seinem Stocke zur Prinzessin in das Gartenhäuschen und wartete dort die Ankunft des Drachen ab. Als dieser ankam, rief ihm die Prinzessin entgegen: »Es ist wieder ein Freier da, aber den errätst du gewiss nicht; es ist unser neugebackener Kanzler, der frühere Gartenknecht.« Als das der Drache hörte, lachte er, dass das Häuschen schlotterte. Doch die Prinzessin sprach: »Nimm das nicht auf die leichte Achsel, es steckt was Geheimnisvolles in dem Menschen, und ich habe ihn schon lange im Verdachte, dass er zauberkundig sei. Denke also erst ein bisschen nach, bevor du mir die Aufgabe sagst, die ich ihm stellen soll.« – »Weißt du was«, erwiderte der Drache, »sage ihm, er solle dir in vierundzwanzig Stunden drei lachende Äpfel bringen; der einzige Baum, auf dem sie wachsen, steht in meinem Garten, und der ist sechshundert Tagereisen von hier und wird von hundert Drachen bewacht, denen ich, wenn ich heimkomme, noch besondere Wachsamkeit empfehlen will.«

Als der Drache aufbrach und heimflog, folgte ihm der Prinz und sah es mit an, wie er seine Dienstleute um den Baum mit den lachenden Äpfeln aufstellte und ihnen auftrug, die ganze Nacht über wach zu bleiben, damit niemand dem Baume nahe kommen könne. Der Prinz war dadurch der Mühe überhoben, den Baum zu suchen; er blieb in dessen Nähe, und als die Wachen ihre Stellen eingenommen hatten, schlich er sich durch dieselben, brach einen Zweig ab, an dem zehn Äpfel hingen, und wünschte sich nach Hause. Sowie er den Ast berührte, fingen alle Äpfel am Baume an zu lachen: »Ha! Ha! Ha! Ha!«, und die wachenden Drachen sprangen auf und stürzten durcheinander, denn sie merkten wohl, dass jemand an den Äpfeln gewesen sei, sie konnten ihn aber nicht sehen.

Am folgenden Morgen stellte die Prinzessin dem Kanzler die Aufgabe, und dieser erklärte sich bereit, sie zu erfüllen. Zum Erstaunen des Königs und des ganzen Hofes ging er aber den Tag über seinen Geschäften nach, ohne sich um die ihm gestellte Aufgabe zu bekümmern. Gegen Abend nahm er die zehn Äpfel, legte sie auf einen Teller und brachte sie dem König im Beisein der Prinzessin. Als dieser die Früchte sah, wunderte er sich sehr, dass das die lachenden Äpfel sein sollten, denn sie hatten das Ansehen von Äpfeln der gemeinsten Gattung. Der Prinz bat ihn aber, sie zu berühren, und als er dies tat, erschallte der Saal von einem lauten Gelächter; die Prinzessin aber musste bekennen, dass ihre Aufgabe gelöst sei, und bat sich Bedenkzeit bis zum andern Morgen, um ihm die zweite Aufgabe zu sagen.

In der Nacht belauschte der Prinz wiederum das Gespräch der Prinzessin mit dem Drachen und hörte, wie dieser ihr sagte, dass sie ihm aufgeben solle, drei weinende Quitten zu holen, denn der einzige Baum, an welchem sie wüchsen, stände in dem Hofe seines Schlosses, und er werde dessen Tore verschließen lassen und selbst Wache bei dem Baume halten. Mit diesen ging es aber ebenso wie mit den Äpfeln; der Prinz ging mit dem Drachen in sein Schloss, und als dieser die Tore schließen ließ, war er schon darin, als sich der Drache unter den Baum setzte, stellte er sich neben ihn, und als er einen Zweig abbrach, da fingen alle Quitten so heftig zu weinen an, dass er von ihren Tränen durchnässt wurde, bevor er sich aus dem Bereiche des Baumes flüchtete. Der Drache, der an dem Weinen der Quitten merkte, dass jemand den Baum berührt habe, stürmte mit seinem Gefolge bald hierhin, bald dorthin, und durchsuchte das ganze Schloss vergebens nach dem Diebe. Der Prinz unterhielt sich eine Weile an dem tollen Treiben und wünschte sich dann mit seinen Quitten nach Hause, und machte es am folgenden Tage wie mit den Äpfeln.

Als der Drache in der Nacht von der Prinzessin hörte, dass der Kanzler auch diese Aufgabe gelöst habe, wurde er sehr nachdenklich; endlich aber sprach er: »Nun will ich dir eine Aufgabe sagen, an der er gewiss zugrunde gehen wird. Verlange von ihm einen Zahn aus dem Munde des Drachen, dem die Bäume mit den lachenden Äpfeln und den weinenden Quitten gehören, denn wenn er mir den selbst im Schlafe ausbrechen wollte, so würde ich davon erwachen und ihn verschlingen.« Als das der Prinz hörte, wünschte er sich schnell nach Hause, nahm eine Zange und einen Korb, legte Schlafkraut hinein, kehrte damit in das Gartenhäuschen zurück und fuhr, als der Drache aufbrach, mit ihm auf sein Schloss. Dort versammelte der Drache vierzig seiner stärksten Untergebenen um sich und befahl ihnen, mit ihm die Nacht durchzuwachen. Der Prinz aber legte auf jeden etwas Schlafkraut, und es dauerte gar nicht lange, so waren sämtliche eingeschlafen und schnarchten mit offenen Rachen. Darauf machte sich der Prinz daran und zog einem jeden von ihnen einen Vorderzahn aus, warf sie in seinen Korb und kehrte damit nach Hause zurück. Als die Drachen am andern Morgen erwachten, da bemerkte ein Drache die Lücke im Munde des andern und rief: »Ei, dir fehlt ja ein Vorderzahn!« Darauf sahen sie einander an und fanden, dass jedem von ihnen ein Zahn fehle. Darüber gerieten sie in großen Schrecken und sprachen: »Wer uns die Zähne ausziehen kann, der kann uns auch die Gurgeln abschneiden.«

Der Prinz machte es aber mit den Zähnen wie mit den Äpfeln und Quitten, und als er am Abend die vierzig Drachenzähne vor der Prinzessin ausschüttete, da fiel sie vor Schrecken in Ohnmacht. In der Nacht ging der Prinz wieder in das Gartenhäuschen. Er fand dort die Prinzessin in Tränen die Ankunft ihres scheußlichen Geliebten erwartend. Aber der ließ diesmal lange auf sich warten, und als er endlich erschien, da sah er ebenso niedergeschlagen aus wie die Prinzessin. Er blieb an der Tür stehen, und nachdem er sich ängstlich umgesehen hatte, ob niemand hinter ihm wäre, sprach er zur Prinzessin: »Meine Liebe, dass dein Brautwerber auch die dritte Aufgabe erfüllt hat, ist dir bereits bekannt, wer mir aber einen Zahn ausziehen kann, der kann mir auch die Gurgel abschneiden und dich ums Leben bringen; wir müssen uns also trennen, ich bin nur hierhergekommen, um Abschied von dir zu nehmen, denn du siehst mich niemals wieder, lebe wohl.« Nachdem er dies gesagt hatte, flog er weg; die Prinzessin aber bedeckte ihr Gesicht mit beiden Händen und blieb eine Weile unbeweglich sitzen. Als sie aber aufstand, war jede Spur von Kummer an ihr verschwunden, und sie kehrte heiter um sich blickend ins Schloss zurück.

Am andern Morgen nahm der Prinz seine Mütze und seinen Stock und ging damit zu Hofe. Dort fand er den ganzen Hofstaat versammelt und die Prinzessin in ihrem Brautschmucke strahlend. Als sie ihn erblickte, sah sie ihn zärtlich an; er aber ging an ihr vorüber, trat vor den König und bat ihn um eine geheime Unterredung. Als beide allein waren, erzählte er ihm seine ganze Geschichte, wie ihn die Liebe zu seiner Tochter hierhergetrieben, wie er deren Verhältnis mit einem scheußlichen Drachen entdeckt, und wie er den Zauber gebrochen habe, der sie umstrickt gehalten. Aber eine Drachenbraut sei seiner nicht würdig, und darum kehre er nun zu seinem Vater zurück. Darauf wünschte er ihm wohl zu leben, tupfte mit dem Stocke dreimal auf den Boden und verschwand vor den Augen des Königs.

Als er vor seinem Vater erschien, sprach er: »Lieber Vater, da bin ich wieder, geheilt von meiner Liebe und bereit, jede Frau zu heiraten, die du mir zuführen wirst.« Da stellte der Vater große Feste an und beeilte sich, für seinen Sohn eine schöne und tugendhafte Frau auszusuchen, und als er starb, da stand eine Schar von lieblichen Enkeln um ihn her.

BELOHNTE TREUE

Es war einmal ein armer Mann, der hatte kaum so viel, um nicht zu verhungern, und bot daher seinen Sohn feil, um das nötige Öl für die Lampe zu kaufen, die er einem Heiligen zu Ehren unterhielt. Der Knabe gefiel einem Pascha, der keine Söhne hatte; der kaufte ihn also und nahm ihn mit sich nach Hause. Da der Knabe aber nicht nur schön von Ansehn, sondern auch gut von Herzen war, so bekam er ihn bald sehr lieb und bestimmte ihn, als er heranwuchs, seiner einzigen Tochter zum Manne, weil sie sich beide von Kindheit an so sehr liebten, dass keines eine Nuss aß, ohne sie mit dem andern zu teilen.

Die Tochter des Paschas war jedoch so schön und klug, dass ihr Ruf sich über das ganze Land verbreitete und ein mächtiger Herr bei ihrem Vater um sie für seinen Sohn anhalten ließ. Die Mutter des Mädchens wollte den Antrag nicht annehmen, aber der Vater überredete sie, dass sie die Stütze mächtiger Verwandten nötig hätten und für den Jüngling ein anderes Mädchen freien könnten. Sie nahmen daher den Antrag an und verlobten das Mädchen an den Sohn jenes mächtigen Paschas.

Als das der Jüngling hörte, verließ er den Palast seines Herrn und ging zu dessen Herden, legte Schäfertracht an und trieb die Schafherde täglich unter das Schloss. Dort stand ein großer Platanenbaum, unter dem ließ er seine Herde ruhen, setzte sich zu ihr hin und unterhielt sich damit, dass er aufmerkte, wie die Blätter von dem Baume fielen. Als ihn das Mädchen gewahr wurde, rief sie: »He, Schäfer, komm einmal herauf.« Er gehorchte und ging hinauf, setzte sich aber hart an der Türe, wohin der Teppich nicht reichte. Das Mädchen lud ihn ein, sich auf das Sofa neben sie zu setzen; er aber erwiderte, dass er Sandalen anhabe und damit den Teppich beschmutzen würde. Darauf reichte sie ihm einen Becher mit Wasser, in den sie heimlich ihren Verlobungsring geworfen hatte. Er aber weigerte sich, das Wasser zu trinken, weil er mit seinem Munde den Becher beschmutzen würde, und als alles Zureden der Jungfrau nichts half, da wurde sie böse und jagte ihn unter Scheltreden fort.

Am andern Morgen kam er wieder unter den Baum und hatte acht darauf, wie die Blätter davon herunterfielen. Die Jungfrau rief ihn wiederum herauf und sprach: »Gestern hast du mich mit deiner Störrigkeit böse gemacht, heute aber sollst du deine Sandalen ausziehen und dich zu mir setzen.« Da gehorchte er, setzte sich auf den Diwan, und nun schwatzten sie miteinander. Das Mädchen aber füllte wiederum den Becher mit Wasser, legte heimlich ihren Verlobungsring hinein und hieß ihn das Wasser trinken, und als er sich wiederum weigerte, sprach sie: »Du fürchtest dich wohl, dass Gift in dem Wasser sei? Ich will also zuerst davon trinken.« Nun trank sie die Hälfte des Bechers, und als der Hirte die andere Hälfte trank, sagte sie: »Trinke alles Wasser bis auf den letzten Tropfen.« Wie aber der Hirte den Boden des Bechers hob, fiel ihm der Ring in den Mund. Da fragte er, was das bedeute, doch sie schalt ihn und jagte ihn mitsamt dem Ringe aus dem Schlosse. Als der Jüngling zu seinen Schafen kam, band er den Ring mit neun Knoten in seinen Untergürtel und trieb seine Schafe heim.

Am andern Morgen rief die Jungfrau ihre Eltern und sprach: »Ihr habt nur eine einzige Tochter, und diese versprecht ihr an zwei Männer, ich verlange also, dass ihr das tun sollt, was ich euch sage, denn sonst bringe ich mich auf die eine oder andere Weise ums Leben. Der Pascha soll seinem Sohne tausend Piaster geben, und ich will dem Schäfer tausend Piaster geben, beide sollen in die Welt ziehen und damit Geld zu verdienen suchen, und wer von beiden das meiste Geld zurückbringt, der soll mich zur Frau haben.«

Als die Eltern sahen, dass das Mädchen auf ihrem Kopfe bestand, überredeten sie den Pascha, ihr den Willen zu tun. Der Paschasohn und der Schäfer zogen also in die Welt, um Geld zu machen, der Erstere mit fünfzig Beuteln und dreißig Reitern, der Letztere zu Fuß mit einem kleinen Tragsack auf der Schulter, und kamen zuerst nach Ioannina. Dort aber begann der Paschasohn ein flottes Leben, sein Frühstück kostete ihn dreihundert Piaster, sein Mittagessen sechshundert und sein Nachtmahl tausend. Nach einigen Tagen kam der Schäfer zu ihm und sprach: »Komm nun, wir wollen in die Welt, um Geld zu verdienen«; jener aber antwortete: »Ich habe hier mein Glück gefunden, gehe du und verdiene Geld, wo du willst.«

Der Hirte zog also allein in die Welt, und als er eines Tages auf einen Berg gestiegen und davon sehr müde und durstig geworden war, fand er dort einen alten Mann am Wege sitzen. Der fragte ihn, wo er herkäme, und wo er bei dieser Hitze hinwolle. Der Jüngling aber verlangte vor allem nach Wasser, weil er, bevor er getrunken, gar nicht reden könne. Da wies ihn der Alte an eine nahe Quelle, und nachdem er seinen Durst gelöscht hatte, kehrte er zum Alten zurück und erzählte ihm alles, was sich mit ihm zugetragen. Als er zu Ende war, fragte ihn der Alte, wie viel Geld er habe, und der Jüngling sagte, er habe tausend Piaster. Da gab ihm der Alte noch weitere tausend und sagte zu ihm: »Folge diesem

Wege, der zur Stadt führt, und wenn du dort bist, so frage nach dem und dem Kaffeehaus, dessen Eigentümer einen Affen hält. Den musst du dann fragen, ob ihm der Affe feil sei, und der Kaffeewirt wird seinen Spaß mit dir haben, weil er nicht erwartet, dass du Geld hast, und wird dir sagen, dass er ihn dir für zweitausend Piaster verkaufen wolle. Dann musst du die Herrn, die dort sind, zu Zeugen nehmen, dass der Handel geschlossen sei, und ihm die zweitausend Piaster geben, und wenn er sich weigert, sie anzunehmen, so musst du ihn vor Gericht verklagen.«

Der Jüngling tat wie ihm der Alte geheißen, er ging in die Stadt, fand dort das Kaffeehaus mit dem Affen, schloss den Handel mit dem Kaffeewirt und nahm die dort versammelten Gäste zu Zeugen, und als der Kaffeewirt den Affen nicht hergeben wollte, verklagte er ihn vor Gericht und rief jene Gäste zu Zeugen auf; darauf zahlte er ihm die zweitausend Piaster vor dem Richter aus, setzte den Affen auf seine Schultern und kehrte mit ihm zu dem Alten zurück.

Der Alte aber nahm den Affen und sprach: »Weil das Tier uns beiden gehört, so wollen wir ihn auch miteinander teilen«, und nun zerschnitt er den Affen vom Schwanze bis zum Kopfe in zwei gleiche Hälften, gab die eine davon dem Jüngling und behielt die andere für sich. Der Jüngling aber wollte sein Teil nicht behalten, sondern warf ihn weg und sprach: »Wenn ich auch die Okka Fleisch zu fünfhundert Piaster und das Fell für einen Piaster rechne, so komme ich doch nicht wieder zu meinem Gelde, denn es sind lange keine zwei Okka Fleisch.« Der Alte aber lachte und führte ihn in seine Hütte. Dort gab er ihm zu essen und zu trinken, und während sich der Hirte gütlich tat, ging der Alte hin, nahm aus der Hälfte des Affen, welche dem Jüngling gehörte, das Hirn, machte daraus eine Heilsalbe, tat sie in eine

Büchse, gab sie dem Jüngling und sprach: »Allen Blinden, die du begegnest, bestreiche mit der Salbe die Augen, und sie werden wieder sehend werden, und alles Geld, was du dafür einsammelst, das bringe hierher; du darfst aber von niemand Geld im Voraus fordern, sondern musst mit allem zufrieden sein, was man dir gibt.«

Da nahm der Jüngling die Salbe, stieg den Berg hinab und kam an dessen Fuße zu einer Meerenge. Dort fand er eine Fähre, die jeden, der auf die gegenüberliegende Insel wollte, für vier Heller hinüberfuhr. Als sie auf der Insel angekommen waren, verlangte der Schiffer den Fahrlohn von ihm. Der Jüngling aber antwortete, dass er kein Geld habe. Da stieß ihn der Schiffer wieder in die Fähre hinein, weil er, wenn er nicht zahlen könne, wieder zurückmüsse. In der Fähre aber saß ein Blinder, zu dem sagte der Jüngling, wenn er die Überfahrt für ihn zahle, so wolle er ihn wieder sehend machen. Da antwortete der Blinde: »Heile mich nur und sei dann unbekümmert um den Lohn, den ich dir geben werde.« Der Jüngling bestrich ihm die Augen mit der Salbe, und als der Blinde merkte, dass er geheilt war, gab er ihm fünfzig Piaster, und hiervon zahlte jener seinen Fahrlohn. Darauf zog er im Lande herum und heilte alle Blinden, die er begegnete, bis er tausend Piaster gesammelt hatte. Da hörte er von einem reichen, reichen Manne, der schon seit fünfundzwanzig Jahren blind sei und dem die größten Ärzte nicht zu helfen vermochten. Er ging also zu dessen Wohnung und klopfte an die Türe. Als aber die Diener hörten, dass er ihren Herrn heilen wolle, da wollten sie ihn nicht hereinlassen, weil es die drei Ärzte verboten hatten, die ihn behandelten, doch er ließ sich nicht abweisen und bestand darauf, dass sie dem Blinden sagen sollten, sein guter Stern sei vor der Türe, der ihn heilen wolle, und er solle ihn nicht von sich weisen. Da meldeten sie ihn endlich bei ihrem Herrn, und dieser ließ ihn vor sich kommen und fasste solches Vertrauen zu seinen Reden, dass er auf sein Verlangen die drei Ärzte entfernen und sich die Augen von dem Jüngling salben ließ. Weil diese aber durch die Heilmittel der Ärzte verdorben waren, so konnte er erst beim vierten Mal ein wenig sehn, und der Jüngling musste ihm die Salbe sechsmal einreiben, bis er vollkommen sehend wurde. Da wollte ihn der alte Mann an Kindes statt annehmen und zu seinem Erben machen; er aber antwortete, dass er in seiner Heimat mit einem Mädchen versprochen sei und diese nicht verlassen dürfe. Als nun der Alte sah, dass er sich nicht halten ließ, da füllte er ihm seinen Geldgurt und seinen Tragsack mit lauter Goldstücken und begleitete ihn bis an den Meeresstrand, dort aber lagen sechzig Schiffe vor Anker, die alle dem Alten gehörten, und dieser fragte: »Willst du, dass ich dir alle sechzig schenke?« Der Jüngling antwortete: »Wenn du mir nur eins schenkst, so werde ich dir dafür ebenso danken, als wenn du mir alle sechzig schenkst.« Da teilte der Alte die Schiffe in zwei Hälften, ließ die Schiffer von der einen Hälfte kommen und sagte ihnen, dass er diese dem Jüngling geschenkt habe. Darauf nahm er von ihm Abschied und kehrte nach Hause zurück.

Der Jüngling aber fuhr mit seinen dreißig Schiffen an den Fuß des Berges und ging allein zu dem Alten. Als ihn dieser nun fragte, was er aus der Salbe, die er ihm gegeben, erlöst habe, da antwortete der Jüngling: »Mein Gurt steckt voll Gold, mein Tragsack steckt voll Gold, und am Strande ankern dreißig Schiffe.« Da fragte ihn der Alte: »Und bin ich dein Partner für all dieses Gut?« »Jawohl«, antwortete der Jüngling, »denn alles, was du mir gesagt hast, habe ich als wahr erfunden, und nun komme mit zu meiner Braut.« Sie machten sich also auf die Reise und kamen unterwegs zu jener Stadt, in der der Sohn des Paschas zurückgeblieben war. Dieser hatte dort immer dasselbe Leben geführt und große Schulden gemacht, und als die Bäcker, Wirte, Fleischer und andere Handwerker hörten, dass sein Geselle gekommen sei, um ihn abzuholen, da liefen sie alle zusammen und verlangten ihr Geld. Ihre Forderungen betrugen mehr als fünfzigtausend Piaster, und jener hatte keinen Heller. Als der Jüngling sah, in welcher Lage er war, sprach er: »Wenn du dir mein Siegel auf die Stirne brennen lässt, so bezahle ich alle deine Schulden.« Der andere war das zufrieden; als aber alle Schulden bezahlt waren und der Jüngling sein Siegel im Feuer glühte, da bat ihn der Sohn des Paschas, ihm nicht den Schimpf anzutun, ihn auf der Stirne zu siegeln, sondern sich damit zu begnügen, ihm das Siegel auf den Arm zu drücken, und der Jüngling hatte Mitleid mit ihm und brannte ihm das Siegel auf den rechten Arm. Während nun der Jüngling mit dem Alten zur See auf seinen Schiffen nach der Stadt der Braut fuhr, ritt der andere so schnell als möglich auf sein Schloss und schickte einen Eilboten in das Haus der Braut mit der Nachricht, dass der Schäfer gestorben sei und er in drei Tagen kommen werde, um sie heimzuführen. Darauf richtete der Paschasohn eine große Hochzeit in seinem Schlosse an, machte sich mit fünfzig Reitern auf, um seine Braut heimzuholen, und kam an demselben Morgen in die Stadt der Braut, an dem der Jüngling mit seinen dreißig Schiffen im Hafen vor Anker ging. Als der Vater der Braut von der Ankunft dieser vielen Schiffe hörte, ließ er die beiden Herren derselben zur Hochzeit laden, und diese erschienen dabei, der Schäfer war aber so verkleidet, dass ihn niemand erkannte.

Als nun das Gelage zu Ende war und die Heimführenden mit der Braut aufbrechen wollten, da küsste diese nach dem Brauche allen Anwesenden die Hand. Der Schäfer aber hatte ihren Verlobungsring an den Finger gesteckt, und als nun die Reihe an ihn kam, erkannte ihn die Braut und verlangte nun, noch einmal zu ihren Eltern zu gehn und sie zum Abschied küssen zu dürfen. Da erwiderten ihr die Heimführenden, dass dies gegen den Brauch sei; sie aber versetzte, wenn sie ihr das nicht erlaubten, so würde sie den Brautschleier und den Brautschmuck abreißen. Als man ihr nun erlaubte, nochmals zu ihren Eltern zurückzukehren, da sagte sie ihnen, dass der Schäfer nicht gestorben, sondern am Leben und zurückgekehrt sei, und dass sie nicht eher das Haus verlassen würde, bevor nicht untersucht sei, wer von ihren beiden Freiern das meiste Geld gewonnen habe.

Da ließ der Vater die beiden Fremden holen. Der Schäfer gab sich zu erkennen und erzählte, wie es ihm gegangen sei, wie viel Geld er gewonnen, wie er die Schulden seines Nebenbuhlers bezahlt und ihm sein Siegel auf den rechten Arm gedrückt habe. Da gingen sie hin und untersuchten den Arm des Paschasohnes, und als sie das Siegel des Schäfers darauf erkannten, jagten sie ihn mit Prügeln und Steinen fort. Weil aber einmal alles zur Hochzeit bereit war, so gab der Vater die Jungfrau sogleich mit dem Schäfer zusammen. Als nun die jungen Leute am Abend ins Brautgemach gegangen waren, da klopfte der Alte so lange an die Türe, bis der Schäfer aufstand und ihn fragte, was er wolle. Der Alte aber fragte dagegen: »Sind wir nicht Partner in allem und jedem?«, und jener antwortete: »Habe ich das jemals geleugnet?« Darauf sprach der Alte: »Ich verlange also auch meinen Teil an der Jungfrau, und darum müssen wir sie teilen, wie wir den Affen geteilt haben.« »Gut«, sagte der Jüngling, »da, nimm sie und teile sie.« Der Alte aber sagte: »So wie ich den Affen geteilt habe, ebenso sollst du auch die Jungfrau teilen.« Als nun der Jüngling zu dem Messer griff und die Hand aufhob, um dieselbe zu töten, da fasste ihm der Alte den Arm und sagte: »Halt, halt! Ich wollte nur deine Treue versuchen und habe sie erprobt erfunden, ich bin ein von Gott Gesandter und habe dich unter meinen Schutz genommen, weil dich dein Vater verkaufte, damit er die Lampe unterhalten könne, die er mir zu Ehren brannte.« Mit diesen Worten verschwand er und ließ den Jüngling im Besitze der dreißig Schiffe und allen Geldes, was er gesammelt hatte.

HÄNSCHEN, DEM EIN MOHR IN DEN MUND SPEIT

Es war einmal ein Priester, dem hatte seine Frau nur ein Töchterchen geboren, und das hatten sie sehr lieb, weil es nicht nur ihr einziges Kind war, sondern weil es auch im ganzen Dorfe kein schöneres gab. Der Priester hatte auch einen Knaben in seine Dienste genommen, der hieß Hänschen, und hielt sich so wacker und anständig, dass ihn der Priester lieb gewann und ihm oft im Scherze sagte, er wolle ihm seine Tochter geben. Da er nun merkte, dass Hänschen damit sehr zufrieden war, so brauchte er das zum Antriebe des Dieners bei irgendeiner schweren Arbeit und sprach dann jedes Mal: »Tue mir das, und du sollst auch meine Tochter haben.« Das tat er so lange, bis Hänschen wirklich glaubte, dass es sein Ernst sei.

Eines Tages aber sprach der Priester: »Hänschen, gehe in den Wald und haue so viel Holz, als du kannst, denn am nächsten Sonntag soll meine Tochter Hochzeit halten.« Als Hänschen das hörte, wurde er über die Maßen traurig, und ging mit den Lasttieren in den Wald, ohne zu wissen, was er tue. Dort setzte er sich auf einen Baumstumpf, und nachdem er eine Weile gesessen, seufzte er aus tiefer Brust und rief: »Ach!« Da erschien sofort ein großer Mohr vor ihm und fragte: »Was ist dein Begehr? Warum hast du mich gerufen?« – »Ich habe dich nicht gerufen.« Der Mohr aber antwortete: »Wohl hast du das getan, denn ich heiße Ach!« Da erzählte ihm Hänschen seinen ganzen Kummer, und als er damit fertig war, hieß ihn der Mohr den Mund aufmachen, spie ihm hinein und sprach: »Alles, was du sagen wirst, das soll geschehen«, und verschwand darauf.

Als sich Hänschen von seinem Schreck erholt hatte, wollte er versuchen, ob ihn der Mohr auch nicht zum Besten gehabt habe; er sagte also: »Ich wollte, das Holz wäre gehauen!«, und sogleich war es gehauen. Dann sagte er: »Ich wollte, es wäre auf die Tiere geladen«, und sogleich standen diese geladen vor ihm, und auf diese Weise brachte er in einem Tage so viel Holz nach Hause, als ein anderer nicht in vierzehn Tagen hätte bringen können. Da wunderte sich der Priester und fragte ihn, wie er es angefangen habe, so viel Holz zu schlagen. Hänschen aber antwortete: »Ich tat das aus lauter Freude über die Hochzeit deiner Tochter.«

Als nun die Hochzeit vorüber war und es Nacht wurde, da schlich sich Hänschen an das Brautgemach und sah durch ein Astloch, was darin vorging, und als der rechte Augenblick kam, rief er: »Bleibt so!«, und legte sich dann schlafen. Am Morgen wartete der Priester vergebens darauf, dass das junge Paar aus der Kammer kommen werde. Als aber um Mittag die Eltern des Bräutigams kamen, um ihre Glückwünsche darzubringen, da verlor er die Geduld und schlug die Türe ein. Über das, was er nun sah, fuhr er sich vor Schrecken mit beiden Händen in den Bart, und seine Frau packte mit den ihrigen ihre beiden Wangen, und in diesem Augenblicke sagte Hänschen heimlich: »Bleibt so!«, und da konnte weder der Priester seine Hände von dem Barte, noch seine Frau die ihrigen von den Wangen bringen.

Da sagten sie zu Hänschen, er solle zu der klugen Frau im Dorfe gehen und diese herholen. Das tat er, und weil sie unterwegs über einen Graben springen mussten, so hob die kluge Frau ihren Rock von hinten auf und warf ihn über die Schultern. Da sprach Hänschen: »Der Rock soll haften bleiben!«, und nun mochte die kluge Frau daran ziehen und zerren, wie sie wollte, sie konnte ihn nicht herabbringen. Vermöge ihrer Kunst erriet sie aber, dass der Zauber von Hänschen komme, und verlangte daher, dass sie alle zusammen vor den Richter gehen sollten, damit dieser die Sache entscheide. Man trug also die Brautleute in ihrem Bette zu dem Richter, und ihm folgten die andern in dem Zustande, in welchen sie Hänschen verwünscht hatte. Als der Zug an dem Kaffeehause vorbeikam, wo die Ersten der Stadt sich zu versammeln pflegten, da entstand unter ihnen ein großer Jubel, und einer von ihnen tippte mit seiner langen Pfeife der klugen Frau, als sie an ihm vorüberging, an den Hintern. Da verlor Hänschen keinen Augenblick und sprach: »Die Pfeife soll an der Frau und die Lippen des Mannes an der Pfeifenspitze haften.« In diesem Aufzuge erschienen sie vor dem Richter und verklagten bei ihm Hänschen als den Urheber dieses Skandals. Der Richter war ein alter, strenger Herr, und wurde über den ganzen Aufzug so zornig, dass er seinen Leuten befahl, auf Hänschen loszuschlagen. Sowie aber einer von diesen seinen Stock aufhob, da sprach Hänschen: »Bleibe so!« Als nun alle mit aufgehobenen Stöcken dastanden, wurde der Richter wütend und bückte sich vom Sofa aus auf die Erde, um seine Pantoffeln zu nehmen und nun selbst auf Hänschen loszugehen. Der aber sprach: »Bleib so!«, und nun blieb der Richter in dieser unbequemen Stellung. Da begann er Hänschen um Gnade zu bitten, und alle andern gaben ihm gute Worte. Der aber sprach: »Wenn ihr mir die Priesterstochter zum Weibe gebt, so lasse ich euch los, wenn ihr mir sie aber nicht geben wollt, so bleibt ihr, wie ihr seid.« Da riefen alle, dass er sie bekommen solle, und er ließ sie los und hielt statt des andern Hochzeit mit der Priesterstochter.

DER GOLDAPFELBAUM UND DIE HÖLLENFAHRT

Es war einmal ein König, der hatte drei Söhne und einen großen Garten, der an sein Schloss anstieß; darin stand ein Apfelbaum, auf dem jedes Jahr drei goldene Äpfel wuchsen, sowie sie aber reif waren, verschwanden sie.

Als die drei Prinzen herangewachsen waren und die Äpfel wieder einmal reif wurden, da sprach der älteste: »Heute Nacht werde ich bei dem Baume Wache halten und sehn, ob ich den Apfeldieb erhaschen kann.« Sobald es Nacht wurde, nahm er also seine Waffen und stellte sich zu dem Baume, und wie er so stand, da begann auf einmal die Erde zu zittern, und eine Wolke senkte sich unter furchtbarem Donnern und Blitzen auf den Apfelbaum, und daraus reichte etwas wie eine Hand – und fort war der eine Apfel. Der Älteste aber zitterte vor Schrecken und lief zum Vater und zu den Brüdern, und als sie ihn fragten, was er gesehn, sagte er, dass sich ein Sturm erhoben und den Apfel weggeführt habe.

Die andere Nacht wollte es der zweite Sohn versuchen, und was der älteste gesehn hatte, das sah auch der zweite. Die dritte Nacht wollte nun auch der jüngste Wache halten, weil er aber noch so jung war, so wollte es ihm sein Vater nicht erlauben. Doch dieser sprach: »Wenn du mir nicht die Erlaubnis erteilst, so wirst du mich nie mehr zu sehn bekommen. Gib mir meinen Bogen, mein Schwert und mein Buch, und eine Leuchte, damit ich mir die Zeit mit Lesen vertreibe«; und als der Vater sah, dass er von seinem Willen nicht abstand, erlaubte er endlich auch ihm, Wache zu halten.

Während er nun unter dem Baume saß und las, hörte er auf einmal ein entsetzliches Getöse und erblickte eine schwarze Wolke, die sich nach dem letzten Apfel ausstreckte. Er aber griff rasch nach seinem Bogen und schoss in die Wolke; da verschwand diese und der Apfel blieb am Baume.

Am andern Morgen ging der Jüngste zum Vater und sagte: »Vater, ich habe den Dieb verwundet und will fort und ihn suchen, darum gib mir mein Ross und meine Waffen.« Der Vater sprach: »Lieber Sohn, bleibe bei mir, ich will dich auch dafür segnen; ich habe mein ganzes Reich aufgerieben um dieser Äpfel willen und nichts ausgerichtet, wie solltest du allein glücklicher sein?« Er aber sagte: »Lass mich gehn, sonst ist es mein Tod.« Als der Vater sah, dass er von seinem Vorhaben nicht abzubringen war, wollte er ihm ein Heer zur Begleitung geben. Doch er sprach: »Ich will keine Begleitung, meine Hülfe ist in meiner Stärke, wenn aber meine Brüder zur Unterhaltung mitkommen wollen, so mag es sein.« Es machten sich also die drei Brüder auf, um den Verwundeten zu suchen, der König aber war darüber so bekümmert, dass er sein Schloss schwarz anstreichen ließ.

Als die Brüder eine Zeit lang gegangen waren, fanden sie Blutstropfen auf dem Wege. Sie folgten dieser Spur und gingen einen ganzen Monat lang den Blutstropfen nach. Endlich kamen sie an einen Dreiweg, und an jedem Wege stand ein Stein, und auf dem einen stand geschrieben: »Wer diesen Weg geht, der kommt davon«; auf dem zweiten: »Wer diesen Weg geht, der kommt vielleicht davon, vielleicht auch nicht«; und auf dem dritten: »Wer diesen Weg geht, der kommt nicht davon.« Da sprach der

Jüngste: »Wir müssen den Weg einschlagen, auf dem man nicht davonkommt.« Die Brüder fürchteten sich anfangs, dass sie auf ihm von reißenden Tieren gefressen werden könnten, aber der jüngste redete ihnen so lange zu, bis sie ihm folgten. Auf diesem Wege fanden sie bald die Blutspuren wieder und kamen, indem sie ihnen nachgingen, auf einen hohen Berg, auf dessen Spitze sie einen mächtigen Marmorstein fanden, der in der Mitte einen eisernen Ring hatte. Da sprach der Jüngste: »Darunter steckt der Dieb; wir müssen den Stein abheben und hinabsteigen, um ihn zu finden. Seht zu, ob ihr den Stein abheben könnt.« Da versuchten sich der Älteste und der Mittlere vergeblich an dem Steine, denn der war so ungeheuer, dass ihn hunderttausend Menschen nicht hätten heben können. Endlich machte sich der Jüngste daran, und sagte zu seinen Brüdern: »Tretet auf die Seite und seht euch vor, dass ihr keinen Schaden nehmt, wenn die Erde zu zittern beginnt«, und als ihm die Stärke ankam, da erzitterte die Erde, und nun ergriff er den Eisenring und hob den Stein ab, und darunter sah er einen dunklen Brunnen, aus dem ein brennend heißer Dampf aufstieg. Das war der Atem jenes Verwundeten. Da fragte der Jüngste: »Nun, ihr Brüder, wer von uns steigt hinunter?« Diese aber waren auf seine Stärke neidisch und wünschten sein Verderben. Doch erklärte sich der Älteste bereit, hinabzusteigen; sie banden ihn also an ein Seil, und als er bis zur Hälfte hinabgelassen war, schrie er: »Feuer, Feuer, ich verbrenne, zieht mich hinauf!«, und ebenso ging es auch dem Zweiten. Als es nun auch der Jüngste versuchen wollte, sagte er zu seinen Brüdern: »Wenn ich euch zurufe, dass ihr mich hinaufziehen sollt, so hört nicht darauf, sondern lasst mich nur immer tiefer hinab.« Die Brüder hörten also nicht auf sein Schreien und Rufen, sondern ließen ihn bis zum Boden hinab.

Dort fand er ein prächtiges Schloss mit großem Garten, in denen der schönste Frühling war. Er suchte aber das ganze Schloss durch, ohne irgendjemand zu finden, und wunderte sich, wie so ein schöner Palast unbewohnt sein könne. Endlich kam er zu einer Türe, und als er diese öffnete, erblickte er eine wunderschöne Prinzessin, welche mit einem goldenen Apfel spielte, und sowie den der Jüngste sah, erkannte er, dass er auf seines Vaters Baum gewachsen sei. Die Prinzessin aber sprach zu ihm: »Sage mir, du Hund, wie bist du hierhergekommen, wohin kein fliegender Vogel kommt? Denn hier haust ein schrecklicher Drache, den haben sie zwar dieser Tage verwundet, aber er verschlingt dich doch, sowie er dich gewahr wird.« Da sprach der Prinz: »Den Drachen habe ich verwundet und bin auf seiner Spur bis hierher gekommen, tue mir also die Liebe und sage mir, wo er ist.« Sie antwortete: »Ich weiß es nicht. Gehe aber in jene Kammer, dort findest du meine Schwester, die weiß es.« Da ging er dorthin und fand eine Königstochter, die auch mit einem Goldapfel spielte und so schön war, dass er ausrief: »Glänze, Sonne, damit ich erglänze.« Sie fragte ihn: »Sage mir, du Hund, wie bist du hierhergekommen, wo kein fliegender Vogel hinkommt?« Er aber antwortete: »Ich bin nur wegen des Drachen gekommen, sage mir also, wo er ist«; und sie sagte: »Ich weiß es nicht, aber gehe zu meiner jüngsten Schwester, die ist die Schönste von uns und muss ihn daher bedienen.« Diese Jüngste war aber eine Herzenskundige. Er ging also in ihre Kammer und fand dort ein Mädchen, wie kein schöneres auf der Welt war, doch sie war traurig, weil sie keinen Apfel hatte. Sowie er sie erblickte, kam ihm seine Stärke an, und davon erzitterte das ganze Schloss. Das Mädchen aber fiel ihm um den Hals und küsste ihn und sprach: »Sage mir, du Hund, wie bist du hierhergekommen, wohin kein fliegender

Vogel kommt? Denn hier haust ein Drache, und wenn der dich gewahr wird, so sind wir allesamt verloren.« Er aber sprach: »Seinetwegen bin ich hierhergekommen, sage mir also, wo ich ihn finden und wie ich ihn erlegen kann.« Sie antwortete: »Er liegt in jener Kammer, und wenn er die Augen auf hat, so schläft er, und wenn er sie zu hat, so ist er wach. Bei seinem Kopfkissen steht ein Fläschchen Wasser und bei seinen Füßen ein anderes, und diese Fläschchen musst du verwechseln. In der Kammer aber hängen viele Schwerter, und die werden dir zurufen: ›Lieber Herr, nimm mich mit.‹ Du darfst aber keines von diesen nehmen, sondern musst das rostige hervorholen, welches hinter der Türe steht. Sobald du dieses Schwert in der Hand hast, musst du ihm sogleich einen Faustschlag versetzen, von dem er aufwachen wird. Darauf wird er zu dir sagen: ›Komme her, du Schuft, wir wollen eins zusammen trinken‹, und du musst das Fläschchen ergreifen, das zu seinen Füßen steht, aber er wird das nehmen, was ihm zu Haupten steht, und dann musst du mit ihm trinken.«

Er tat genau so, wie ihm das Mädchen gesagt hatte, und wie der Drache das Fläschchen ausgetrunken hatte, rief er: »Ach, ihr Hündinnen, ihr habt mich geliefert!«, und darauf gab ihm der Jüngling einen einzigen Schwertschlag. Da bat ihn der Drache: »Gib mir noch einen Schlag, damit ich rasch verende.« Er aber sprach: »Meine Mutter hat mich nur einmal geboren.« Da zerplatzte der Drache, weil ihm der Jüngling keinen weiteren Schwertschlag gab.

Nun ging der Prinz zu den drei Jungfrauen zurück und führte sie zu der Stelle, wo er herabgekommen war, um sich von seinen Brüdern hinaufziehen zu lassen. Unterwegs sagte ihm die Jüngste, die eine Herzenskundige war: »Du musst dich zuerst hinaufziehen lassen, denn wenn du zuletzt unten bleibst, so werden dich deine Brüder töten.« Er aber wollte nicht glauben, dass sie so undankbar seien, da er sie doch von dem Drachen befreit habe. Da sagte sie ihm: »Geh an jenen Schrank, darin wirst du eine Mandel, eine Nuss, eine Haselnuss und ein härenes Seil finden; das alles musst du wohl aufheben, denn du wirst es nötig haben«; und dann sprach sie seufzend: »Wenn dich deine Brüder nicht auf die Oberwelt ziehen, so will ich dir noch etwas zum Troste sagen: Da, wo du hinkommen wirst, wirst du viel Mühsal erdulden, aber zuletzt doch Sieger bleiben. Du wirst zu einer Tenne kommen, auf der drei Lämmer miteinander spielen, zwei schwarze und ein weißes, und du musst das weiße Lamm fangen; denn wenn du die schwarzen fängst, so musst du noch einmal so tief in die Unterwelt hinab.«

Als sie zu dem Brunnen gekommen waren, rief er seinen Brüdern zu, sie sollten ihm das Seil herablassen, und als dies geschehen war, band er die älteste Prinzessin daran und rief hinauf: »Ho, Ältester, die ist für dich«; und als diese oben war, band er die zweite an das Seil und rief hinauf: »Ho, Mittlerer, die ist für dich«; und zuletzt ließ er die jüngste hinaufziehen und rief: »Ho, ihr Brüder! Die ist für mich.« Das war aber die allerschönste, und beim Abschied sagte er zu ihr: »Dort, wo du hinkommst, wirst du meinen Vater finden, und der wird dich zu freien begehren, weil er Witwer ist, du sollst aber ein Jahr, drei Tage und drei Stunden auf mich warten, und wenn ich dann noch nicht gekommen bin, so ist es dir erlaubt, ihn zu nehmen.«

Sowie aber die dritte Prinzessin hinaufgezogen war, nahmen die beiden Brüder die drei Schwestern und kehrten heim, und ließen den jüngsten in der Unterwelt. Sie schickten Nachricht an ihren Vater, dass sie kämen, und dieser legte die Trauerkleider ab und bewillkommnete sie mit großer Freude; als er aber nach dem Jüngsten fragte, sagten sie ihm, dass er umgekommen sei. Da begann der König über den Verlust seines jüngsten Sohnes zu weinen, doch die beiden älteren verwiesen ihm das und sagten, dass er sich über ihre glückliche Rückkehr und ihre Großtaten freuen solle, denn sie hätten den Drachen erlegt und die drei Prinzessinnen erlangt, die jener geraubt, und denen er die goldenen Äpfel ihres Apfelbaumes zum Spielen gegeben habe. Jeder von ihnen wolle nun eine davon heiraten, und der Vater solle die jüngste zur Frau nehmen. Das war der König zufrieden und stellte zur Heirat seiner beiden Söhne eine große Hochzeit an, und vier Monate später wollte er selbst mit der Jüngsten Hochzeit halten; diese aber sagte: »Es ist dir noch nicht erlaubt, denn nur wenn dein Sohn nicht in einem Jahre, drei Tagen und drei Stunden gefunden wird, darfst du mich zur Frau nehmen«, und weil sie so hartnäckig bei diesem Vorsatze blieb, so hielten sie dieselbe wie eine Magd, und sie musste ihre Schwestern bedienen.

Doch lassen wir nun vorerst die Prinzessin und kehren wir zu dem jüngsten Königssohne zurück. Als dieser eine Weile vergebens seinen Brüdern zugeschrien, ihm das Seil herabzulassen, merkte er, dass die Prinzessin recht gehabt und sie ihn im Stiche gelassen hätten. Er machte sich also auf, um die Tenne zu finden, von der sie ihm gesprochen hatte, und als er dort hinkam und das weiße Lamm zu haschen suchte, fing er stattdessen ein schwarzes, und sofort sank er noch einmal so tief in die Unterwelt.

Dort kam er in eine Stadt und nahm bei einer Alten Herberge; als diese aber Brot backen sollte, sah er, wie sie in das Mehl spie und mit ihrem Speichel den Teig knetete. Da fragte er sie: »Warum speist du ins Mehl und machst nicht den Teig mit Wasser an?« Sie antwortete: »Unsere Stadt hat nur einen Wasserquell, und daran wohnt eine Schlange, die frisst jede Woche einen Menschen und lässt uns dann Wasser schöpfen, und heute wurde die eine Tochter des Königs hinausgeführt, während die andere im Schlosse Hochzeit hält.« Da bat sie der Jüngling, sie solle ihm einen Krug geben und den Weg zum Brunnen zeigen. Er konnte aber die Alte nicht dazu bewegen, weil sie für sein Leben fürchtete, und als er sah, dass sein Bitten vergeblich war, ging er allein und fand sich zum Brunnen, bei dem er ein weinendes Mädchen an einen Felsen gebunden erblickte. Die sagte ihm, dass sie die Tochter des Königs sei, und weil auf sie das Los gefallen wäre, so sei sie hierhergebracht worden, damit sie die Schlange verschlinge und die Stadt Wasser schöpfen könne.«

Der Jüngling aber band sie los und sprach: »Fürchte dich nicht, ich werde dich schützen, aber komme und lause mich ein wenig, weil ich vom Wege müde bin«; und während sie ihn lauste, schlief er ein, und sie nahm ihren Fingerring und band ihn dem Jüngling auf den Scheitel. Währenddem kam die Schlange heran und das Mädchen erschrak so, dass es den Jüngling nicht zu wecken, sondern nur zu weinen vermochte; aber eine ihrer Tränen fiel auf des Jünglings Wange, und davon erwachte er. Als nun die Schlange die beiden erblickte, rief sie: »Ei, ei, früher gab man mir immer nur einen Braten, heute aber bekomme ich zwei.« Da zog der Jüngling sein Schwert und schlug der Schlange das Haupt ab; diese aber rief: »Hoho, du Schandbube! Für dich habe ich auch noch andere Köpfe«, und diese Schlange hatte wirklich zwölf Köpfe, und der Jüngling musste mit ihr vom Morgen bis zum Abend kämpfen, bis er sie endlich alle abgeschlagen hatte. Darauf schnitt er aus den zwölf Köpfen die Zungen heraus, füllte seinen Krug mit Wasser und kehrte zu der Alten zurück. Die fragte ihn: »Wo hast du das Wasser her?«, und er sagte ihr: »Ich habe die Schlange getötet, aber wenn du es verrätst, so schlage ich dich tot.«

Darauf kam der erste Leibwächter des Königs, der ein Mohr war, zum Brunnen, um zu sehn, was aus der Prinzessin geworden, und als er sah, dass diese heil und die Schlange tot war, sprach er zu ihr: »Wenn dir dein Leben lieb ist, so sage nicht, wer die Schlange getötet hat.« Er nahm nun die zwölf Köpfe der Schlange, ging damit vor den König und sagte, dass er dieselbe erlegt habe.

Darauf sprach der König: »Wenn du die Schlange erlegt hast, so sollst du meine Tochter haben und mein Eidam werden.« Die Prinzessin aber rief: »Der Mohr hat die Schlange nicht erlegt, sondern ein Königssohn.« Und als der Mohr bei seinen Worten blieb, sagte sie ihm ins Gesicht, dass er ein Lügner sei, und verlangte von ihrem Vater, dass er ein großes Fest anstellen solle, bei dem alle Welt barhäuptig erscheinen müsse, »und ich will oben am Fenster stehn und einen Apfel auf den werfen, den ich zum Manne haben will.«

Wie sie gewollt hatte, so geschah es, und der Jüngling, welcher bei der Alten versteckt war, wurde neugierig, was das Menschengedränge bedeute. Er zog also Hirtenkleider an und ging so zum Palaste, ohne dass er etwas von dem Ringe wusste, den er auf dem Scheitel trug. Die Prinzessin aber erkannte ihn daran und warf den Apfel auf ihn, und sogleich wurde er ergriffen und vor den König gebracht. Der aber berief die zwölf Räte und ließ auch seine Tochter und den Mohren kommen; aber weder der König noch die Räte wollten glauben, dass so ein gemeiner Hirte das Ungeheuer erlegt habe, und dies umso weniger, als der Jüngling selbst es leugnete. Der König wurde daher sehr zornig auf seine Tochter und verstieß sie aus dem Hause und ließ sie misshandeln. Als das der Jüngling hörte, bekam er Mitleid mit ihr, und ging zum König und sagte die volle Wahrheit; aber der verlangte, dass sowohl er als auch der Mohr seine Behauptung beweisen solle. Da brachte der Mohr die zwölf Schlangenköpfe; der Jüngling aber fragte ihn: »Wie geht das zu, dass diese Köpfe keine Zungen haben?« Der Mohr antwortete: »Die Schlange hat sich gefürchtet und ihre Zungen eingezogen.« Da verlangte der Jüngling, dass man ein Lamm bringen solle, und als das kam, schlug er ihm mit dem Schwerte den Kopf ab; dieses aber biss sich währenddem auf die Zunge, und er fragte den Mohren: »Hatte die Schlange mehr Furcht als das Lamm, dass sie ihre Zungen einzog?« Darauf zog er die Zungen der Schlange hervor und zeigte, dass sie in die Köpfe passten. Da sprach der König zu den Zwölfen: »Was sollen wir mit dem Mohr anfangen?«, und sie beschlossen, dass er an vier Pferde gebunden und von diesen in vier Stücke gerissen werden solle.

Als dem Mohr sein Recht geschehen, sprach der König zu dem Jüngling: »Was willst du, dass ich dir für die Wohltat gebe, die du mir und dem Lande erwiesen hast? Willst du meine Tochter zur Frau haben, oder soll ich dir Schätze geben?« Er aber sagte: »Ich verlange nur eins von dir, nämlich dass du mich auf die Oberwelt bringen lässt.« Da sagte der König: »Du verlangst ein schweres Ding von mir, weil du aber so tapfer bist, so wirst du auch das tun, was ich dir sage. Gehe auf jenen Berg, dort steht ein großer Baum, auf dem haben die Adler ihr Nest, und dort ist auch eine Schlange mit achtzehn Köpfen, welche den Adlern feind ist; wenn du diese erlegst, so werden dich die Adler auf die Oberwelt bringen.« Da ging der Jüngling auf jenen Berg, und um die Mittagszeit sah er die Schlange, wie sie sich um den Baum wand, um die Adlerjungen zu fressen. Der Jüngling aber riss sie vom Baume herunter; doch hatte er vierundzwanzig Stunden zu kämpfen, bis er sie völlig erlegt hatte; und darauf war er so ermüdet, dass er sich unter den Baum legte und einschlief. Da flogen die jungen Adler aus ihrem Neste und wehten ihm mit ihren Flügeln frische Luft zu. Während er so schlief, kamen die alten Adler, und als sie ihn sahen, ergriffen sie Felsenstücke, um ihn damit totzuschlagen. Die jungen Adler aber riefen: »Um Gottes willen nicht, denn er hat die Schlange erlegt und uns von ihr befreit.« Da breiteten auch die alten ihre Flügel aus und wehten ihm Luft zu. Als er erwachte, fragten ihn die Adler: »Was willst du, dass wir dir tun für das Gute, das du uns getan hast?« Er aber sagte: »Ich verlange von euch nichts weiter, als dass ihr mich auf die Oberwelt bringt.« Da riefen die Adler: »Ein schweres Stück verlangst du von uns, aber du hast uns von der Schlange befreit, und so müssen wir dich auch auf die Oberwelt bringen.« Darauf sprach der König der Adler: »Du musst vierzig Schläuche mit Wasser anschaffen, und vierzig Büffel schlachten und ein silbernes Joch machen lassen.« Der Jüngling ging nun zum König und bat ihn um das Erforderliche, und der ließ alles machen, was er verlangte.

Darauf sprachen die Adler zu dem Prinzen: »Du musst uns nun fest anschirren und dich an das Joch binden, und wenn wir ›Kra!‹ schreien, so wollen wir Fleisch, und wenn wir ›Glu!‹ schreien, so wollen wir Wasser.« Als alles in Ordnung war, breiteten sie ihre Flügel aus und flogen, und der Jüngling gab ihnen von Zeit zu Zeit, was sie verlangten. Sie mussten aber so lange fliegen, dass, bevor sie auf die Oberwelt kamen, das Fleisch ausging. Da rief ein Adler: »Kra!«, und weil er kein Fleisch mehr hatte, so schnitt er sich ein Bein ab und gab es ihm. Als sie endlich auf die Oberwelt kamen, sagten ihm die Adler: »So! Nun gehe zu deinem Vater«, und als er von ihnen Abschied genommen und fortging, bemerkten sie, dass er hinke. Sie fragten ihn nach der Ursache, und er erwiderte, dass er, weil er kein Fleisch mehr gehabt, dem einen Adler sein Bein zu fressen gegeben habe. Da befahl sogleich der Adlerkönig: »Wer das Bein gefressen hat, der soll es wieder ausspeien«; und schickte einen Adler, um Lebenswasser zu holen. Damit bestrich er das angesetzte Bein, und sogleich wuchs dieses wieder an und war so gut wie vorher.

Wie nun der Jüngling zur Stadt ging, begegnete er auf dem Wege einem Hirten und sagte ihm: »Höre, Freund, gibst du mir nicht deine Kleider für die meinigen?« Da lachte der Hirte und meinte, dass er scherze, als er aber sah, dass es ernst sei, ließ er sich den Tausch gefallen. Der Jüngling ging drauf weiter und fand ein Lamm auf dem Wege, das schlachtete er und legte sich sein Fell um den Kopf nach Art derjenigen, welche einen Grindkopf haben. Drauf ging er in die Stadt, in welcher sein Vater König war, und bat dort dessen ersten Schneidermeister, ihn in den Dienst zu nehmen. Der Meister machte anfangs Schwierigkeiten, weil er grindköpfig sei, seine Gesellen aber hatten Mitleid mit ihm und baten den Meister, ihn anzunehmen, damit er ihnen Trinkwasser hole. Er blieb also dort, und sein einziges Vergnügen war, in der Asche zu sitzen und sich damit zu beschmieren.

Allmählich kam aber die Frist heran, welche die Jungfrau dem Vater des Jünglings gesetzt hatte, und dieser sagte daher zu ihr, dass sie sich zur Hochzeit bereiten solle. Sie antwortete: »Wohl, ich stelle dir aber die Aufgabe, dass du mir einen Anzug machen lassen sollst, auf dem die Erde mit ihren Blumen gewirkt ist, und der weder mit der Schere geschnitten noch mit der Nadel genäht ist, der in einer Nuss steckt und wieder in sie hineingeht, und in drei Tagen muss es fertig sein.«

Da befahl der König sofort dem Schneider, bei welchem der Grindköpfige diente, dass er ihm bei Todesstrafe binnen drei Tagen einen solchen Anzug liefern solle. Der Schneider kam weinend und jammernd nach Hause, und seine Gesellen fragten ihn, warum er so betrübt sei. Er antwortete: »Warum soll ich nicht klagen, wenn ich in drei Tagen um mein Leben komme?« Da fragte ihn auch der Grindköpfige nach seinem Kummer, der Meister aber schimpfte und schlug ihn und rief: »Das fehlte noch, dass auch du Grindkopf mir zusetzest.« Doch der ließ nicht ab, den Meister so lange zu fragen und zu quälen, bis dieser ihm endlich die Ursache seines Leides erzählte, und als er damit zu Ende war, sagte der Grindköpfige: »Und über so eine Kleinigkeit schlägst du solchen Lärm? Gib dich zufrieden, das nehme ich über mich«; und er sagte das mit solcher Zuversicht, dass der Meister bei all seinem Kummer lachen musste. Der Grindige aber sprach: »Lass mir ein Seidel Branntwein und ein Pfund Nüsse holen, und lass mich dann allein in der Werkstatt«, und das wiederholte er so lange, bis ihm der Meister seinen Willen tat. Der Grindige blieb also allein in der Werkstatt, aß und trank und tat sich gütlich, und am andern Morgen öffnete er die Nuss, welche ihm die Jungfrau gegeben hatte, und zog daraus ein Kleid mit der Erde und ihren Blumen hervor. Wie das der Meister sah, beugte er sich vor dem Grindigen zur Erde und küsste ihm die Hand. Dann aber brachte er den Anzug zum König, und wie ihn die Jungfrau sah, so wusste sie, dass der Jüngling gekommen sei.

An diesem Tage ritt der König mit seinen Söhnen aus und stellte Reitspiele an. Da brannte der Grindige auch das Rosshaar an, das ihm die Jungfrau gegeben, und da kamen ein goldenes

Pferd hervor und ein Anzug mit der Erde und ihren Blumen; er zog das Kleid an, bestieg das Pferd, begab sich auf den Spielplatz und ritt mit jenen; sein Pferd aber war so schnell wie ein Vogel und tat es allen andern zuvor, und als das Spiel zu Ende ging, sprengte er in das Königsschloss und stellte dort großen Schaden mit seinem Rosse an. Da bemühten sich die andern, ihn zu fangen, aber er entkam ihnen glücklich.

Am andern Morgen sagte der König zu der Jungfrau: »Das Kleid ist fertig, gib mir nun den Bescheid.« Die aber sprach: »Du musst mir in drei Tagen noch ein Kleid mit dem Himmel und seinen Sternen machen lassen, das weder mit einer Schere geschnitten noch mit einer Nadel genäht ist, das in einer Mandel steckt und wieder in sie hineingeht, und in drei Tagen muss es fertig sein.« Da bestellte der König diesen Anzug bei demselben Schneider und befahl ihm bei Todesstrafe, damit in drei Tagen fertig zu sein. Als der Schneider nach Hause kam, klagte er dem Grindigen sein Leid, und dieser tröstete ihn und sagte, dass er auch das über sich nehme; doch ließ er sich diesmal statt der Nüsse Mandeln bringen und tat sich gütlich, bis er trunken ward und einschlief, ohne die Mandel der Jungfrau zu öffnen. Als ihn der Meister am Morgen noch schlafend fand und nirgends den versprochenen Anzug sah, geriet er in große Verzweiflung und weckte ihn. Er aber nahm die Mandel der Jungfrau aus seiner Tasche, knackte sie auf und zog daraus das bestellte Kleid hervor.

Als der König am Nachmittag wieder Reiterspiele anstellte, brannte der Grindige sein Pferdehaar an, und hervor kamen ein goldenes Ross und ein Anzug mit dem Himmel und seinen Sternen. Den zog er an, ritt wieder in das Königsschloss und richtete dort wieder großen Schaden an, und entkam abermals glücklich, ohne gefangen zu werden.

Am andern Morgen sprach der König zur Jungfrau, dass sie nun endlich den Tag der Hochzeit bestimmen solle. Da sagte diese: »Ich will zuvor noch einen dritten Anzug haben, mit dem Meere und seinen Fischen, der soll in einer Haselnuss stecken und wieder in eine Haselnuss hineingehen, und in drei Tagen muss er fertig sein.« Damit ging es wie die beiden ersten Male, nur bedingte sich diesmal der Grindige von dem Meister, das Kleid selbst zum Könige tragen zu dürfen, und als er vor diesem erschien, bat er, ihn als Küchenjungen anzustellen, und der König gewährte ihm diese Gnade.

Am Abend kamen die zwölf Räte zu dem König, um ihm die Zeit zu vertreiben. Zu jener Zeit liebte man es sehr, Märchen zu hören, und der König sprach daher: »Weiß keiner ein schönes Märchen, damit die Zeit vergehe?« Die Räte aber antworteten: »Von uns weiß keiner mehr ein neues Märchen«, und auch alle Diener des Königs erklärten, dass sie alle Märchen bereits erzählt hätten, die sie wussten. Da gedachte der König des neuen Küchenjungen und ließ ihn vorrufen, und befahl ihm, ein Märchen zu erzählen. Der sagte darauf: »Ich will euch ein Märchen erzählen, aber unter dem Beding, dass keiner darüber weggeht. Der Saal muss verschlossen werden und ich den Schlüssel bekommen; wer also pissen will, der gehe jetzt.« Als das der König hörte, kam ihm der Verdacht, dass dies sein Sohn sein möge, er tat ihm also den Willen. Darauf begann der Küchenjunge sein Märchen: »Es war einmal ein König, der hatte drei Söhne und einen Goldapfelbaum«, und erzählte nun alles, was ihm begegnet war. Wie aber der König das hörte, da kamen ihm die Tränen in die Augen und er sprach: »Erzähle, mein Söhnchen, erzähle, denn diese Geschichte ist meiner eigenen sehr ähnlich.« Doch als er in dem Märchen an die Stelle kam, wo die beiden älteren

Königssöhne übel wegkommen, da rief der älteste: »Mich pissert, macht die Türe auf«; und auch der zweite schrie, dass man die Türe öffnen solle. Der Küchenjunge aber sagte: »Bevor nicht das Märchen aus ist, darf auch keiner zur Türe hinaus, und wenn ihr nicht glaubt, dass es wahr ist, so werdet ihr doch mir selber glauben, denn ich bin selbst dein Sohn«, und dabei riss er sich das Schafsfell vom Kopfe und beugte sich vor seinem Vater und küsste ihm die Hand, und da schloss ihn dieser in die Arme und küsste und herzte ihn. Am andern Morgen aber schickte er seine beiden älteren Söhne in die Verbannung und verheiratete den jüngsten mit der Jungfrau. Da hielten sie Hochzeit und lebten herrlich und in Freuden. Ich war nicht dabei, drum brauchst du es auch nicht zu glauben.

ZU DIESER AUSWAHL

Johann Georg von Hahns Sammlung griechischer Märchen erschien 1864 beim Verlag Wilhelm Engelmann in Leipzig. In der ANDEREN BIBLIOTHEK wurde sie erstmals 1987 als siebenundzwanzigster Band der Reihe bei Greno in Nördlingen verlegt. Für diese Neuauflage wurden die fünfzig schönsten Märchen ausgewählt. Dabei sollten alle wichtigen Motive erhalten bleiben, ohne sich allzu oft zu wiederholen. Ein besonderer Fokus wurde auf Märchen gelegt, in denen sich antike griechische Traditionen, byzantinische und arabische Einflüsse mischen. Neben altgriechischen Sagenwesen wie Neraiden, Moiren und Draken treten in den ausgewählten Märchen christliche Heilige und Teufel auf, und es gibt zahlreiche Parallelen zu weltliterarischen Klassikern wie den Homerischen Epen, den Grimm'schen Märchen und Geschichten aus Tausendundeiner Nacht zu entdecken.

Johann Georg von Hahn, geboren 1811 in Frankfurt am Main, gilt heute vor allem als bedeutender Balkanforscher. Er war gelernter Jurist, hatte in Gießen und Heidelberg studiert und war 1834 in den griechischen Justizdienst eingetreten. 1847 wurde er zum österreichischen Vizekonsul in Ioannina ernannt, bekleidete dann ab 1851 das Amt eines Konsuls (später eines Generalkonsuls) auf Syros. Hahn unternahm mehrere ausgedehnte Reisen in Albanien, Griechenland und der Türkei. Er starb 1869, kurz nach der Rückkehr aus Griechenland, in Jena.

INHALT

DIE ANDERE BIBLIOTHEK wird herausgegeben
von NELE HOLDACK und RAINER WIELAND.

Griechische Märchen
Gesammelt und übersetzt von Johann Georg von Hahn
ist im Oktober 2024 als GROSSES BUCH IM KLEINEN FORMAT
in der ANDEREN BIBLIOTHEK erschienen.

Zu dieser Auswahl und den zugrunde liegenden Ausgaben siehe
Seite 297.
Das Lektorat lag in den Händen von Nastassja Baum.

Die Andere
Bibliothek

Dieses Buch wurde gestaltet von Manja Hellpap
unter Verwendung der Public-Domain-Abbildungen
»La flute de Pan«: Rijksmuseum/rawpixel und »Mosaic Floor with
Head of Medusa«: Getty Museum Collection/rawpixel.

Den Satz besorgte Dörlemann Satz, Lemförde.

Die Herstellung lag in den Händen von Antje Born.
Gedruckt und gebunden wurde bei Friedrich Pustet GmbH & Co. KG,
Regensburg.
Als Inhaltspapier wurde 90 g/m² holzfreies Werkdruckpapier,
für den Einband Brilliantaleinen von Schabert GmbH & Co. KG
eingesetzt.

ISBN 978-3-8477-4040-7
DIE ANDERE BIBLIOTHEK

www.aufbau-verlage.de
10969 Berlin, Prinzenstraße 85

Das Buch ist auch als E-Book erhältlich.